La politique intérieure, extérieure et coloniale de la France.

La
République
démocratique

PAR

J.-L. de LANESSAN

Ancien député,
Professeur agrégé à la Faculté de médecine de Paris.
Ancien gouverneur général de l'Indo-Chine.

Paris, 5, rue de Mézières

Armand Colin & Cie, Éditeurs

Libraires de la Société des Gens de Lettres

LA RÉPUBLIQUE

DÉMOCRATIQUE

AUTRES OUVRAGES DE .M J.-L. DE LANESSAN

L'Expansion coloniale de la France. Étude économique, politique et géographique sur les établissements français d'outre-mer. 1 fort vol. in-8, avec cartes (Félix Alcan, éditeur)................................ 12 fr.

L'Indo-Chine française. Étude économique, politique et administrative sur la Cochinchine, le Cambodge, l'Annam et le Tonkin. (Ouvrage couronné par la Société de géographie commerciale de Paris, médaille Dupleix.) 1 vol. in-8, avec 5 cartes en couleurs hors texte (Félix Alcan, éditeur). . 15 fr.

La Marine française. 1 vol. in-12 de 436 pages (Berger-Levrault et Cie, éditeurs).................................... 3 fr. 50

La Colonisation française en Indo-Chine. *Exposé de la politique suivie et des progrès réalisés pendant trois années de gouvernement général.* 1 vol. in-12, avec une carte de l'Indo-Chine, 1895 (Félix Alcan, éditeur).. . . . 3 fr. 50

La Tunisie. 1 vol. in-8, avec une carte en couleur (Félix Alcan, édit.). 5 fr.

La Morale des philosophes chinois. *Extraits des livres classiques de la Chine et de l'Annam.* 1 vol. in-12 de la *Bibliothèque de philosophie contemporaine* (Félix Alcan, éditeur)........................ 2 fr. 50

Principes de colonisation. 1 vol. in-8 de la *Bibliothèque scientifique internationale* (Félix Alcan, éditeur)........................ 6 fr.

Introduction à la Botanique (Le Sapin). 1 vol. in-8 de 270 pages, avec 103 figures dans le texte, de la *Bibliothèque scientifique internationale*; 2e édition (Félix Alcan, éditeur). Cart. à l'anglaise.............. 6 fr.

Le Transformisme. Exposé des théories de Buffon, Lamarck, Darwin, Hœckel, etc., et de l'auteur, relatives à l'évolution de la matière et des êtres vivants et à la transformation des espèces. 1 vol. in-18 de 395 pages (O. Doin, éditeur)........................ 6 fr.

La lutte pour l'existence et l'Association pour la lutte. 1 vol. in-18 de la *Bibliothèque biologique* (O. Doin, éditeur)............... 1 fr. 50

La Botanique. 1 vol. in-18 de 550 pages, avec 182 figures, de la *Bibliothèque des sciences contemporaines* (Reinwald, éditeur)............ 5 fr.

Du Protoplasma végétal. 1 vol. in-8 de 150 pages (O. Doin, éditeur).. 4 fr.

Manuel d'histoire naturelle médicale (Botanique et Zoologie) ; 2e édition. 2 vol. in-18 de 2300 pages et plus de 2000 figures (O. Doin, éditeur). 20 fr.

Traité de Zoologie (Protozoaires). 1 vol. grand in-8 de 350 pages avec 300 figures (O. Doin, éditeur)........................ 10 fr.

Flore de Paris (Phanérogames et Cryptogames). 1 vol. in-18 de 900 pages avec 700 figures (O. Doin, éditeur)........................ 9 fr.

Flore générale des Champignons par Wunsche ; traduction française par J.-L. DE LANESSAN. 1 vol. in-18 de 550 pages (O. Doin, éditeur). . 8 fr.

Histoire des drogues d'origine végétale, par MM. FLUCKIGER et HANBURG, traduction française, augmentée de nombreuses notes et de 291 figures, par J.-L. DE LANESSAN. 2 vol. in-8 d'environ 700 pages (O. Doin, éditeur)..................................... 25 fr.

Manuel de Zootomie, par MOJSISOVICS ELDEN VON MOJSVAR, traduction française annotée par J.-L. DE LANESSAN. 1 vol. in-8 de 400 pages, avec 128 figures (O. Doin, éditeur)........................ 8 fr.

Œuvres complètes de Buffon. Nouvelle édition, comprenant la correspondance, annotée et augmentée d'une notice biographique et d'une introduction de 400 pages, par J.-L. DE LANESSAN. 14 vol. grand in-8 avec 160 planches gravées et coloriées et 10 portraits (Le Vasseur, édit.). 200 fr.

Coulommiers. — Imp. PAUL BRODARD. — 219-97.

ÉTUDES SUR LA POLITIQUE INTÉRIEURE, EXTÉRIEURE ET COLONIALE DE LA FRANCE

J.-L. DE LANESSAN

Ancien député
Professeur agrégé à la Faculté de médecine de Paris
Ancien Gouverneur général de l'Indo-Chine

LA RÉPUBLIQUE DÉMOCRATIQUE

> L'Europe court à la démocratie... Les peuples grandis sont
> hors de page... Les nations arrivées à leur majorité prétendent
> n'avoir plus besoin de tuteurs.
>> CHATEAUBRIAND (*Mémoires d'outre-tombe*).

> Si vous accouplez ces deux choses, le régime parlementaire
> et la centralisation, sachez que le régime parlementaire, soit
> sous une République, soit sous une Monarchie, n'a que le choix
> entre ces deux genres de mort : la putréfaction comme sous
> Louis-Philippe, ou l'embuscade comme avec Napoléon III.
>> JULES FERRY (*Discours : Lausanne*, 1869).

PARIS
ARMAND COLIN ET Cie, ÉDITEURS
5, RUE DE MÉZIÈRES, 5
1897

PRÉFACE

La turbulence de notre race et l'éducation latine reçue par les classes dirigeantes sont cause que la République est née, dans notre pays, fort longtemps avant que la masse du peuple fût capable d'en comprendre l'esprit et d'en pratiquer les institutions. Aussi, pendant un siècle, le peuple français n'a-t-il usé du droit de gérer ses affaires, qui lui fut donné par la Révolution, que pour en remettre le soin tantôt à un dictateur, tantôt à une oligarchie, l'un et l'autre intéressés à limiter les libertés publiques, et à maintenir la nation dans l'ignorance de l'art du gouvernement et dans l'inaptitude à l'exercice de ses droits.

Depuis vingt-six ans, grâce aux circonstances qui ont permis à la République de durer plus qu'aucun autre régime en ce siècle, un progrès indiscutable a été accompli dans l'esprit du peuple. Malgré la mauvaise direction imprimée à l'instruction publique et l'absence de tout enseignement susceptible d'inculquer aux citoyens la connaissance des principes administratifs, financiers, économiques, politiques et sociaux indispensable à une nation désireuse de se gouverner elle-même, le peuple a profité des expériences répétées qui se sont faites sous ses yeux et où il joue son rôle; il commence à comprendre l'esprit et les institutions du régime républicain; il est mieux en mesure d'apprécier les phases qu'il a traversées et de concevoir les nécessités de l'avenir.

De 1870 à 1875, la République ne vit que grâce à la rivalité des partis monarchiques, à l'impossibilité où ils sont de s'entendre, et à la très habile ambition d'un ministre de Louis-Philippe placé à la tête du pouvoir par les partisans de la monarchie constitutionnelle.

Pendant cette première phase de son existence, la troisième République n'est qu'une monarchie sans monarque; ses institutions sont celles de l'Empire et de la monarchie de Juillet. L'esprit de ses gouvernants est un mélange des sentiments qui régnèrent autour des trônes de Charles X et de Louis-Philippe. Tous les ministres sont monarchistes, l'Assemblée nationale est en majorité monarchiste, la constitution qu'elle vote, en 1875, est conçue de telle sorte qu'il suffirait d'y substituer un roi héréditaire au Président élu de la République, pour revenir presque à la charte de 1830.

Cependant, le vote de la Constitution de 1875 a fait entrer la République dans une seconde phase de son existence plus féconde que la première; on ne peut donc que féliciter les républicains de l'avoir votée. Grâce à elle, Gambetta, Jules Ferry, Challemel-Lacour, Floquet, Spuller, Grévy, Jules Simon, pour ne parler que de nos morts regrettés, purent introduire d'importantes libertés dans les lois et introniser le régime républicain dans le pays.

Pendant cette deuxième période, les légitimistes perdent leur roi de droit divin, les bonapartistes voient mourir l'héritier direct de leur empereur, les orléanistes assistent à la reconnaissance du régime républicain par la cour de Rome et au ralliement à la République de la portion la plus intelligente des chefs et des troupes de leur parti; le suffrage universel n'envoie plus à la Chambre que des majorités républicaines et le suffrage restreint lui-même remplace au Sénat les monarchistes par des républicains. Les ministères sont plus ou moins modérés, avec ou sans programme nettement défini, mais ils sont toujours exclusivement républicains. Les réformes ne s'accomplissent que trop tardivement, mais un progrès sensible est, néanmoins, réalisé dans toutes les directions.

Une seule chose n'a pas changé. La Souveraineté nationale est toujours en tutelle; le peuple n'en jouit qu'à de longs intervalles, pendant quelques heures seulement chaque fois, et il n'en fait usage que pour remettre la totalité de ses pouvoirs à des représentants qu'il connaît à peine, qui peuvent le tromper à leur aise, les uns pendant quatre ans, les autres pendant neuf, sans qu'il puisse ni contrôler efficacement leurs actes, ni mettre le plus minime obstacle à l'exécution de leurs volontés. Il n'est souverain qu'à l'heure où il fait abandon complet de sa souveraineté. La République n'est encore qu'une monarchie constitutionnelle plus ou moins fardée des couleurs de la liberté; elle marche vers la démocratie, mais elle n'y peut aller qu'à travers les obstacles sans nombre,

parfois infranchissables, semés sur sa route par une
partie de ceux qui la fondèrent.

Acceptée par nos aînés, dans des conditions qui les
empêchaient de la doter des institutions démocratiques
vers lesquelles la France marche d'un pas continu
depuis cent ans, la République est parvenue à la troisième étape de sa marche : elle est entrée dans sa
majorité, elle est en plénitude de ses forces. Il serait
imprudent de la maintenir sous la tutelle des institutions monarchiques; ce serait pousser le peuple vers
les plébiscites où il se couronne sur la tête d'un
dictateur. Il est temps de donner au pays les moyens
de se gouverner lui-même et d'exercer directement
cette souveraineté qu'on lui reconnaît depuis un siècle,
sans jamais lui permettre d'en faire usage.

C'est à la recherche de ces moyens que le présent
livre est consacré. J'en résumerai l'esprit et le but par
cette formule : « Il faut démocratiser la République. »

J.-L. DE LANESSAN.

Écouen, le 31 mai 1897.

LA RÉPUBLIQUE

DÉMOCRATIQUE

CHAPITRE I

La souveraineté nationale et les constitutions de la France de 1789 à 1875.

SOMMAIRE : La Révolution et la souveraineté nationale. — Exercice de la souveraineté par délégation; système représentatif. — Le pouvoir est finalement concentré entre les mains d'un petit nombre d'hommes tout-puissants. — L'objet des constitutions et des « Déclarations des droits » est de préserver le peuple contre les abus de pouvoir de ses représentants; leur insuffisance. — La constitution de 1791 et le « délégué » au pouvoir royal. — Lutte entre les représentants directs de la nation et le roi. — Disparition du roi. — Le législatif se substitue à l'exécutif. — Dictature de la Convention, du comité de Salut Public, de Marat, de Danton et de Robespierre. — Le 9 Thermidor. — La Constitution de 1793; l'anarchie directoriale. — Coup d'État de Brumaire. — Dictature. — Empire. — Le plébiscite et la souveraineté nationale. — Restauration; l'oligarchie de la fortune substituée à la souveraineté nationale : chartes de 1814 et de 1830. — La révolution de 1848 se fait au nom de la souveraineté nationale. — Attentat des constitutionnels contre le suffrage universel. — Coup d'État de 1851. — Second Empire et plébiscite. — La théorie plébiscitaire, son origine, ses conséquences.

Le 18 septembre 1789, l'Assemblée nationale constituante décrète : « Tous les pouvoirs émanent essentiellement de la nation et ne peuvent émaner que d'elle. » Le 3 septembre 1791, elle inscrit dans la *Déclaration des Droits de l'homme*, qui précède la Constitution, cette formule : « La souveraineté est une, indivisible, inaliénable et imprescriptible ; elle appartient à la nation ; aucune section du peuple, ni aucun individu ne peut s'en attribuer l'exercice. »

La Déclaration des droits de l'homme du 8 juin 1793 précise davantage la même idée : « La Souveraineté nationale réside essentiellement dans le peuple entier, et chaque citoyen a un droit égal de concourir à son exercice : elle est une et indivisible, imprescriptible et inaliénable. Nulle réunion partielle de citoyens et nul individu ne peuvent s'attribuer la souveraineté. »

Ces propositions résument en termes si précis le principe de la souveraineté, dans le régime démocratique, tel qu'il est conçu par les républicains de tous les pays, qu'il serait impossible d'en trouver une formule meilleure. Elles ont, du reste, l'avantage d'être revêtues d'une autorité particulière, en raison des circonstances d'où elles surgirent et du caractère des Assemblées qui les ont consacrées par leurs votes.

Il reste à examiner s'il est possible de transporter le principe de la Souveraineté nationale dans la pratique du gouvernement des nations et dans quelle mesure il est susceptible d'application.

Si peu étendue que l'on conçoive une société humaine, des avis contraires surgiront nécessairement dans l'esprit de ses membres, chaque fois qu'une mesure quelconque les intéressant tous sera mise en discussion. Soit qu'il s'agisse du meilleur moyen d'organiser le tribunal qui jugera les conflits de leurs intérêts personnels ou les violences dont un individu quelconque pourra être l'objet de la part d'un autre; soit que l'on ait à décider la guerre ou la paix avec une société voisine, ou à régler les rapports commerciaux des membres de la société entre eux ou avec un autre corps social; ou bien encore qu'il paraisse indispensable de confier à un ou à plusieurs citoyens le soin de diriger le corps social, il est impossible que l'unanimité des avis se produise d'une manière constante. Il faudra en venir à l'expression des opinions de chacun sous la forme d'un vote oral ou écrit. Dès lors, quel que soit le moyen de consultation adopté, il y a dans la société une majorité et une minorité : une majorité qui commande, qui exerce la souveraineté en vertu de sa propre décision; une minorité qui subit cette souveraineté. Si respectueuse et docile que soit cette dernière, sa plus vive préoccupation sera nécessairement de démolir la majorité, de se hisser à sa place et d'exercer à son tour la souveraineté effective. Elle pourra même, non sans raison, affirmer que la prédominance de la majorité viole le principe d'après lequel « la Souveraineté nationale est indivisible, inaliénable et chaque citoyen a un droit *égal* à l'exercer ».

Si la société est quelque peu nombreuse, la majorité elle-même se trouvera dans l'impossibilité pratique d'exercer directement la souveraineté; elle sera contrainte d'en charger une partie de ses membres.

Ceux-ci, à leur tour, seront nécessairement divisés, comme la société qu'ils représentent, en deux ou plusieurs groupes ayant des vues différentes sur la plupart des questions, et c'est à une majorité plus ou moins durable du corps représentatif qu'incombera finalement l'exercice de la Souveraineté nationale.

En réalité, cette souveraineté qui, théoriquement, réside en chaque membre du corps social, se trouve toujours, dans la pratique, concentrée entre les mains d'un nombre infime d'individus, quelques centaines, dans un pays qui, comme la France, compte une quarantaine de millions d'habitants.

Ces seuls détenteurs de la souveraineté réelle, effective, seraient-ils encore moins nombreux, ne se compteraient-ils que par quelques unités, ne pourront s'entendre ni s'il s'agit de formuler des lois et des déclarations, ni surtout s'il faut transporter ces lois et ces déclarations dans la pratique gouvernementale. Aussi est-on conduit à diviser les représentants de la souveraineté nationale, en deux corps distincts : l'un législatif, chargé de faire les lois et d'en contrôler l'exécution, l'autre exécutif, ayant pour rôle de gouverner, d'administrer et de faire exécuter les lois.

La constitution de 1791, celle de 1793, qui ne fut jamais appliquée, et celle de 1795 allaient, non sans raison, plus loin dans cette voie. Elles instituaient des représentations spéciales du peuple non seulement pour l'exercice du pouvoir exécutif et du pouvoir législatif, mais encore pour la distribution de la justice, qui était érigée, comme dans l'organisation des États-Unis, en un pouvoir distinct et indépendant. Le peuple élisait les juges, comme il élisait les députés et comme, dans la constitution de 1793, il élisait les membres du pouvoir exécutif. L'élection des juges a disparu en 1799 pour ne plus reparaître.

Les difficultés que le peuple rencontre dans l'exercice effectif de sa souveraineté, l'impossibilité pour tous les membres de la société de se mettre d'accord, même sur les questions les moins importantes, ce qui entraîne l'existence de majorités qui commandent et de minorités tenues d'obéir, doivent conduire tous les peuples, soucieux de leurs libertés et de leurs droits individuels, à les protéger contre les attentats dont ils pourraient être l'objet de la part des majorités, à limiter le plus possible la durée de la délégation de la Souveraineté nationale et à la réduire aux seuls actes que la masse des citoyens ne peut pas accomplir.

1.

Les « déclarations des droits » et les « constitutions » n'ont pas d'autres objets, mais l'histoire
témoigne de leur impuissance à remplir convenablement le rôle que les intentions du peuple leur
assignent.

Depuis le jour où, pour la première fois dans
notre pays, la Déclaration des droits du 18 septembre 1789 et la constitution du 3 septembre 1791
affirmèrent, à la face de la monarchie, le droit
nouveau, d'origine exclusivement humaine, de la
Souveraineté nationale, et l'inaliénabilité de ce
droit, notre histoire politique se résume en celle
de luttes incessantes entre les majorités et les
minorités populaires, entre les représentants
chargés par la majorité du peuple de faire des lois
selon ses vues et la minorité qui empêche, entrave,
culbute l'œuvre législative; entre les délégués au
pouvoir législatif et les délégués au pouvoir exécutif; parfois entre le peuple ou une partie du
peuple et l'un ou l'autre de ces deux pouvoirs ou
tous les deux ensemble; luttes toujours ardentes
et passionnées, en raison de la tendance qu'ont les
minorités à s'émanciper de l'autorité des majorités,
parfois violentes et aboutissant, soit à la révolution,
si les minorités se croient assez fortes pour renverser
elles-mêmes les détenteurs du pouvoir, soit à la dictature et au césarisme, si, ne se sentant pas assez
fortes, elles font appel au concours d'un homme
plus puissant ou plus audacieux qu'elles-mêmes.

Un coup d'œil sur cette histoire ne sera pas déplacé ici : les erreurs du passé nous éclaireront sur les nécessités de l'avenir, mieux que toutes les considérations générales auxquelles je pourrais me livrer.

L'Assemblée nationale constituante mettait en présence, par la constitution de 1791, deux sortes de « représentants » ou de « délégués » de la Souveraineté nationale : une Assemblée législative, élue par le peuple, et un pouvoir exécutif représenté par le roi, que personne alors ne songeait à supprimer, mais dont le droit divin disparaissait, car l'article 4 de la constitution disait formellement : « Le pouvoir exécutif est *délégué* au roi, pour être exercé, sous son autorité, par des ministres et autres agents responsables. »

Les ministres et, par conséquent, le roi, n'avaient, en matière législative, que le droit « d'inviter le le Corps législatif à prendre un objet en considération », mais la constitution concédait au roi la faculté de refuser sa sanction aux décrets votés par le Corps législatif et d'en arrêter l'exécution.

La Constituante créait par le droit de *véto* une source inépuisable de conflits entre le pouvoir exécutif et le pouvoir législatif, conflits d'autant plus graves que le peuple prendrait nécessairement parti pour l'assemblée issue de ses suffrages, contre le roi, né seulement de ses ancêtres.

Dès le mois de juin 1792, le roi ayant refusé de

sanctionner les deux décrets de l'Assemblée nationale législative, qui ordonnaient la déportation des
prêtres non assermentés et la formation d'un corps
de troupes à Paris, et ayant remplacé les ministres
favorables à ces actes, le conflit éclate entre les
deux « délégations » de la Souveraineté nationale;
il s'aigrit avec une extrême rapidité; puis le peuple
intervient.

Il interviendra désormais dans toutes les affaires
graves, poussé par les ambitions individuelles qui
l'excitent, et se laissant volontiers convaincre que
puisque la source de toute souveraineté est en lui
seul, il a le droit d'imposer ses avis à ses délégués.
Mais comme le peuple entier ne saurait agir simultanément et que la masse ne songe même pas à le
faire, c'est une minorité infime, ardente et auda-
cieuse, qui, à l'aide de la menace et de la violence
insurrectionnelle, dirigera la conduite des délégués
de la totalité de la nation.

L'une des plus graves difficultés que rencontre
l'exercice de la Souveraineté nationale apparaît
ainsi, dès les premiers temps où les délégués de
cette Souveraineté entrent en fonction. Le courage
civique étant une vertu beaucoup plus rare que le
courage militaire, et les hommes risquant plus
volontiers leur vie dans une bataille que leur honneur ou simplement leurs avantages sociaux et leur
mandat électif, dans un vote, on voit, à toutes les
époques de notre histoire, une poignée d'audacieux,

de violents, de calomniateurs ou de diffamateurs imposer leurs volontés à la représentation nationale et par elle au gouvernement. Ces influences dominent toute la Révolution, elles faussent encore le régime parlementaire de notre temps.

Le 20 juin 1792, des hommes armés envahissent la salle de l'Assemblée législative et dictent aux députés comme au roi leur volonté par les cris : « A bas le véto! rappel des ministres! » Le roi refuse de céder, en invoquant son droit constitutionnel; le 10 août des bandes insurrectionnelles envahissent les Tuileries, insultent et menacent « le délégué » au pouvoir exécutif; Louis XVI n'évite d'être massacré, avec sa famille, qu'en allant chercher un asile auprès de l'Assemblée qui, sous la pression populaire, décrète « la suspension de ses fonctions ».

Les journées mémorables du 20 juin et du 10 août 1792 sortirent de la constitution du 3 septembre 1791 aussi naturellement que le fruit succède à la fleur et que le raisin naît de la vigne.

Non moins naturellement, l'Assemblée législative cède à l'ambition de ramasser les pouvoirs exécutifs dont elle vient de priver le roi. Elle nomme des ministres, mais à peine sont-ils en fonction qu'elle accapare la majeure partie de leurs attributions : elle envoie des commissaires aux armées, elle ordonne des perquisitions chez les particuliers, elle émet des décrets sur toutes les

matières, sans en distinguer la nature, sans établir
la moindre limite entre celles qui ressortissent à
l'exécutif et celles qui sont du domaine législatif;
Edgard Quinet a dit fort justement : « Elle gouverne ; elle tient la place de l'immense monarchie ;
elle refait en pratique la centralisation qu'elle a
détruite en théorie ; c'est déjà la Convention, mais
modérée. » Elle a conscience d'ailleurs, que sa
tâche est supérieure à ses forces ; elle cède la place
à une assemblée qui, directement issue du suffrage
universel et dominée par la pensée qu'elle incarne
la Souveraineté nationale, s'empare immédiatement de tous les pouvoirs.

La Convention avait reçu du peuple la mission
de protéger le territoire et la révolution. Elle remplit admirablement ce double mandat; mais,
poussée par les circonstances, elle glisse sur la
pente où sont entraînés tous les pouvoirs énergi-
ques aux prises avec de grandes difficultés : elle se
transforme rapidement en une oligarchie dictatoriale, sans frein, car il n'existe aucun autre pouvoir
capable de limiter sa puissance, et sans responsabilité, comme tous les corps politiques composés
de membres nombreux. Après avoir décapité le
roi, supprimé les ministres, remis le pouvoir exécutif aux mains de commissions composées de ses
membres, elle se divise, à l'exemple de toutes les
oligarchies omnipotentes, en factions ennemies,
sous la poussée des ambitions particulières et de la

peur de la démagogie; puis, se sentant devenir impuissante par ces divisions, elle abandonne tous les pouvoirs dont elle s'est emparée au comité de Salut Public.

Oligarchie nouvelle et animée d'ambitions d'autant plus âpres que ses douze membres touchent de plus près au pouvoir suprême, le comité de Salut Public se divise à son tour, comme l'assemblée d'où il est né, sous la poussée des mêmes ambitions rivales; chacun de ses membres devient, selon le mot de Carnot, un dictateur dans sa spécialité, et tous abandonnent à quelques audacieux, par lassitude ou lâcheté, la direction générale de la politique et la conduite de la nation. Danton et Robespierre sont les maîtres de la France avec Marat qui s'impose à eux par la peur.

Trois hommes pour l'exercice d'une telle puissance et dans une époque aussi troublée, c'était trop encore. Marat est mis en accusation et n'échappe à la peine capitale qu'en tombant sous le couteau de Charlotte Corday; Danton est envoyé à l'échafaud; Robespierre, resté seul, restaure l'autorité de l'Être-Suprême, comme une source d'où la dictature qu'il rêve sortira plus aisément que de la Souveraineté nationale, alors fort troublée par des insurrections quotidiennes et très divisée entre la Convention, la Commune, les Jacobins et les Sections parisiennes. Un instant le dictateur bénéficie de la lâcheté d'une assemblée qui, sous

l'influence de la peur — maladie inhérente à tous
les corps électifs, — a voté successivement la chute
de toutes les têtes plus hautes et plus pesantes que
les autres ; mais, de l'excès de la terreur qu'il inspire,
naît fatalement le 9 Thermidor, sa condamnation et
la vengeance du sang qu'il fit verser.

Après les dictatures de la Convention, du comité
de Salut Public, de Marat, de Danton, de Robespierre, c'est le vide, l'anarchie et la réaction ; c'est
la France livrée par la détestable constitution de
l'an III (22 août 1795) à des assemblées sans autorité politique et à un pouvoir exécutif que sa composition condamne à l'impuissance.

Œuvre de cette « Plaine » de la Convention qui
avait, par lâcheté, obéi successivement à toutes les
factions violentes de l'Assemblée, à la Commune et
aux Sections parisiennes, voté toutes les mises en
accusation qui lui furent demandées ou plutôt imposées, envoyé à l'échafaud les Girondins par peur de
Danton, les Dantonistes par peur de Robespierre
et Robespierre par peur de l'inconnu, mais que
l'expérience avait instruite, la constitution de 1795
représentait une légitime et rationnelle réaction
contre l'omnipotence du pouvoir législatif.

Elle instituait deux chambres, le Conseil des
Anciens et le Conseil des Cinq-Cents, dans le but
d'éviter les inconvénients, constatés depuis 1791,
d'un corps législatif formé par une seule assemblée,
les deux chambres étant destinées à se contre-

balancer réciproquement. Quant au pouvoir exécutif, la crainte de retomber dans la dictature d'où l'on n'était sorti, au 9 Thermidor, que par un concours de circonstances difficiles peut-être à retrouver, avait conduit les Conventionnels à le former non d'un seul homme, mais d'un Directoire composé de cinq membres élus par les Chambres pour cinq ans et remplacés l'un après l'autre tous les ans. Le Directoire nommait et révoquait les ministres, qui étaient de simples agents d'exécution de ses décisions. Le Directoire ne pouvait pas être renversé par le pouvoir législatif; il n'était susceptible que de mise en accusation pour haute trahison. L'exécutif était donc tout à fait indépendant du législatif et, d'autre part, soustrait à l'influence directe de la Souveraineté nationale, puisque les Directeurs étaient élus par les Chambres et que les ministres étaient nommés et révoqués par les Directeurs.

Cette constitution aurait peut-être pu fonctionner assez bien en attendant mieux, dans une période normale; elle ne répondait à aucune des nécessités des temps où elle entrait en vigueur. Les questions à résoudre étaient trop multiples et trop graves, les intérêts en présence trop contradictoires pour que les cinq Directeurs ne fussent pas condamnés à se diviser dès le premier jour. Avec les rivalités d'ambition et les haines personnelles qui ne manqueraient pas de naître dans cette oligarchie, le Directoire était condamné à finir par la révolution ou par la dictature. S'il échappe à la première, le 18 Fructidor, c'est pour verser dans la seconde le 18 Brumaire.

Dès le premier jour de sa mise en application, le régime du Directorat est celui de l'anarchie : les ministres sont changés à chaque instant, si bien qu'on en voit passer trente-six pour six portefeuilles en quatre ans; les Directeurs se succèdent avec une rapidité presque égale, car il y en a douze dans le même laps de temps. Il était impossible qu'un pareil régime ne donnât pas naissance à tous les désordres et n'inspirât pas toutes les audaces insurrectionnelles ou réactionnaires. Les complots quotidiens que les divers partis fomentent et que les étrangers encouragent, troublent les affaires, inquiètent les esprits, sèment la défiance et la peur parmi les membres des pouvoirs exécutif et législatif, les affolent et les poussent à s'entre-détruire. On ne guillotine plus, mais on déporte, et les plus sages, comme Carnot, sont obligés de s'enfuir, après le 18 Fructidor (4 septembre 1797), pour éviter la prison ou Cayenne.

Un tel désordre livrait le pays au premier ambitieux qui oserait s'emparer du pouvoir. C'eût été Jourdan s'il avait vaincu à Novi; ce fut le général Bonaparte, plus heureux en Italie et en Égypte, plus audacieux et sans scrupules, assez populaire, d'ailleurs, pour se sentir encouragé dans toutes ses ambitions par l'énervement de l'opinion publique

et par le désir qu'on avait, dans toutes les couches
de la société, d'en finir, d'une manière quelconque,
avec une situation devenue intolérable.

En novembre 1799, la seule menace d'un com-
plot, peut-être problématique, fait perdre tout sang-
froid à la représentation nationale et sert de prétexte aux complices que compte Bonaparte dans le
Directoire et le Conseil des Anciens. Celui-ci lui
confie le commandement des troupes de Paris et la
garde des Assemblées; il en use, dès le lendemain,
pour expulser le Conseil des Cinq-Cents avec ses
grenadiers, faire déchirer la constitution de l'an III
par le Conseil des Anciens, et créer le Consulat
qu'il partage avec Sieyès et Roger-Ducos et qui
reçoit, « avec la plénitude du pouvoir directorial »,
la mission « d'organiser l'ordre dans toutes les
parties de l'administration, de rétablir la tranquillité intérieure et de procurer une paix honorable
et solide ».

La constitution de l'an III avait produit les seuls
fruits qu'elle pût donner : le désordre et l'anarchie,
l'arrêt des affaires, le déficit dans les finances, la
misère et le découragement dans les armées, la
lassitude du pays, son hostilité contre le régime
qui engendrait ces maux, puis la dictature du
18 Brumaire, acclamée comme le salut.

La constitution de l'an VIII (13 décembre 1799)
fait Bonaparte consul à vie, et prépare l'Empire.
Le pape en personne fermera l'ère de liberté ouverte

quinze ans auparavant, en couronnant Napoléon Ier empereur des Français.

Toutefois, sous les ruines accumulées pendant les quinze années qui se sont écoulées depuis la réunion à Versailles des derniers Etats généraux, jusqu'au couronnement de Napoléon à Notre-Dame, une chose subsiste encore, assez vivace pour que rien désormais ne soit capable de la détruire : c'est le droit nouveau, essentiellement et uniquement humain, inscrit pour la première fois dans la Déclaration des droits de 1789, le droit de la « Souveraineté nationale ». Le général couvert de victoires, adoré par les troupes, acclamé par la foule, dictateur, consul à vie, empereur, est lui-même obligé de le reconnaître; il est contraint de garder, accolé à son titre personnel, l'étiquette de la République; il a une conscience si nette de la force nouvelle du peuple, qu'il juge prudent de faire confirmer son consulat d'abord, son empire ensuite, par la Souveraineté nationale. Il fausse, il est vrai, le suffrage universel, instrument de cette Souveraineté, par la manière dont il en fait usage, mais tout en le faussant, il le reconnaît comme indispensable au fonctionnement de la société française issue de la Révolution.

Malheureusement, il en est de la volonté des masses comme de celles des individus : les circonstances la déterminent impérieusement et la rendent aussi variable qu'elles-mêmes. Ce droit de souveraineté que le peuple français accueillit en 1789 avec tant d'enthousiasme, pour lequel il versa son sang et risqua l'existence même de la patrie, il n'apparaît plus, au plébiscite du 6 novembre 1804, que comme une loque méprisée de ceux-mêmes qui le conquirent si péniblement. La nation y renonce, elle le dépose par 3 521 675 voix sur 5 524 254 suffrages exprimés, aux pieds du vainqueur de Lodi et des Pyramides, oubliant qu'il conquit le pouvoir en expulsant les représentants de la Souveraineté nationale; et elle y renonce non seulement pour la génération présente, mais encore pour toutes celles qui naîtront dans l'avenir, par l'adoption de cette formule du sénatus-consulte : « La dignité impériale est héréditaire dans la descendance directe, naturelle, légitime et adoptive de Napoléon Bonaparte. »

Dix ans plus tard, les circonstances ont changé : le vainqueur de Lodi, des Pyramides, d'Austerlitz, d'Iéna, n'est plus que le vaincu de cette campagne de Russie où les régiments fondirent avec la neige qui les avait ensevelis; la victoire s'est changée en défaite, la gloire a fait place à la honte, les illusionnantes espérances de grandeur et de fortune ont été touchées et flétries par les amères réalités, le peuple qui croyait devenir, par Napoléon, plus grand et plus fort, se voit amoindri et affaibli; avec les circonstances, sa volonté s'est transformée : il assiste indifférent, presque satisfait, à la chute de son idole, il lit sans trouble l'acte d'abdication de son Empe-

2.

reur, et volontiers il applaudirait à cette déclaration du gouvernement provisoire qui, sur l'ordre des étrangers, va faire Louis XVIII roi de France : « Sur les ruines de l'anarchie, Napoléon n'a fondé que le despotisme. »

Le retour si théâtral de l'île d'Elbe et cette marche triomphale à travers la France qui, en vingt jours, conduit Napoléon du golfe Juan à Paris, ne suffit pas à ramener la confiance dans l'esprit des masses. Le nouveau plébiscite proclamé avec trop de solennité, le 1ᵉʳ juin 1815, au Champ de Mars, ne contient plus que 1 300 000 suffrages en faveur de la restauration de l'Empire; c'est un Waterloo politique, présage de la chute finale. C'est, d'autre part, un témoignage irrécusable de la lassitude du peuple et de l'épuisement où sa volonté est tombée après vingt-six ans de révolutions, de guerres, de massacres, de ruines privées et publiques, matérielles et morales. La souveraineté nationale n'a plus la force de se manifester : le septième seulement des électeurs émet un avis, tout le reste s'abstient. Napoléon tracera lui-même le tableau le plus exact de la situation où est la France le 22 juin 1815, lorsque, devant les ruines de ses dernières espérances, devant les armées étrangères qu'il n'a pu arrêter, devant la nation qui l'abandonne, il écrit, dans sa deuxième abdication : « J'avais espéré le succès, les circonstances ont changé, je me sacrifie. »

Elles avaient changé, en effet, au point, que nul en France ne paraissait plus avoir le souvenir ni de l'Empire ni de la République, ni des luttes pour la liberté, et que le peuple paraissait ne plus attacher aucun prix à la Souveraineté nationale.

La charte constitutionnelle du 4 juin 1814, remise en vigueur aussitôt après la restauration de Louis XVIII, ne parle plus ni de délégation ni de représentation du peuple dans les pouvoirs exécutifs : Louis est « par la grâce de Dieu, fait roi de France et de Navarre », et c'est « la divine Providence qui l'a rappelé dans ses États »; c'est volontairement, par le libre exercice de son autorité royale, qu'il « accorde, fait concession et *octroie* à ses sujets la charte constitutionnelle ».

Cependant, si peu que la nation paraisse tenir, en ce moment, à sa souveraineté, le roi n'est pas sans défiance à l'égard du moment où le peuple, remis de son épuisement moral et physique, sortira de la torpeur où il est engourdi; le roi de droit divin se croit tenu de voiler ses sentiments intimes derrière une constitution où figurent une chambre des députés élue et diverses autres dispositions témoignant que les luttes pour la liberté n'avaient pas été stériles. Mais la Souveraineté nationale sommeille et la Charte peut, sans provoquer de protestations, réduire le nombre des électeurs et les transformer en une oligarchie de riches, en exigeant qu'ils aient trente ans d'âge et

qu'ils paient au moins trois cents francs de contributions directes (article 40 de la Charte du
4 juin 1814).

En 1830, ce n'est point encore la Souveraineté
nationale qui se réveille, mais seulement la portion de la bourgeoisie qui a conservé les traditions
du parlementarisme de 1789 et qui aspire à prendre, dans le gouvernement, une place plus considérable que celle attribuée à ses représentants par
les héritiers directs de Louis XVI. Ce n'est pas la
Souveraineté nationale qui se substitue à Charles X,
c'est une forme nouvelle de la monarchie, représentée par ce prince d'Orléans qui a combattu dans
les rangs des armées républicaines à Valmy, et
qui a refusé, pendant les Cent-Jours, de suivre
Louis XVIII à Gand, afin de se ménager l'appui
de l'élément politique fidèle aux traditions du tiers
État. Il paiera son avènement au trône de la
remise de toute la Souveraineté nationale aux
mains de ceux qui l'y portèrent.

La constitution de 1830 n'a point, en effet,
d'autre objet réel que d'affaiblir l'autorité royale et
celle de la noblesse représentée par la Chambre
des Pairs, au profit de la Chambre des Députés où
s'incarne l'oligarchie de la fortune. La « personne
du roi est inviolable et sacrée », mais il n'est plus
question « du droit divin » d'où Louis XVIII et
Charles X prétendaient tenir leur autorité; Louis-
Philippe 1er n'est plus que « roi des Français »; il

perd le privilège de l'initiative de la proposition des lois, en la partageant avec les deux Chambres. D'autre part, l'hérédité de la pairie, d'abord maintenue, est supprimée par la loi du 29 décembre 1831, en même temps que des limites sont assignées au droit de nomination du roi, par la fixation des catégories de citoyens parmi lesquelles il peut choisir les pairs. L'autorité des pairs est réduite et celle des députés accrue par cette disposition de l'article 15 : « Toute loi d'impôt doit être d'abord votée par la Chambre des Députés », disposition qui rend la Chambre maîtresse absolue des ministères et par conséquent de tout le pouvoir exécutif. Le nombre des électeurs est notablement augmenté par l'abaissement à vingt-cinq ans de la limite de l'âge électoral et à 200 francs du chiffre des impôts directs pour que les citoyens puissent prendre part à la nomination des députés ; mais ces derniers restent, comme sous le régime de la restauration, les mandataires exclusifs de la portion riche du pays, celle qu'on désigna insolemment sous le nom de « pays légal ».

Le régime politique institué par la charte de 1830 était trop oligarchique, l'élément démocratique du pays n'y tenait qu'une place trop restreinte, pour qu'il pût s'acclimater dans un pays où le tiers État lui-même avait introduit le principe de la Souveraineté nationale.

Ce régime était d'ailleurs condamné à s'effondrer sous le poids des fautes occasionnées par les

luttes qu'engendrent toujours les ambitions personnelles dans un corps législatif qui dispose du
sort des ministres et qui est appelé à fournir les
membres du gouvernement. De 1830 à 1840, seize
ministères se succèdent, sans parler des remanie-
ments subis par la plupart d'entre eux au cours de
leur brève existence. Le ministère Soult-Guizot,
qui se maintint ensuite au pouvoir pendant sept
ans, n'obtient ce résultat que grâce à la lassitude de
la Chambre et du pays, et parce qu'il apporte une
extrême rigueur dans l'exercice du pouvoir oligarchique qu'il incarne.

Cette attitude ne pouvait être conservée indéfiniment; la démocratie s'était reprise, pendant dix-
huit années d'un régime à demi libéral, et les
républicains d'un côté, les impérialistes de l'autre
protestaient contre l'omnipotence de l'oligarchie
financière instituée par les chartes de 1814 et 1830.
Sept ans de suite, une minorité énergique et habile
avait en vain réclamé l'extension du droit de
suffrage et la réforme du parlementarisme; elle
s'était heurtée à la résistance entêtée et intéressée
de Guizot et de sa majorité, résistance fort com-
préhensible, car l'introduction du suffrage universel dans la monarchie constitutionnelle, c'était,
à coup sûr, la chute à bref délai de cette monarchie
et la ruine politique de l'oligarchie qui lui servait
de soutien et de rempart contre l'envahissement
des idées démocratiques.

Au bruit des luttes parlementaires, la démocratie avait fini par se réveiller du sommeil où elle était plongée depuis 1799, et c'est par elle, c'est au nom du suffrage universel, que fut faite la révolution de 1848.

C'est le « gouvernement de la nation par elle-même » que les membres du gouvernement provisoire annoncent au pays, dans leur proclamation du 24 février 1848, et c'est avec une confiance absolue dans l'avenir, que l'Assemblée nationale élue le 9 avril 1848, décrétait à *l'unanimité* : « Au nom du peuple français et à la face du monde entier, la République est et *restera* la forme du gouvernement de la France. »

Malheureusement, au premier désordre qui se produit dans la rue, la même assemblée renouvelle les fautes de 1797 et fait appel à la dictature; elle réveille ainsi le césarisme et provoque, en quelque sorte, les ambitions non dissimulées de l'héritier de Napoléon Ier.

L'absolue correction dont fit preuve le général Cavaignac dans l'exercice des fonctions dictatoriales que l'assemblée lui confia par son décret du 28 juin 1848, fut-elle un encouragement pour cette assemblée à créer, par la constitution du 24 novembre 1848, un Président de la République élu par le peuple? Obéit-elle simplement au désir d'introduire la délégation directe de la Souveraineté nationale dans le pouvoir exécutif? Il importe peu aujourd'hui de le rechercher. Toujours est-il que la constitution de 1848 contenait un germe de destruction auquel la deuxième république ne pouvait échapper : elle remettait la direction suprême de l'exécutif à un seul homme qu'elle faisait nommer directement par le corps électoral tout entier.

Il était manifeste qu'entre ce Président de la République, délégué direct et unique de la Souveraineté nationale au pouvoir exécutif, et le corps législatif formé de 750 membres, entre lesquels les ambitions rivales ne tarderaient pas à semer la division, la partie, avec un Président ambitieux et sans scrupules, ne pouvait être égale. Au premier conflit qui surgirait, si peu que le Président de la République eût raison, la masse électorale prendrait son parti contre l'Assemblée; l'ambition du Président irait ensuite aussi loin qu'elle voudrait.

Dans la séance du 6 octobre 1848, Jules Grévy signalait ces dangers, dans un discours mémorable non seulement parce que les événements en démontrèrent la vérité prophétique, mais encore parce qu'il pose un des principes les plus essentiels du régime démocratique. « Le seul fait de l'élection populaire, disait-il, donnera au Président de la République une force excessive. Êtes-vous bien sûrs que dans cette série de personnages qui se succéderont tous les quatre ans au trône de la Présidence, il n'y aura que de purs républicains

empressés d'en descendre? Êtes-vous sûrs qu'il ne
se trouvera jamais un ambitieux tenté de s'y perpétuer? Et si cet ambitieux est le rejeton d'une de
ces familles qui ont régné en France, s'il n'a jamais
expressément renoncé à ce qu'il appelle ses droits,
si le commerce languit, si le peuple souffre, s'il est
dans un de ces moments de crise où la misère et
la déception le livrent à ceux qui masquent sous
leurs promesses leurs projets contre la liberté,
répondrez-vous que cet ambitieux ne parviendra
pas à renverser la République? Jusqu'ici toutes les
républiques sont allées se perdre dans le despotisme. C'est de ce côté qu'est le danger, c'est donc
contre le despotisme qu'il faut les fortifier. Vous
lui préparez les voies! Vous élevez dans la République une forteresse pour le recevoir. »

Les objurgations de Jules Grévy furent inutiles.
De même que les républicains, alors imbus des
idées qui avaient présidé à la rédaction des constitutions de 1791 et 1793 réclamaient un pouvoir
législatif constitué par une seule Assemblée, les
parlementaires voulaient une République où le
Chef du pouvoir exécutif possédât les pouvoirs et
le prestige d'un roi constitutionnel. Suivant le mot
très juste de Jules Grévy, c'est le trône qu'ils prétendaient restaurer avec la Présidence de la République et ils espéraient que le suffrage universel
porterait à cette Présidence quasi royale, un des
leurs, le général Cavaignac, qui depuis le

3

24 juin 1848 était déjà en possession du pouvoir. Ils avaient compté sans « ce rejeton d'une des familles ayant régné sur la France » que Jules Grévy entrevoyait à l'horizon.

Cependant, le prince Louis Bonaparte siégeait au milieu d'eux. Élu le 23 avril 1848 membre de l'Assemblée constituante par quatre départements, dont la Seine, il avait été proclamé membre de l'Assemblée, quoique inéligible, par les républicains les plus ardents, qu'entraînèrent Jules Favre et Louis Blanc. Démissionnaire à la suite d'incidents inutiles à rappeler, il avait été réélu par six départements, dont la Seine, pour lequel il opta. Toujours avec le sentiment qu'il était trop incapable pour devenir dangereux, l'Assemblée abroge, le 11 octobre 1848, la loi du 10 avril 1832 qui avait banni la famille Bonaparte, puis elle valide l'élection du prince Louis.

Deux mois plus tard, le scrutin du 10 décembre 1848 lui donnait, pour la Présidence de la République, cinq millions et demi de suffrages, sur 7 millions 400 000 exprimés et contre 1 400 000 au général Cavaignac. Non seulement les impérialistes, fidèles au souvenir de Napoléon Ier, avaient voté pour lui, mais encore tous les socialistes, en haine des républicains de gouvernement et surtout de Cavaignac à qui les masses populaires n'avaient pas pardonné la répression de l'émeute du 24 juin.

Les événements qui devaient suivre avaient été

prédits par Jules Grévy; mais l'Assemblée législative elle-même les précipita par la loi du 31 mai 1850 qui portait atteinte au principe de la Souveraineté nationale, en exigeant, pour l'inscription sur les listes électorales, un domicile de trois années dans les communes ou les cantons, et diverses conditions de nature à diminuer le nombre des électeurs, surtout parmi les ouvriers.

Les constitutionnels qui avaient poussé l'Assemblée dans cette voie croyaient consolider leur parti; ils n'avaient fait que grossir celui du Prince de tous les partisans des principes démocratiques, et c'est au nom du suffrage universel que, le 2 décembre 1851, se fait le coup d'État, approuvé dans le plébiscite des 20 et 21 décembre. Sept millions et demi de suffrages, sur 8 millions exprimés, croyaient n'affirmer que la Souveraineté nationale contre l'Assemblée qui avait osé la menacer; en réalité, ils préparaient l'Empire. Celui-ci était acclamé par le plébiscite des 21 et 22 novembre 1852, sous cette forme, où les masses étaient trop flattées pour ne s'en pas montrer reconnaissantes : « Le peuple *veut* le rétablissement de la dignité impériale... » Le nombre des *oui* était plus grand encore qu'au premier plébiscite : il atteignait le chiffre de 7 824 189 contre seulement 253 145 *non*.

Puis, le peuple souverain criait pendant dix-huit ans : vive l'Empereur! avec la même ardeur qu'il avait, de 1848 à 1852, crié : vive la République!

et il donnait à cet empereur son sang en Crimée,
en Italie, en Chine, au Mexique, comme il l'avait
donné à son oncle. Enfin, après avoir de nouveau
affirmé son attachement à l'Empire, dans le plébiscite du 8 mai 1870, où des libertés lui étaient pro-
mises, il se précipitait dans la fatale guerre contre
l'Allemagne avec le même enthousiasme qu'il
montrait, un demi-siècle auparavant, à suivre le
« Petit Caporal » en Russie.

Des guerres suivies de victoires, des travaux
publics incessants, un progrès non douteux dans
l'état général du pays avaient enchaîné la Souveraineté nationale à Napoléon III; les défaites l'en
détachèrent, comme les défaites l'avaient détachée
de Napoléon Ier. Les faits confirmèrent encore une
fois cette proposition philosophique, déjà rappelée
plus haut, que les « volontés » des nations sont,
comme celles des particuliers, déterminées par les
événements et les circonstances, et que les actes de
la Souveraineté nationale ne sauraient échapper
aux lois qui règlent ceux de la vie individuelle.

Aussi faut-il considérer comme très redoutable
cette idée introduite dans nos lois et dans nos
mœurs par la Constituante, que « la nation ne peut
exercer ses pouvoirs que par délégation ». Elle a
été inspirée par des nécessités pratiques presque
insurmontables, surtout dans les grands pays, mais
elle est essentiellement anti-démocratique, et elle
devait conduire à toutes les dictatures oligarchiques

ou personnelles que la France a connues depuis un siècle.

Le droit du peuple, dans ce système, ne porte, en réalité, que sur le choix des hommes. Une fois élus, ceux-ci ont le droit de tout faire, sans consulter les électeurs; ils peuvent violer leurs promesses et leurs programmes, sans avoir rien à redouter du corps électoral pendant toute la durée de leur mandat.

Cette manière d'appliquer le principe de la Souveraineté nationale devait conduire à la théorie du plébiscite. Lorsque la Constituante affirmait que le peuple ne peut pas exercer directement la souveraineté dont il est revêtu, lorsqu'elle instituait, au nom du peuple, le roi Louis XVI « délégué de la nation souveraine, dans l'exercice du pouvoir exécutif » elle ouvrait la porte à la théorie plébiscitaire dont les dictatoriaux et les césariens devaient faire un si détestable usage en 1799, en 1804, en 1852 et en 1870.

Si le peuple a le droit de déléguer sa souveraineté à cinq cents citoyens, pourquoi ne la pourrait-il déléguer à cent, à cinquante, à dix, à cinq, à un seul? Et s'il peut la déléguer pour quatre ans, pourquoi ne pourrait-il pas la déléguer pour dix ans, pour vingt ans, pour la vie du citoyen qui a su capter sa confiance? — Parce que, répond la théorie juridique, le peuple n'a pas plus le droit de renoncer à sa souveraineté que les particuliers n'ont celui de renier leur liberté individuelle, de se réduire à l'état d'esclavage; en déléguant sa souveraineté à un homme pour la durée de la vie de ce dernier et, à plus forte raison, en la déléguant à une famille dont les membres se la transmettront de l'un à l'autre comme une terre ou un meuble, le peuple se transforme en esclave, droit qu'il est impossible de lui reconnaître.

Au point de vue juridique, ce raisonnement est parfait; mais qui donc pourrait empêcher un peuple d'aliéner sa souveraineté s'il lui en prend fantaisie, comme cela n'est arrivé que trop souvent au peuple de France? Sera-ce la minorité, à laquelle les constitutions de 1793 et de 1795 reconnaissaient le droit d'insurrection? Si la masse du peuple est d'accord avec celui qui détient sa souveraineté, la minorité rebelle sera écrasée, l'insurrection sera noyée dans le sang; notre histoire abonde en faits de cette sorte et en faits assez terribles, assez douloureux, pour que les minorités hésitent à se lancer dans des aventures où elles ont trop de risques à courir.

Le seul moyen pratique de mettre les peuples à l'abri de toute idée de renonciation à leur souveraineté, consiste à la leur faire apprécier et aimer, de même qu'on éloigne les hommes du suicide en leur rendant la vie bonne et heureuse. Les lois économiques et sociales ont pour rôle de faire aimer la vie par les hommes; les constitutions et les lois politiques doivent tendre à attacher les peuples à leur souveraineté assez fortement pour qu'ils ne soient jamais tentés de s'en défaire.

La rapide revue du passé à laquelle nous venons de procéder nous a démontré que de 1789 à 1870 les constitutions de la France n'avaient que très mal rempli ce rôle; nous devons rechercher si la constitution de 1875 est meilleure à cet égard que ses devancières.

CHAPITRE II

L'organisation des pouvoirs publics d'après la Constitution de 1875.

SOMMAIRE : La Constitution de 1875 est basée exclusivement sur le régime représentatif. — Organisation du pouvoir législatif. — Composition et pouvoirs de la Chambre des Députés et du Sénat. — Organisation du pouvoir exécutif : Présidence de la République; Ministère. — Irresponsabilité du Président. — Responsabilité ministérielle. — Maintien de la centralisation impériale.

La Constitution de 1875, comme toutes les constitutions françaises depuis 1789, même les plus libérales et les plus démocratiques, repose sur l'idée que la Souveraineté nationale ne pouvant pas s'exercer directement, *tous* les pouvoirs de la République doivent *nécessairement* être exercés par des « délégués » ou « représentants » du peuple.

Dans ce système, auquel on a donné l'épithète de « représentatif », le peuple ne fait rien et ne peut rien. Il ne peut pas légalement imposer ses volontés aux représentants qu'il a élus; il n'est jamais consulté sur les lois qu'ils votent; il n'a aucun moyen d'abréger la durée assignée par la loi constitutionnelle à leurs mandats.

La loi constitutionnelle de 1875 ne soumet à l'élection par le suffrage universel que le pouvoir législatif.

Celui-ci est composé de deux Chambres : 1° un Sénat formé de trois cents membres élus au scrutin de liste par les départements, les 75 inamovibles créés par la loi du 24 février 1875 étant remplacés depuis la revision de 1884, au fur et à mesure des décès, par des membres élus; 2° une Chambre des Députés composée de 581 membres, élus chacun par un arrondissement. Les députés doivent avoir au minimum vingt-cinq ans d'âge; ils sont élus par tous les citoyens âgés de vingt et un ans, inscrits sur les listes électorales. Les sénateurs doivent avoir au minimum quarante ans d'âge; ils sont élus par un collège formé des députés, des conseillers généraux et d'arrondissement, et des délégués désignés par les conseils municipaux des communes.

La durée du mandat des sénateurs est de neuf ans, mais tous les trois ans le tiers du Sénat est renouvelé. La durée du mandat des députés est de quatre années; la Chambre est renouvelée intégralement au bout de cette période.

Les pouvoirs des deux Chambres ont été déterminés par les lois constitutionnelles des 24 et 25 février 1875 et du 6 juillet 1875. Ils s'exercent par : 1° la confection des lois; 2° l'établissement du budget des recettes et des dépenses qui fait l'objet de la loi annuelle de finances, loi sans laquelle le gouvernement ne peut ni percevoir les impôts, ni procéder aux paiements des dépenses; 3° le vote des traités de commerce, de paix, etc. ; 4° le contrôle des actes des ministres et ses conséquences; 5° l'élection du Président de la République; 6° la revision de la Constitution.

Au point de vue législatif proprement dit, c'est-à-dire pour tout ce qui concerne la confection des lois, le vote des traités de paix ou de commerce, etc., les pouvoirs des deux Chambres sont identiques. L'article 1er de la loi du 25 février 1875 dit à ce sujet : « Le pouvoir législatif s'exerce par deux assemblées : la Chambre des Députés et le Sénat. » L'article 3 leur reconnaît, au même titre, l'initiative et le vote des lois. La réunion et la séparation des deux Chambres doivent être simultanées. Le Président de la République ne peut promulguer aucune loi qui n'ait été votée par les deux Chambres dans des termes absolument identiques. Rien en un mot ne distingue, au point de vue législatif, l'une des deux Chambres de l'autre.

Au point de vue du vote des lois de finances, l'article 8 de la loi du 24 février 1875 contient une disposition qui a été diversement interprétée. Cet article est ainsi conçu : « Le Sénat a, concurremment avec la Chambre des Députés, l'initiative et la confection des lois. Toutefois, les lois de finances doivent être, en premier lieu, présentées à la Chambre des Députés et votées par elle. »

Les interprétations contradictoires de ce texte ont été résumées de la façon suivante par Jules Ferry, alors Président du Conseil, dans son exposé des motifs du projet de revision de la Constitution, en 1884 : « Le Sénat et la Chambre sont en désaccord sur la portée de l'article 8. Le Sénat estime que cet article n'établit, pour les lois de finances, aucune exception au principe général de l'égalité des droits entre les deux Chambres dans la confection des lois, qu'il prescrit seulement un ordre chronologique, une priorité dans la présentation et la délibération des lois de finances : que le Sénat a, dès lors, le droit absolu soit pour supprimer, soit pour augmenter les crédits votés par la Chambre. La Chambre croit, au contraire, qu'elle possède la plénitude des droits budgétaires, que le Sénat n'en a qu'une partie, qu'il n'a sur les finances publiques qu'un droit de contrôle et qu'il ne peut pas rétablir un crédit supprimé par la Chambre des Députés. Dans la pratique, ce désaccord, qui a failli maintes fois dégénérer en conflit, s'est toujours résolu, à la dernière heure, grâce à l'esprit de conciliation patriotique qui anime les deux Assemblées, par des concessions mutuelles. Il est arrivé à la Chambre des Députés de rétablir, dans une nouvelle délibération, les crédits qu'elle avait d'abord supprimés et que le Sénat avait rétablis. Il n'est jamais arrivé que le Sénat s'obstinât à rétablir un crédit deux fois supprimé par la Chambre. Mais est-il sage de laisser subsister entre les deux Chambres cette cause de tiraillements périodiques? La loi du budget est, de toutes les lois, la seule qui ne puisse attendre, la seule qu'il soit nécessaire de voter à heure fixe. En cas de désaccord persistant, à qui appartiendra le dernier mot? Dans le perpétuel va-et-vient de l'une à l'autre Chambre, qu'adviendra-t-il du budget? La Constitution ne l'a pas dit, ou du moins ne l'a pas dit clairement. Il y a là un point essentiel à régler, et c'est précisément pour régler les difficultés de cet ordre que les constitutions sont faites. »

Jules Ferry concluait en proposant la revision de l'article 8 de la loi constitutionnelle du 24 février 1875; mais cette proposition fut rejetée et c'est toujours l'article 8 qui régit les pouvoirs financiers des deux Chambres.

En ce qui concerne le contrôle à exercer sur le pouvoir exécutif, les lois constitutionnelles n'établissent pas la moindre distinction entre les deux Assemblées, mais la Chambre a toujours prétendu être seule à pouvoir renverser les ministères. Ses prétentions sont repoussées par le Sénat, qui s'attribue le même droit.

La plupart de nos hommes d'État sont d'accord sur ce point avec la Chambre; mais, dans la pratique, il n'y a pas d'exemple qu'un cabinet ait pu vivre malgré le Sénat. Quatre ministères, depuis 1875, se sont retirés à la suite de votes hostiles de la haute Assemblée : les cabinets Dufaure et de Broglie en 1877, le cabinet Tirard en 1884, le cabinet Bourgeois en 1896.

En 1880, lorsque le Sénat repoussa l'article 7, on attachait à son vote le caractère d'une condamnation de la politique suivie par M. de Freycinet président du Conseil, et par Jules Ferry ministre de l'Instruction publique et des cultes. M. de Freycinet avait souligné l'impossibilité où se trouverait le Président de la République de former un cabinet nouveau, tant que la Chambre persisterait dans son vote en faveur de l'article 7. « Est-ce que vous admettez, disait-il à la tribune du Sénat, qu'un Cabinet parlementaire puisse se former en commençant par montrer son dédain pour les manifestations publiques, authentiques, officielles d'une des moitiés du Parlement? » Un sénateur de la droite s'étant écrié : « Nous ne sommes pas ici pour exécuter les volontés jacobines de la Chambre des Députés », M. de Freycinet lui réplique : « Si cette loi n'est pas votée, le pouvoir exécutif sera mis en demeure d'appliquer des lois beaucoup plus dures. »

Il signifiait clairement ainsi au Sénat que le Cabinet ne se retirerait pas devant son vote et qu'il suivrait, après le rejet de la loi par les sénateurs, les indications qui lui seraient données par la Chambre des Députés. En d'autres termes, il reconnaissait à la Chambre une véritable suprématie, non seulement en matière législative, mais encore dans la direction de la politique générale. Les événements lui donnèrent raison. Le Sénat ayant repoussé l'article 7, comme un blâme de la politique du Cabinet, M. de Freycinet ne démissionna pas; il accepta un ordre du jour de la Chambre invitant le gouvernement à procéder, par décrets; il prit les décrets, et le Président de la République, le correct parlementaire Jules Grévy, les revêtit de sa signature, approuvant ainsi la conduite de M. de Freycinet. Le Sénat luimême reconnut, en fait, la correction de cette conduite, car, ayant été invité à se prononcer contre les décrets, ce qui équivalait à blâmer le Cabinet, il s'y refusa et vota l'ordre du jour pur et simple.

Une seule fois, au début de 1896, un conflit s'est produit entre le Sénat et le ministère. Le cabinet Bourgeois blâmé par le Sénat, puis approuvé par la Chambre pour une même affaire, celle de la nomination d'un juge d'instruction, ne se retira pas devant le vote de la Chambre haute. Le 3 mars suivant, interpellé par celle-ci, il refuse de répondre à l'interpellation; un vote formel de blâme est émis par le Sénat; le Cabinet n'en tient

aucun compte. Le Président de la République,
pressé par les journaux hostiles au gouvernement
d'intervenir et de mettre le Cabinet en demeure de
se retirer, imita l'exemple donné par Jules Grévy
en 1884; il se tint en dehors du conflit, laissant à
la suite des événements le soin de le terminer. Le
21 avril, le Sénat recourait, pour renverser le
ministère, à un moyen qui devait infailliblement
déterminer ce résultat ou donner au conflit une
acuité nouvelle : il repoussait les crédits qui lui
étaient demandés pour Madagascar et qui avaient
été déjà votés par la Chambre. Le ministère, n'ayant
plus les moyens financiers nécessaires pour gouverner, se trouvait dans l'alternative, ou bien de
demander au Président de la République la dissolution de la Chambre, afin de porter le conflit
devant le suffrage universel, ou bien de se retirer.
Dans le premier cas, en admettant que le Président de la République consentît à demander au
Sénat la dissolution de la Chambre, il était certain que le Sénat la refuserait, et le Cabinet
n'aurait pu faire autrement que de se retirer.
M. Bourgeois, malgré l'avis de quelques-uns de ses
collègues, préféra démissionner tout de suite. La
Chambre le laissa partir, en se bornant à voter un
ordre du jour qui affirmait sa prépondérance théorique. Le pays, sollicité de s'agiter et de se prononcer contre le Sénat, resta, dans ses grandes
masses, d'une absolue indifférence à un conflit qui

parut ne plus l'intéresser dès que l'une des parties
eut cédé devant l'autre.

Le Sénat, dans cette circonstance, manifesta
clairement sa résolution de ne laisser vivre que les
Cabinets dans lesquels il aurait confiance. Puisque
la tradition parlementaire et la doctrine généralement acceptée, consacrée même par l'attitude de
Jules Grévy en 1884 et de M. Félix Faure en 1896,
lui interdisaient de renverser les Cabinets par des
ordres du jour de défiance ou de blâme, il leur rendrait l'existence impossible en leur refusant les ressources financières indispensables à l'exercice du
gouvernement. La retraite du Cabinet Bourgeois,
à la suite du vote sénatorial du 21 avril 1896, reje-
tant la demande des crédits pour Madagascar, a
prouvé l'efficacité de ce moyen.

Elle a prouvé aussi qu'avec la Constitution de 1875
le pouvoir exécutif est contraint de s'appuyer à la
fois sur les deux Chambres. En cela, notre régime
parlementaire se distingue essentiellement de celui
de l'Angleterre, où la Chambre des Lords ne tenta
jamais de renverser un ministère.

Le Sénat peut, si le Président de la République
le lui demande, voter la dissolution de la Chambre,
tandis qu'en aucun cas il ne peut être lui-même
dissous. L'article 5 de la loi du 25 février 1875
dit : « Le Président de la République peut, sur
l'avis conforme du Sénat, dissoudre la Chambre des
Députés avant l'expiration légale de son mandat.

En ce cas, les collèges électoraux sont réunis pour de nouvelles élections dans le délai de deux mois et la Chambre dans les dix jours qui suivent la clôture des opérations électorales. »

Comme l'indique très nettement cet article, ce n'est pas au Sénat qu'appartient le droit de dissolution, mais seulement au Président de la République. C'est ce dernier qui dissout la Chambre des Députés, mais il ne peut le faire que sur l'avis conforme du Sénat. Cet avis, il faut que le Président le fasse demander au Sénat par un ministère responsable. Le Sénat peut donner un avis favorable ou défavorable, ce qui lui attribue une autorité effective sur le Président de la République.

L'autorité du Sénat est encore augmentée par l'impossibilité où se trouvent la Chambre et le pouvoir exécutif de procéder sans lui à la revision de la constitution. L'article 8 de la loi constitutionnelle du 25 février 1875, qui règle la procédure de la revision, est ainsi conçu : « Les Chambres auront le droit, par *délibérations séparées*, prises dans chacune à la majorité absolue des voix, soit spontanément, soit sur la demande du Président de la République, de déclarer qu'il y a lieu de reviser les lois constitutionnelles. Après que chacune des deux Chambres aura pris cette résolution, elles se réuniront en Assemblée nationale pour procéder à la revision. Les délibérations portant revision des lois constitutionnelles, en tout ou en partie,

4.

devront être prises à la majorité absolue des membres composant l'Assemblée nationale. La forme républicaine du gouvernement ne peut faire l'objet d'une proposition de revision. Les membres des familles ayant régné sur la France sont inéligibles à la Présidence de la République. »

Enfin, le Sénat peut être constitué en cour de justice dans deux cas différents : en vertu de l'article 9 de la loi du 24 février 1875, « pour juger soit le Président de la République, soit les ministres, et pour connaître des attentats commis contre la sûreté de l'État » ; et en vertu de l'article 12 de la loi du 16 juillet 1875, « pour juger toute personne prévenue d'attentat commis contre la sûreté de l'État ». Le Sénat n'a exercé cette fonction spéciale qu'une seule fois, en 1889, dans l'affaire du boulangisme.

Par ces diverses dispositions, le Sénat est revêtu d'une autorité supérieure à celle de tous les autres pouvoirs institués par la Constitution de 1875 et il apparaît comme le gardien de cette dernière. Sans lui, elle ne peut pas être modifiée dans le moindre de ses détails; sans lui, les ministres ne peuvent pas vivre, même ayant la confiance de la Chambre, puisqu'en leur refusant les crédits budgétaires il les met dans l'impossibilité de gouverner; sans lui, le Président de la République ne peut pas dissoudre la Chambre, même si elle lui rendait l'exercice de ses fonctions impossible en renversant l'un après l'autre tous les ministères qu'il formerait; sans lui, la Chambre ne peut ni faire une loi ni approuver un traité. Elle ne peut, en dehors de lui, que deux choses : mettre en accusation le Président et les ministres, mais c'est lui qui les juge, et renverser les Cabinets. De ce dernier pouvoir, elle fait un usage si fréquent qu'on pourrait croire qu'elle se rabat sur lui de ceux qu'elle ne peut exercer que concurremment avec le Sénat.

Tel qu'il a été institué par les lois constitutionnelles de 1875, le pouvoir exécutif se compose d'un Président de la République et de ministres.

Les articles 2 et 3 de la loi du 25 février 1875 décident : « Article 2 : Le Président de la République est élu, à la majorité absolue des suffrages, par le Sénat et par la Chambre des Députés réunis en Assemblée nationale. Il est nommé pour sept ans. Il est rééligible. — Article 3 : Le Président de la République a l'initiative des lois, concurremment avec les membres des deux Chambres Il promulgue les lois lorsqu'elles ont été votées par les deux Chambres; il en surveille et en assure l'exécution. Il a le droit de faire grâce; les amnisties ne peuvent être accordées que par une loi. Il dispose de la force armée. Il nomme à tous les emplois civils et militaires. Il préside aux solennités nationales ; les envoyés et les ambassadeurs des puissances étrangères sont accrédités auprès de lui. Chacun des actes du Président de la République doit être contresigné par un ministre. »

La loi du 16 juillet 1875, après avoir établi que les Chambres se réuniraient de plein droit chaque année, le second mardi de janvier, accorde au Président de la République le droit de les convoquer avant cette date, pour leur session ordinaire, et de les convoquer en session extraordinaire de sa propre initiative, et dit : « Il devra les convoquer si la demande en est faite dans l'intervalle des sessions par la majorité absolue des membres composant chaque Chambre. » Le même article ajoute : « Le Président peut ajourner les Chambres. Toutefois l'ajournement ne peut excéder le terme d'un mois, ni avoir lieu plus de deux fois dans la même session. »

En vertu de la même loi, « le Président de la République promulgue les lois dans le mois qui suit la transmission au Gouvernement de la loi définitivement adoptée. Il doit promulguer dans les trois jours les lois dont la promulgation, par un vote exprès dans l'une et l'autre Chambre, aura été déclarée urgente. Dans le délai fixé par la promulgation, le Président de la République peut, par un message motivé, demander aux deux Chambres une nouvelle délibération, qui ne peut être refusée. »

D'après l'article 7 : « Le Président de la République négocie et ratifie les traités. Il en donne

connaissance aux Chambres aussitôt que l'intérêt
et la sécurité de l'État le permettent. Les traités de
paix, de commerce, les traités qui engagent les
finances de l'État, ceux qui sont relatifs à l'état
des personnes et aux droits de propriété des Français à l'étranger, ne sont définitifs qu'après avoir
été votés par les deux Chambres. Nulle cession, nul
échange, nulle adjudication de territoire ne peut
avoir lieu qu'en vertu d'une loi. — Article 8. Le Président de la République ne peut déclarer la guerre
sans l'assentiment préalable des deux Chambres. »

Le Président de la République, en un mot, jouit
de presque tous les pouvoirs d'un roi constitutionnel.

Ces pouvoirs ne peuvent être exercés que par
l'intermédiaire d'un ministère responsable devant
les Chambres. Le Président ne peut ni nommer
un fonctionnaire, ni faire mouvoir un soldat, ni
prendre l'initiative d'une loi ou la promulguer après
le vote des deux Chambres, ni convoquer les Chambres, ni les ajourner, etc., sans que sa signature
soit précédée de celle d'un ministre qui, seul, est
responsable de ce que le Président signe. L'article 6
dit en effet : « Les ministres sont solidairement
responsables devant les Chambres de la politique
générale du gouvernement et individuellement de
leurs actes personnels. Le Président de la République n'est responsable que dans le cas de haute
trahison. »

L'article 12 de la loi du 16 juillet 1875 dit, à ce propos : « Le Président de la République ne peut être mis en accusation que par la Chambre des Députés et ne peut être jugé que par le Sénat. » La Constitution attribuant à ce dernier le rôle de juge n'a pas voulu lui donner en même temps le droit d'accuser. Il en résulte une situation que les auteurs de la Constitution ne prévirent probablement pas. Comme le Sénat ne peut ni mettre le Président en accusation ni être dissous par le Président, un conflit entre ces deux pouvoirs serait particulièrement grave, surtout si le Président était d'accord avec la Chambre des Députés. Dans ce cas, le Sénat ne pourrait faire connaître ses sentiments que par le refus des crédits budgétaires : il rendrait ainsi le gouvernement impossible et mettrait le Président dans la nécessité de céder ou de se retirer.

Le Président de la République ne peut pas communiquer directement avec les Chambres. L'article 6 de la loi du 16 juillet 1875 dit à ce sujet : « Le Président de la République communique avec les Chambres par des messages qui sont lus à la tribune par un ministre. » Il résulte de ce texte que si le Président ne trouvait pas un Cabinet acceptant la responsabilité de porter son message aux Chambres, il serait obligé de démissionner avant de faire part au Parlement des motifs de sa retraite.

Il n'y a dans les lois constitutionnelles aucun texte réglementant l'avènement aux fonctions ministérielles, les conditions de leur exercice et la manière dont elles prennent fin ; la tradition seule règle ces divers points, mais les ministres sont rendus nécessaires par le dernier paragraphe de la loi du 25 février 1875. « Chacun des actes du Président de la République doit être contresigné par un ministre. »

D'après le premier paragraphe de l'article 6 de la même loi : « Les ministres sont solidairement responsables devant les Chambres de la politique générale du gouvernement, et individuellement de leurs actes personnels. » L'article suivant dit qu'en cas de vacance de la Présidence de la République, par décès ou pour toute autre cause, « les deux Chambres réunies procèdent immédiatement à l'élection d'un nouveau Président. Dans l'intervalle, le Conseil des ministres est investi du pouvoir exécutif ».

L'article 6 de la loi du 16 juillet 1875 règle de la façon suivante les rapports des ministres avec les Chambres : « Les ministres ont leur entrée dans les deux Chambres et doivent être entendus quands ils le demandent. Ils peuvent se faire assister de commissaires désignés pour la discussion d'un projet de loi déterminé, par décret du Président de la République. » Enfin, d'après l'article 12 de la même loi, « les ministres peuvent être mis en accusation par la Chambre des Députés pour crimes commis dans l'exercice de leurs fonctions. En ce cas, ils sont jugés par le Sénat ».

La responsabilité devant les Chambres implique la nécessité pour les ministères de naître de la majorité parlementaire et de gouverner d'accord avec elle. Un vote de blâme ou le rejet d'une proposition que le Gouvernement appuie en déclarant lui attribuer une importance telle qu'il considérerait son rejet comme équivalant à un blâme, sont les moyens par lesquels la majorité signifie qu'elle n'est plus d'accord avec le ministère. La démission des ministres en est la conséquence nécessaire. Le même vote indique dans quel esprit le nouveau ministère devra être conçu pour être d'accord avec la majorité nouvelle.

En raison de son irresponsabilité constitutionnelle, le Président de la République doit rester étranger à la politique générale du gouvernement; il ne saurait inspirer une politique dont le ministère seul porterait la responsabilité. Encore moins, pourrait-il, sans violer la lettre et l'esprit de la Constitution, choisir les ministres en vue d'une politique qui lui serait personnelle. En admettant qu'il pût constituer un Cabinet dans ces conditions, il se découvrirait et c'est lui, en réalité, qui serait blâmé par le Parlement le jour où celui-ci marquerait sa défiance au ministère. L'intérêt du Président est donc d'accord avec la Constitution pour lui interdire de chercher ailleurs que dans les Chambres des indications pour le choix des ministres. Son choix doit même, selon l'esprit de la Constitution et les traditions du régime parlementaire, se borner à celui du ministre qui exercera les prérogatives de Président du Conseil.

Celui-ci doit être l'homme ayant le plus d'autorité parmi les membres de la majorité qui a renversé le précédent Cabinet. Il doit conserver une entière indépendance dans le choix de ses collaborateurs et dans la rédaction du programme gouvernemental. Il est possible que le Président se trompe dans le choix de cet homme; on ne saurait lui en vouloir d'une erreur involontaire; les votes du Parlement lui permettront de la réparer; mais il ne peut pas, volontairement, se laisser guider dans son choix par ses opinions ou ses sentiments personnels.

Le maréchal de Mac-Mahon lui-même reconnaissait la vérité de ces principes lorsqu'il disait, dans son message du 13 janvier 1879, contresigné par deux parlementaires expérimentés, MM. Dufaure et de Marcère : « La Constitution de 1875 a fondé une République parlementaire, en établissant men irresponsabilité, tandis qu'elle a institué la responsabilité solidaire et individuelle des ministres. Ainsi sont déterminés nos devoirs et nos droits respectifs; l'indépendance des ministres est la condition de leur responsabilité. »

Pendant toute la durée de la présidence de Jules Grévy, ces principes furent appliqués aussi fidèlement que le comporte la nature humaine. Parlementaire consommé, politique profond, avec un esprit très délié, le Président Grévy eut toujours soin de faire couvrir son irresponsabilité constitutionnelle par les représentants les plus autorisés des groupes parlementaires. Les chefs des ministères qu'il forma étaient tous des hommes d'une valeur reconnue par leurs pairs et non discutée par leurs adversaires. Tous aussi, sauf les présidents de deux Cabinets d'affaires transitoires et annoncés d'avance comme tels, se présentèrent devant les Chambres avec des programmes où leurs vues sur la politique générale et sur les principales questions à l'ordre du jour étaient nettement indiquées. Leurs ennemis et leurs amis pouvaient les combattre ou les soutenir en connaissance de cause.

Les noms seuls des chefs de ces ministères valaient d'ailleurs tout un programme. Il me suffira de rappeler, par ordre de dates : MM. Waddington, de Freycinet, Jules Ferry, Gambetta, Brisson, Goblet, Rouvier. Chacun de ces hommes jouissait d'une autorité personnelle suffisante pour couvrir le Président de la République et pour supporter tout le poids de la responsabilité gouvernementale devant les Chambres et devant le pays. Ils savaient où ils voulaient aller, et ils avaient assez d'expérience pour choisir le chemin le plus sûr, sinon le plus court, vers leur but.

Aussi cette phase de notre troisième République fut-elle la plus féconde en réformes de toutes sortes : lois scolaires, lois militaires, lois sur la liberté de la presse et de réunion, sur les syndicats ouvriers, etc., en même temps qu'elle fut marquée par un respect de l'autorité gouvernementale qui s'est, depuis, singulièrement atténué, pour le malheur de notre pays. C'est aussi pendant cette période que l'on entreprit les grands travaux d'utilité publique dont le programme avait été tracé par Gambetta, Léon Say et M. de Freycinet, et qui donnèrent à la France dix années d'une admirable prospérité.

Les conditions dans lesquelles Sadi Carnot fut élu inspirèrent au nouveau Président la pensée de former d'abord un ministère dans lequel toutes les fractions du parti républicain, depuis le centre gauche le plus modéré jusqu'à l'extrême gauche, seraient représentées. La tentative échoua, mais le Président n'avait pas renoncé à ses vues; on le vit, à diverses reprises, les mettre en pratique, soit qu'il donnât ses préférences à certains Cabinets neutres dont on n'a pas perdu le souvenir, soit qu'il intervînt personnellement dans le choix des titulaires des divers portefeuilles.

Pendant cette période, il est aisé de constater que les seuls ministères féconds sont ceux qui

furent composés d'hommes ayant l'expérience de
la politique et des affaires. C'est à ces ministres,
parmi lesquels il me suffira de nommer MM. de
Freycinet et Constans, que revint l'honneur de
débarrasser la France du boulangisme et d'assurer,
par les élections de 1889, la défaite définitive des
monarchistes.

Malheureusement, le danger passé, on en revint
aux ministères sans programme, ce qui permettait
à toutes les ambitions de se produire, à toutes les
compromissions de se commettre. C'est la période
des luttes personnelles, de la diffamation, de la
calomnie, de la proscription réciproque, et de
l'anarchie gouvernementale.

M. Casimir-Perier, en arrivant à la Présidence,
après la mort tragique de Sadi Carnot, pensa que
pour relever le prestige de l'autorité gouvernementale il fallait accentuer, dans la pratique, le
rôle du Président de la République. Élu par les
conservateurs, il se crut obligé de faire une politique exclusivement conservatrice. L'expérience
ne tarda pas à prouver qu'il faisait fausse route
et qu'en substituant son autorité personnelle
à l'irresponsabilité créée par la Constitution, il
détournait sur le Président de la République les
attaques qui auparavant étaient dirigées contre
les ministres. S'il ne s'était pas spontanément
retiré pour ne pas constituer un ministère en
désaccord avec ses opinions personnelles, il aurait

succombé sous les coups de l'opposition parlementaire.

Le Président actuel de la République a prouvé, dès le premier jour de l'exercice de ses hautes fonctions, qu'il voulait revenir à la conduite prudente tracée par nos lois organiques. Il a rendu par là au pays le plus grand service qu'il pût attendre de lui, car des crises présidentielles répétées seraient la voie ouverte au renversement des institutions républicaines, au bout d'un temps d'autant plus court que les crises seraient plus fréquentes.

En résumé, la Constitution de 1875, envisagée au point de vue de la façon dont elle applique les principes de la Souveraineté nationale, nous offre : 1° un pouvoir législatif formé de deux Chambres élues l'une par un suffrage restreint et à deux degrés, le Sénat, l'autre par le suffrage direct, la Chambre, la première revêtue, en fait, d'une autorité supérieure à celle de la seconde; 2° un pouvoir exécutif composé d'un Président de la République élu par les Chambres, sans autorité ni responsabilité propres, et de ministres responsables devant les deux Chambres, mais, dans la pratique, placés sous le contrôle plus direct de la Chambre des Députés et presque toujours renversés par elle.

La Souveraineté nationale n'intervient dans cet organisme que pour lui donner le mouvement, en élisant les députés et les sénateurs; une fois en marche, l'organisme constitutionnel fonctionne en dehors et au-dessus d'elle, sans qu'elle puisse intervenir en aucune autre manière que dans les réunions et par la presse, c'est-à-dire par des moyens très imparfaits et dont un au moins lui échappe, étant accaparé soit par des intérêts particuliers, soit par le gouvernement. On a dit souvent que la presse est un troisième pouvoir; le mot est juste, à la condition qu'on ajoute : un pouvoir presque entièrement subordonné, dans la pratique, soit au gouvernement, soit à des oligarchies financières et, par suite, ne représentant pas la Souveraineté nationale.

La centralisation impériale conservée par la troisième République contribue encore puissamment à diminuer l'importance du rôle qui devrait incomber au véritable souverain dans la gestion de ses affaires.

La justice est presque entièrement entre les mains de l'État, car si les juges sont inamovibles, c'est l'État qui les nomme, qui leur donne de l'avancement, qui les récompense, qui tient, en un mot leur sort entre ses mains. L'Église n'est pas davantage indépendante : le Concordat impérial en a fait un corps de fonctionnaires entièrement soumis au pouvoir exécutif. L'enseignement public est également presque tout entier aux mains de l'État. Quant aux pouvoirs attribués aux départements et aux communes, ils sont si minimes que les questions les plus locales, celles où les électeurs pourraient le plus utilement intervenir sont livrées à des pouvoirs centraux qui, n'étant pas directement intéressés à leur solution, les négligent ou ne les traitent qu'en se laissant dominer par des préoccupations où les intérêts en jeu ne tiennent qu'une place très secondaire.

En 1840 (dans *Idées napoléoniennes*), le prince qui devait plus tard devenir empereur des Français par un coup d'État mettait dans la bouche de Napoléon Ier cette question, adressée à ses successeurs : « Avez-vous affaibli cette centralisation administrative que je n'avais établie que pour organiser l'intérieur et pour résister à l'étranger ? Non ; vous avez gardé de mon règne tout ce qui n'était que transitoire, qu'obligations momentanées, et vous avez rejeté tous les avantages qui en palliaient les défauts. » La Constitution de 1875, mérite-t-elle, en ce qui concerne la centralisation, le même reproche ? C'est aux faits que nous allons demander la réponse.

CHAPITRE III

Résultats produits par la Constitution de 1875.

Sommaire : Doctrines politiques qui ont inspiré les constitutions de la France depuis un siècle : dictatoriens et monarchistes; conventionnalistes ou jacobins; parlementaires. — La Constitution de 1875 est l'œuvre combinée des parlementaires monarchistes et des parlementaires républicains. — Effets utiles qu'elle a produits. — Résultats nuisibles. — Rivalité des deux Chambres; conflits législatifs. — Conflits de la Présidence avec les Chambres. — Rapports des députés avec les ministères. — Prédominance des intérêts électoraux aggravée par le scrutin d'arrondissement. — Instabilité gouvernementale. — Prépondérance des intérêts particuliers et électoraux. — Ignorance des députés. — Affaiblissement de la Chambre par le recrutement du Sénat. — Substitution des députés au gouvernement dans l'administration. — Luttes des ambitions pour la conquête du pouvoir. — L'absence de partis gouvernementaux favorise les ambitions personnelles et contribue à augmenter l'anarchie.

Il ressort clairement de l'étude des constitutions de la France exposée dans les deux chapitres précédents, que trois écoles de théoriciens politiques ont, depuis un siècle, imprimé plus ou moins énergiquement l'esprit de leurs doctrines à nos lois constitutionnelles : les dictatoriens et monarchistes, qui font absorber le pouvoir législatif et la volonté nationale par le pouvoir exécutif; les conventionnalistes ou jacobins, dont la tendance est, au contraire, de fondre l'exécutif dans le législatif au profit exclusif de ce dernier, considéré comme incarnant la Souveraineté nationale; les parlementaires, dont la préoccupation dominante est de séparer le pouvoir exécutif du législatif, en accordant au premier l'impulsion et la direction et au second plutôt le contrôle, la « Souveraineté nationale (et par conséquent sa représentation directe) ne devant point, suivant le mot de Thiers, être toute-puissante et devant empêcher plutôt qu'agir ».

L'idéal de la première école serait un dictateur honnête homme, incarnation du peuple, cerveau et bras de la nation; un dictateur respectueux de toutes les libertés individuelles, voulant tout ce que veut le peuple, le voulant avec une intelligence supérieure et l'exécutant avec une habileté consommée : idéal tellement au-dessus des réalités humaines que toutes les fois que le peuple a voulu le conquérir, il est tombé dans la servitude, comme l'astrologue perdu dans la contemplation des infinis célestes se laisse choir dans le puits ouvert devant ses pas.

L'idéal des conventionnalistes, c'est une assemblée issue du suffrage universel direct, représentant les volontés de la majorité d'où elle est née,

légiférant et gouvernant au nom de cette majorité,
réunissant en elle-même le pouvoir législatif et
tout ce qu'il est possible à une réunion d'hommes
d'exercer de puissance exécutive, pratiquant sur
le reste un contrôle aussi minutieux que permanent,
ne doutant pas plus de sa sagesse que le peuple
lui-même ne doute de la sienne — vox populi, vox
Dei; — ne travaillant que pour le bien de la nation,
mais, au nom du peuple et pour son plus grand
bien, imprimant, comme la dictature personnelle,
à tout l'organisme social et politique, l'impulsion
d'une inébranlable volonté; idéal moins accessible
encore que le premier, car il serait plus facile
d'imaginer un seul homme parfait que cinq cents
ou mille individus réunissant toutes les qualités
morales et intellectuelles nécessaires au pouvoir
absolu, avec une absence totale d'ambitions et
d'appétits personnels.

En face de l'idéal théorique du dictatorisme et
du conventionnalisme, les vertus et les vices de la
nature humaine se dressent, entraînant le « bon
dictateur » vers le despotisme, dans le premier cas,
provoquant dans le second, les compétitions d'intérêts et d'ambitions, les haines d'où naissent les
factions et qui condamnent l'oligarchie toute-puissante à se dévorer elle-même, tandis que sur les
ruines accumulées par la diffamation, la calomnie
ou la guillotine, la dictature s'érige et prépare
l'empire.

L'idéal des parlementaires est plus modeste et moins antiscientifique, car il tient davantage compte des passions et des intérêts des diverses portions du peuple. Ce serait un pouvoir exécutif et un pouvoir législatif si admirablement pondérés qu'ils se contre-balanceraient exactement, chacun empêchant les abus que l'autre pourrait commettre, chacun prenant la défense des libertés individuelles et des intérêts du peuple contre les menaces dont ils seraient l'objet de la part du pouvoir rival, mais l'un et l'autre se considérant comme une émanation de la Souveraineté nationale d'une essence tellement supérieure que le peuple devrait s'estimer heureux d'obéir à cette sorte d'âme double dont il ne serait que le corps. Idéal non moins admirable, en théorie, que les précédents, donnant une place plus grande aux réalités humaines, mais idéal non moins intangible, car il suppose deux âmes, en un même corps, si admirablement harmonisées qu'aucun conflit ni aucune divergence de vues ne puissent surgir entre elles, et un corps si bien adapté à ses deux âmes, si docile à leur double impulsion et si admirablement constitué, qu'il n'y aurait jamais aucun trouble dans ses organes; idéal parfait, si les âmes tenaient compte de tous les besoins du corps et leur donnaient immédiatement satisfaction; idéal réalisable seulement le jour où le pouvoir législatif n'aurait aucun désir d'empiéter sur l'exécutif, ni celui-ci sur le législatif, ni l'un et

l'autre sur les pouvoirs inaliénables, imprescriptibles de la Souveraineté nationale; idéal, en fait,
encore plus difficile à atteindre peut-être que les
deux précédents, car ce n'est plus un seul homme,
ni une seule assemblée qui devraient être parfaits,
mais deux pouvoirs distincts, formés l'un et l'autre
de plusieurs personnes et ayant l'un et l'autre
toutes les passions et toutes les ambitions que les
hommes apportent avec eux partout où ils se trouvent. Idéal qui chaque fois qu'on a tenté de l'atteindre s'est résolu en impuissance législative et
exécutive, en anarchie administrative et gouvernementale, en lassitude d'abord, puis en révolte
du véritable souverain et enfin, en accaparement
de la Souveraineté nationale par le premier audacieux qui promet au peuple la tranquillité, l'ordre
et la prospérité.

En réalité, comme l'a écrit le grand parlementaire anglais Sir George Cornwall Lewis : « Quand
on vient à la raison dernière de tout gouvernement, quand on a affaire aux forces qui ont pour
résultante la *possession du pouvoir*, il faut s'attendre à y rencontrer un mélange considérable des
mauvais éléments de notre nature; on n'empê-
chera jamais qu'il y entre beaucoup d'égoïsme,
de fraude, d'intrigue et de corruption. Tous les
plans de constitution qui offrent une garantie
spéciale contre chaque sorte de maux, sont du
domaine de l'imagination, non de la réalité. La

meilleure forme de gouvernement, c'est la moins mauvaise. »

A ces trop véridiques considérations, j'ajouterai : puisque ce sont les luttes pour la possession du pouvoir qui mettent en mouvement « tous les mauvais éléments de notre nature », qui provoquent les manifestations nuisibles de « l'égoïsme, de la fraude, de l'intrigue et de la corruption », nous devons conclure que la forme la moins mauvaise de gouvernement serait celle où les luttes pour la conquête du pouvoir seraient réduites à leur minimum d'intensité et de fréquence, c'est-à-dire celle où le pouvoir délégué par le peuple serait aussi limité que possible et où la nation se réserverait le maximum d'exercice direct de sa souveraineté.

La Constitution de 1875 fut l'œuvre des parlementaires. En raison même de son origine, elle devrait contribuer puissamment à consolider dans notre pays la République. Celle-ci n'avait vécu, de 1870 à 1875, que grâce aux divisions des monarchistes et à la faute qu'ils avaient commise, au point de vue de leurs intérêts, en portant M. Thiers à la Présidence du Conseil des ministres. Parlementaire d'éducation et d'expérience, M. Thiers tenait beaucoup plus au pouvoir qu'à une forme quelconque de gouvernement; puisque la République le lui avait donné, tandis que la monarchie le lui ferait perdre, il tenait à conserver la République et il la préserva, en fait, contre toutes les

6

attaques dont elle fut l'objet pendant la durée de
sa présidence. Plus tard, ce sont ses amis, les
monarchistes constitutionnels, les de Broglie, les
Buffet, etc., qui font vivre la République, malgré les
bonapartistes et les légitimistes, dans l'espoir d'en
rester les maîtres. C'est dans ce but qu'ils acceptent
d'en consacrer le titre par une loi constitutionnelle,
et c'est dans ce but encore qu'ils rédigent une constitution presque copiée sur la charte de 1830.
Dans leur pensée, si la République de leur façon
dure, ils en seront les maîtres; si elle disparaît, ce
sera pour faire place à la monarchie constitutionnelle, car il suffirait de remplacer le Président élu
par un roi, pour que la Constitution de 1875 pût
servir à une monarchie aussi bien qu'à la République.

On a beaucoup blâmé les républicains qui, en
1875, sur les conseils de Gambetta, votèrent la
Constitution préparée dans les conciliabules des
orléanistes et rédigée par M. Wallon; je pense
qu'ils doivent, au contraire, en être loués. Les
défauts multiples de cette Constitution étaient com-
pensés par cet avantage énorme que n'étant ni dictatorienne ni conventionnaliste, elle mettait la France
à l'abri des tentatives de la dictature et la protégeait
contre les abus de pouvoir des assemblées uniques
et omnipotentes. Elle était, sans contredit, peu
démocratique; elle avait dans ses veines le sang
du monarchisme constitutionnel; elle avait ce vice

signalé par Jules Ferry, en 1869, de combiner la centralisation avec le parlementarisme; elle aurait, à coup sûr, des conséquences mauvaises à bien des égards, mais elle donnait assez de satisfactions à la grande et à la petite bourgeoisie pour les attirer à la République et les y attacher. Elle installerait en France le régime républicain, elle déshabituerait le pays de la monarchie et de l'empire, et elle permettrait de réaliser les réformes démocratiques d'où sortirait quelque jour la vraie République, la seule qui convienne à un peuple désireux de se gouverner lui-même, c'est-à-dire la République démocratique.

C'est par ce raisonnement que Gambetta décida les républicains à voter la Constitution de 1875 : il faut reconnaître que la suite des événements l'ont pleinement confirmé. C'est grâce aux rouages multiples institués par la Constitution de 1875, que la République survécut aux tentatives de dictature du maréchal de Mac-Mahon et du général Boulanger, et que le pays a obtenu une partie des réformes démocratiques après lesquelles il soupirait.

Toutefois, les vices inhérents à toutes les constitutions oligarchiques se sont peu à peu développés; le parlementarisme excessif des partisans de la monarchie de juillet a produit les fruits qu'on en devait attendre, et le moment est venu où, la Constitution de 1875 ayant produit tous ses effets utiles, risque de ne plus donner que des résultats nuisibles aux intérêts généraux du pays.

Grâce aux libertés dont la France jouit depuis vingt-six ans, grâce aux réformes qui ont été réalisées, à la dispersion de l'enseignement, à l'expérience que les électeurs ont acquise, à l'évolution qui s'est faite dans tous les esprits sur les idées et les principes démocratiques, la Constitution de 1875 ne répond plus entièrement aux besoins de la nation; il est indispensable qu'on remédie à ses défauts soit en la revisant, soit d'abord en modifiant nos mœurs politiques, et surtout en faisant disparaître cette centralisation impériale qui non seulement est contraire aux principes les plus élémentaires du régime démocratique, mais encore offre le grand inconvénient d'aggraver tous les vices du parlementarisme.

Quant aux réformes qu'il est nécessaire d'introduire soit dans notre conduite politique, soit dans nos lois constitutionnelles, elles sont indiquées par les résultats bons ou mauvais que la Constitution de 1875 a produits et c'est par l'examen de ces résultats que nous serons conduits à les formuler.

Le premier fait saillant offert par notre histoire politique depuis 1875, consiste dans la rivalité des deux Chambres. Elle a commencé avec la mise en pratique de la Constitution. La Chambre des Députés invoque son élection par le suffrage universel direct comme le témoignage qu'elle détient, plus particulièrement, la délégation de la Souveraineté nationale. C'est en vertu de ce principe qu'elle

revendique le droit de dire le dernier mot dans la
Loi de finance, droit qui lui a été reconnu par tous
les chefs du parti républicain et qui est admis par
le Sénat lui-même dans la pratique, ainsi que nous
l'avons montré plus haut.

C'est aussi comme représentants directs de la
Souveraineté nationale que les députés revendi-
quent le droit exclusif pour la Chambre de faire
vivre et de renverser les ministères. Ce droit, le
Sénat le reconnaît aussi, dans la pratique, puisqu'il
ne lui arrive que rarement d'interpeller les ministres et de leur infliger des votes de blâme, mais il
le conteste en principe et nous avons rappelé que
de 1876 à 1896 quatre ministères successivement,
dont un radical, se sont retirés devant les votes
hostiles du Sénat, soit parce qu'ils lui reconnaissaient le droit de les renverser, soit parce que, mis
dans l'impossibilité de gouverner, ils préférèrent
abandonner le pouvoir que de prolonger un conflit
dont la paix publique aurait pu souffrir s'il avait
pris une plus grande acuité.

Cependant, la question n'est pas vidée. Un conflit aigu éclaterait entre la Chambre et le Sénat le
jour où surgirait un ministère qui, étant absolument
d'accord avec la Chambre, ne le serait pas avec le
Sénat.

Dans l'état actuel de nos lois constitutionnelles,
le seul moyen qu'il y ait d'éviter un pareil conflit,
dont les conséquences pourraient être terribles, est

6.

de former des ministères jouissant à la fois de la
confiance du Sénat et de celle de la Chambre. Mais
on condamne ainsi tout l'organisme constitutionnel
à régler sa marche sur celle du Sénat; on fait, en
réalité, de la Chambre issue du suffrage restreint
le plus puissant de tous les pouvoirs publics. On
viole donc les principes démocratiques et même on
fausse l'esprit du régime parlementaire, tel qu'il est
conçu et pratiqué dans tous les pays. Ce n'est plus
la Chambre des Députés, c'est-à-dire la représentation directe du suffrage universel qui inspire la
politique générale du gouvernement, comme en
Suisse, en Amérique, en Angleterre, c'est la Chambre
issue du suffrage restreint, c'est la représentation
d'une classe particulière d'électeurs. N'y a-t-il pas
dans cette façon de procéder une source nouvelle
de conflits non seulement entre les deux Assemblées, mais encore entre la masse du suffrage universel et le Sénat qui représente plus particulièrement les classes élevées de la nation?

En raison même de son origine, le Sénat est
nécessairement moins favorable que la Chambre
des Députés aux réformes démocratiques; il ne faut
donc pas s'étonner qu'il en fasse traîner la discussion, qu'il les enterre en ses cartons, qu'il les repousse en totalité ou en partie quand il les fait
comparaître à sa barre, qu'il use, en un mot, des
pouvoirs dont la Constitution l'a revêtu, pour protéger les intérêts dont il a plus particulièrement la

défense, contre ceux de la masse démocratique. L'arrêt des réformes indispose cette dernière et sert de prétexte aux adversaires de la République, ou aux ennemis du système des deux Chambres, pour pousser aux conflits parlementaires. Or ceux-ci, avec la Constitution de 1875, sont tout à fait insolubles, ce qui ouvre la porte aux théoriciens de la révolution, à ceux qui prétendent que la Constitution doit être renversée et qu'elle ne peut l'être que par la violence révolutionnaire.

Il ne faut pas oublier que la Chambre de 1893, si timide et inexpérimentée qu'elle soit, n'a pas hésité, dans sa séance du 22 avril 1896, à se déclarer prépondérante par rapport au Sénat. Ce fut un vote purement platonique et sans conséquences immédiates ; mais avec des députés plus résolus, il pourrait naître, dans d'autres circonstances, d'un vote semblable, un conflit extrèmement grave et dont il est indispensable de supprimer la source.

Les rivalités du pouvoir exécutif et du pouvoir législatif ne peuvent pas, avec la Constitution de 1875, être très vives, du moins dans la vie normale de ces pouvoirs, puisque d'une part le Président de la République étant élu par les deux Chambres irresponsable et sans autorité propre, n'a aucune occasion de se mettre en désaccord avec elles, et que d'autre part, les Chambres, surtout celle des Députés, peuvent renverser les ministères aussi souvent qu'il leur convient.

Il ne pourrait y avoir conflit entre le Parlement et la Présidence que si le Président de la République persistait à garder un ministère renversé par la Chambre ou mis par le Sénat dans l'impossibilité de gouverner. Si le conflit éclatait entre le Sénat et le Président, il n'y aurait aucune autre solution que la démission de celui-ci. S'il éclatait entre le Président et la Chambre des Députés, c'est au Sénat d'abord, puis au pays qu'il appartiendrait d'y mettre fin.

C'est un fait de ce dernier genre qui se produisit, en 1877, lorsque le maréchal de Mac-Mahon ayant forcé le ministère Jules Simon à se retirer, quoi-qu'il eût la confiance de la Chambre, forma le Ca-binet du 16 mai avec des membres de la minorité monarchiste, prorogea la Chambre en vertu de l'article 2 de la loi du 16 juillet 1875, afin d'em-pêcher qu'elle ne renversât ce ministère, puis demanda sa dissolution au Sénat où dominait une majorité monarchiste. Le maréchal, par ces pre-miers actes, rompait incontestablement avec les traditions du régime parlementaire; il violait même l'esprit de la Constitution en imposant la démission à un ministère qui avait la confiance de la Chambre, pour en prendre un qu'elle condamnait, mais il était encore dans la lettre de la Loi constitution-nelle, car il avait avec lui la majorité du Sénat et il faisait appel, par l'élection d'une nouvelle Chambre, à la Souveraineté nationale. Il y avait conflit, à ce moment précis de l'aventure du 16 mai, entre le pouvoir exécutif tout entier et la Chambre des Députés d'une part, et entre les deux Chambres de l'autre, mais tous les pouvoirs restaient dans les règles tracées par la Constitution.

Il n'en fut plus ainsi lorsque, après les élections des 14 et 28 octobre 1877, qui avaient renvoyé à la Chambre une forte majorité républicaine, le maréchal de Mac-Mahon, au lieu de prendre les ministres dans cette majorité, toute imprégnée des volontés de la Souveraineté nationale, recruta un ministère en dehors de l'opinion de la Chambre. Ce jour-là, il sortait non seulement de l'esprit, mais encore de la lettre de la Constitution. Il accentuait ce mouvement, lorsque, ce ministère inconstitutionnel ayant été renversé par la Chambre dès le jour de son apparition, il refusait à Dufaure, chargé de former un nouveau Cabinet, de lui laisser le libre choix des ministres de la guerre, de la marine et des affaires étrangères et le mettait ainsi dans l'impossibilité de mener à bonne fin sa mission. Enfin, il violait outrageusement la Constitution, lorsqu'il autorisait autour de lui les pourparlers en vue de la formation d'un ministère qui aurait perçu les impôts sans le consentement de la Chambre. Si Pouyer-Quertier n'avait pas refusé le portefeuille des finances dans la combinaison préparée par MM. de Broglie et Buffet, si le major Labordère n'avait pas fait un esclandre qui attira l'attention publique sur la concentration de troupes à laquelle procédait le ministre de la guerre, général de Rochebouet, il est certain que le conflit du 16 mai 1877 se serait terminé par un coup d'État.

Le maréchal de Mac-Mahon se faisait justice luimême, lorsqu'ayant échoué dans ces manœuvres, il manifesta l'intention de donner sa démission plutôt que de faire appeler de nouveau M. Dufaure. Obligé de subir ce dernier et un ministère républicain, il préféra bientôt se retirer que de faire un pas de plus vers le parti républicain, devenu le maître de la situation par les élections de janvier 1878, qui avaient envoyé au Sénat une majorité républicaine. Le conflit était terminé et on peut dire qu'il l'était par la volonté de la Souveraineté nationale, exprimée, coup sur coup, dans les élections législatives d'octobre 1877 et dans les élections sénatoriales de janvier 1878.

J'ai rappelé ce conflit constitutionnel avec quelques détails parce qu'il contient un enseignement dont il y aura lieu de tenir compte le jour où l'on abordera la revision des lois constitutionnelles et qui, en attendant, doit nous déterminer à modifier nos mœurs parlementaires.

Il nous enseigne d'abord qu'avec la Constitution de 1875, un Président de la République ayant à sa dévotion un ministre de la guerre militaire pourrait, avec un Cabinet pris en dehors des Chambres, mettre la main sur le gouvernement du pays, en dépit de la Chambre des Députés, et avec ou sans l'appui du Sénat. Ce qui manqua au maréchal de Mac-Mahon et à ceux qui le conseillaient, ce fut surtout l'audace, et elle leur fit défaut parce qu'ils avaient la certitude d'être en désaccord avec la partie la plus active du pays. Qu'on suppose à la place de Mac-Mahon un général victorieux avec, sous ses ordres, comme ministre de la guerre, un autre général ayant pris sa part de la gloire cueillie sur les champs de bataille, et l'on aura vite fait de calculer ce que pèserait la Constitution de 1875 entre les mains d'un ambitieux sans scrupules ou n'ayant que les scrupules du maréchal de Mac-Mahon.

Le conflit de 1877 nous enseigne encore que l'article de la Constitution de 1875 autorisant le Président de la République à proroger la Chambre des Députés pour un mois, contient un germe de grave danger pour les libertés publiques. C'est par là que commença l'aventure du 16 mai. Avec des ministres à sa discrétion, le Président qui proroge la Chambre se débarrasse en même temps du Sénat, puisque les deux Chambres ne peuvent se réunir que simultanément. Pendant un mois, le Président et ses ministres restent les maîtres absolus du pays. C'est plus qu'il n'en faut pour confisquer toutes les libertés et pour violer la Constitution impunément.

Cette Constitution, il faut bien l'avouer, pèserait d'autant moins, alors, entre des mains malhonnêtes, que les vices parlementaires auxquels elle a donné naissance troublent profondément les esprits, entravent les affaires et pourraient, à la longue, faire douter au pays que la République soit capable de lui assurer l'ordre, la sécurité, la prospérité auxquels il aspire et qu'il voudrait y trouver.

Faut-il rappeler que depuis 1875 nous avons passé par trente-trois ministères, dont quelques-uns n'ont duré que deux ou trois mois? Quelle suite peut-il y avoir dans la politique intérieure de la France avec une telle circulation de ministres? Quelle autorité les ministres peuvent-ils avoir sur le personnel de leurs administrations? Quelles affaires peuvent-ils conduire à une solution sagement étudiée? Quelle peut être leur influence à l'étranger? C'est surtout de cette précarité du gouvernement que la France souffre; elle en est affectée moralement et matériellement, à l'intérieur et au dehors, dans son administration comme dans ses finances, aux yeux de la nation et dans l'opinion des autres peuples et de leurs gouvernements.

L'instabilité gouvernementale est, elle-même, la conséquence d'autres vices inhérents, sinon à la Constitution, du moins à nos mœurs parlementaires : je veux parler de la prépondérance des intérêts particuliers sur les intérêts généraux et

des rivalités désordonnées des ambitions personnelles.

La prépondérance des intérêts particuliers sur
les intérêts généraux domine toute notre histoire
parlementaire depuis 1875; elle a sa source dans
les lois constitutionnelles, d'abord par la façon
dont les députés sont élus, ensuite par la facilité
avec laquelle la Chambre renverse les Cabinets et la
facilité plus grande encore avec laquelle les portefeuilles ministériels peuvent être conquis.

En faisant élire les députés au scrutin unino-
minal dans chaque arrondissement, la Constitution fait du député non le représentant des idées
politiques du pays, mais celui des intérêts locaux
les plus mesquins et les plus personnels. Afin d'obtenir les suffrages de ce collège étroit et dont il a
vite fait de connaître les électeurs influents et tous
les intérêts particuliers, le candidat est condamné
à promettre tout ce que peuvent exiger les premiers et tout ce qui est de nature à satisfaire les
seconds. Il commencera par la promesse d'un
chemin de fer ou d'un tramway, d'un pont ou
d'une route, d'une école ou d'une église, il conti-
nuera par celle d'une place de percepteur, de rece-
veur, de maître d'école, d'une bourse de lycée ou
de collège, d'une exemption du service militaire,
et il est fatal qu'ayant débuté par cette corruption
morale, il soit condamné à tomber souvent dans
une corruption pécuniaire dont les formes varient

à l'infini, depuis l'abus des affiches, des imprimés de toutes sortes distribués à domicile, et des visites de porte en porte, jusqu'aux libations, aux rastels, etc., dont il est question à la tribune de la Chambre au début de chaque législature.

Une fois élu par quelques milliers de citoyens, le député devra tenir ses promesses, sous peine de ne pas retrouver, dans quatre ans, les électeurs à qui il les a faites. La vie du député se passera donc à solliciter des ministres un crédit pour le chemin de fer, le tramway, l'école, l'église, le pont, que telle ville et tel village réclament et qui leur ont été promis, une place de percepteur ou d'instituteur, le déplacement de tel fonctionnaire qui a voté pour un concurrent, l'avancement de tel autre qui a fait une active propagande en faveur de l'élu.

Pendant la période électorale, il y avait échange de procédés corrupteurs entre l'électeur et le candidat, dès que la législature est ouverte et pendant les quatre années qu'elle dure, il y a échange des mêmes procédés corrupteurs entre les députés et les ministres. Le candidat promettait un service contre un vote, le député sollicitera du ministre ce même service en échange d'un bulletin blanc. Et le ministre sera tenu de le rendre ou du moins de le promettre, pour n'être pas renversé.

Ce n'est un secret pour personne que la veille des grandes batailles parlementaires les ministres sont assaillis de demandes et de menaces, et qu'on en vient à compter le nombre de bulletins que le Cabinet doit acheter par des croix, des places ou des crédits pour entreprises locales. La préoccupation des intérêts particuliers passe ainsi des députés aux ministres, du Parlement dans le gouvernement, et finit par dominer toutes les manifestations des pouvoirs publics.

Les électeurs ne sont pas moins hommes que les députés et les ministres; ils ont une tendance naturelle à faire passer leurs intérêts avant ceux du pays dont ils n'ont d'ailleurs qu'une connaissance très imparfaite, et comme les institutions et les mœurs politiques encouragent la tournure naturelle de leur esprit, ils s'y laissent aller sans mesure ni remords. Le niveau moral et politique de la nation s'abaisse ainsi, petit à petit, en même temps que celui de la Chambre, au point que le pays devient indifférent aux questions générales qui le passionnaient il y a quelques années, et qu'il semble se désintéresser de la forme même du gouvernement.

Les gens qui accusent la République d'être impuissante à rendre leur situation meilleure et leurs charges moins lourdes, ne s'aperçoivent pas qu'ils sont eux-mêmes les auteurs de ce dont ils se plaignent, que la lutte des intérêts particuliers entrave la satisfaction des intérêts généraux et que l'accroissement des impôts est la conséquence des prodigalités exigées par les électeurs et trop aisément consenties par les élus. Il y a peu de semaines où l'une et l'autre Assemblée ne votent, pour satisfaire tels ou tels groupes d'électeurs, des lois onéreuses. Les commissions du budget réclament des économies; mais les députés n'entendent pas de cette oreille. Les voix les plus autorisées sont impuissantes à leur faire comprendre que des lois rapportant des bulletins de vote ne sont pas absolument indispensables.

Comme il est impossible de tout faire à la fois et que les intérêts locaux ou les rivalités d'ambitions prennent tout le temps des députés, leur ignorance des questions générales devient chaque jour plus manifeste. Combien y a-t-il de députés qui soient capables de lire avec profit les budgets des différents ministères? Combien y en a-t-il qui aient des idées réfléchies sur le régime de nos chemins de fer ou de nos canaux? Combien ont étudié notre système d'impôts? Combien pourraient se prononcer, en connaissance de cause, sur notre politique en Extrême-Orient, en Asie Mineure, en Europe même? Combien sont-ils ceux qui ont voté, en sachant bien ce qui en pourrait résulter, les crédits pour Madagascar, le Soudan, le Dahomey ou le Tonkin? Combien y en a-t-il qui ne savent même pas ce que sont et où sont ces pays? Même parmi ceux qui devinrent ministres, combien en citerait-on qui ne connaissaient pas la veille le premier mot des affaires dont ils eurent, le lendemain, la responsabilité?

En raison du terrain très étroit sur lequel la lutte électorale est confinée, il n'y a pour ainsi dire pas d'habitant d'un arrondissement qui ne puisse poser sa candidature, s'il a les moyens d'en faire les frais et s'il a quelque connaissance des intérêts locaux et des besoins ou des désirs des électeurs notables. On ne lui demandera pas s'il s'est donné la peine d'étudier l'histoire politique de son pays et celle de ses relations avec l'étranger; tout cela est inutile à des électeurs qui songent avant tout à leurs intérêts particuliers et qui sont eux-mêmes de la plus noire ignorance, car nulle part on n'enseigne ce que les citoyens devraient savoir dans un pays qui a la prétention de diriger soi-même ses destinées. Pour les nouveaux venus dans l'arène parlementaire, toutes les questions sont neuves, toutes les luttes sont imprévues, tous les obstacles paraissent insurmontables. A leurs yeux inexpérimentés, les taupinières font l'effet de montagnes inaccessibles, tandis que les montagnes sont rapetissées à l'état de taupinières. Leur épiderme n'est pas fait aux piqûres de la calomnie et la tête leur tourne dès qu'un ennemi les attaque. L'ignorance et l'inexpérience en font des proies faciles pour les violents de la presse ou de la tribune, et ouvrent leur cœur à cette lâcheté des assemblées qui est le pire de tous les vices du parlementarisme.

La manière dont le Sénat se recrute contribue encore à abaisser le niveau politique, intellectuel et moral de la Chambre des Députés. Les deux tiers au moins du Sénat sont formés d'anciens députés qui cherchent dans la haute Assemblée un refuge contre les passions trop vives des luttes électorales ou les discussions trop bruyantes et si souvent stériles de la Chambre. La plupart sont encore des hommes relativement jeunes, vigoureux et intelligents, ayant l'expérience des affaires et la connaissance de la politique. Presque tous ont fait partie de la période que Gambetta qualifiait de « héroïque » en déclarant trop tôt qu'elle était « close ». Au Sénat ils n'ont que rarement l'occasion d'agir; à la Chambre ils sont remplacés par des hommes que leur inexpérience porte plutôt vers l'agitation que vers l'action.

L'obligation où sont les ministres de s'assurer par des faveurs administratives les votes dont dépendent leurs portefeuilles, entraîne nécessairement une confusion des pouvoirs législatif et exécutif qui n'est pas l'un des moindres maux dont souffrent le pays et la République. Dans la sphère étroite de l'arrondissement, l'influence des fonctionnaires même les plus infimes, étant considérable, le député ne saurait rester indifférent à leur attitude et à leurs votes. La moindre parole de nature à lui faire perdre des voix sera notée et utilisée pour ou contre le malheureux employé. On pourrait citer des arrondissements dans lesquels les fonctionnaires n'osent plus fréquenter telles familles parce qu'elles sont hostiles au député, ou tel café parce qu'on y tient des propos désagréables au représentant de l'arrondissement.

Il est évident qu'au milieu de préoccupations de cette nature, les qualités techniques des fonctionnaires ne sont que d'un faible poids, comparativement à leur attitude et à leurs services électoraux. Et comme les ministres, pour conserver leurs instables portefeuilles, sont obligés de compter sur les suffrages des députés, les récompenses et les nominations passent tout doucement des mains du gouvernement dans celles des représentants des arrondissements. Dans les ministères, on ne connaît pour ainsi dire pas les fonctionnaires dont les dossiers ne sont pas accompagnés de la recommandation d'un législateur, et les demandes d'emploi non apostillées par les membres de la Chambre ou du Sénat sont mises au panier sans même être regardées.

La substitution du législatif à l'exécutif ne s'est point arrêtée là ; suivant une marche logique, elle a porté même sur les actes de l'administration. Depuis les préfets jusqu'aux plus humbles employés, il n'y a pour ainsi dire pas un fonctionnaire qui ose prendre une mesure quelconque sans consulter les députés, et comme ceux-ci ont des intérêts contradictoires, l'anarchie s'établit, souveraine, dans toutes les administrations publiques.

Pour la conquête des portefeuilles comme pour celle des mandats de députés, la lutte, après avoir été politique, est tombée rapidement dans le domaine des compétitions personnelles. On ne lutta plus pour des idées, on ne lutta plus pour des programmes et leur triomphe; on ne songea qu'à la conquête du pouvoir et l'on se servit pour y parvenir des armes mises à la mode par la faction dictatoriale : la calomnie, la diffamation et l'injure. Il suffisait d'avoir touché au pouvoir de loin ou de près, pour être suspect d'avoir commis tous les crimes. Des gens qui, n'ayant rien fait, n'avaient pu assumer aucune responsabilité, abusaient de ce singulier privilège pour vilipender tous les hommes ayant pris une part quelconque à l'exercice du gouvernement. On affectait de confondre les serviteurs les plus dévoués de la République, ceux qui lui avaient rendu le plus de services, ceux notamment qui l'avaient protégée contre l'alliance monarchico-boulangiste, avec les quelques coupables qu'il était juste de livrer à la justice. Bien entendu, les monarchistes jetaient à profusion l'huile sur le feu, et sonnaient la curée des républicains abattus par d'autres républicains. Ils désignaient les victimes que les ambitions unies aux lâchetés se chargeaient de conduire au sacrifice, sur l'autel d'une vertu non moins âpre à recueillir leur

héritage qu'à provoquer leur chute. Depuis 1892,
on peut se croire revenu aux luttes sauvages de
l'oligarchie conventionnelle, avec la guillotine
remplacée par le déshonneur.

La peur exagérée de la calomnie, dont les représentants élus du pays et les ministres donnent le
spectacle, encourage, en effet, les calomniateurs, les
fait naître, en quelque sorte, et rend l'existence de
toutes les grandes entreprises françaises aussi
difficile que la vie du gouvernement. Ni les compagnies de chemins de fer, ni la Banque de France,
ni le Crédit foncier, ni les autres établissements de
crédit, ni les compagnies de navigation, etc., ne
peuvent, en dépit de quelques procès de presse, se
croire protégés contre les calomnies et le chantage,
quand le gouvernement lui-même donne l'exemple
de la peur. N'a-t-on pas vu, sous l'influence, sans
doute, de cette peur, un ministre qui venait
d'apposer sa signature sur un contrat avec une
grande Compagnie française, déclarer à la tribune
de la Chambre, dans les premiers mots de son discours, qu'il n'attachait aucune importance à sa
signature et qu'on pouvait, sans qu'il s'en offensât,
la déchirer avec l'acte au bas duquel il l'avait
mise? On n'a pas non plus perdu le souvenir de
ces ministres des colonies qui, sous l'influence de
la peur des attaques de la presse ou de la tribune,
déchiraient tous les contrats signés par leurs prédécesseurs et soumettaient à l'enquête toute l'ad-

ministration d'une douzaine de sous-secrétaires
d'État, ministres ou gouverneurs. Quelle confiance
un gouvernement qui adopte de pareilles mœurs
peut-il inspirer à ceux avec qui il traite?

Les dangers provoqués par ce déplorable affais-
sement moral sont d'autant plus grands que les
plus atteints eux-mêmes ne paraissent pas en avoir
la moindre idée. Ils vivent depuis si longtemps
dans cette atmosphère, qu'ils en sont empoisonnés
sans en sentir la pestilence. Les honnêtes gens y
perdent leur énergie, les affaires sont étouffées, le
pays s'anémie et s'appauvrit, et ceux-là seuls échappent à l'empoisonnement général qui l'ont provoqué pour en tirer profit.

La justice elle-même se trouve atteinte dans son
autorité et dans sa respectabilité par le rôle que
les passions parlementaires, les ambitions et les
haines des partis lui font jouer. N'a-t-on pas vu
certaines poursuites judiciaires être ouvertes ou
fermées suivant que tels ou tels hommes étaient
ministres, que tel ou tel parti détenait le pouvoir?
N'a-t-on pas vu aussi la Chambre elle-même se
transformer en tribunal, appeler les juges devant
ses commissions, les interroger comme des accusés,
les contraindre à révéler tous leurs interrogatoires
et jusqu'à leurs soupçons les moins justifiés qui, le
lendemain, s'étalaient dans les feuilles publiques?

On dira peut-être que si le Parlement institue
des enquêtes qui sont de véritables instructions

judiciaires, c'est par manque de confiance dans les
magistrats, que l'on soupçonne de toujours obéir
au parti qui détient les pouvoirs gouvernementaux; que si la Chambre empiète sur la justice,
c'est qu'elle n'a pas confiance dans la justice; que
si les députés se substituent aux juges, c'est parce
qu'ils doutent des juges, et que si la Chambre con-
fond tous les pouvoirs et verse dans le despotisme
conventionnaliste, c'est parce qu'elle se défie des
tribunaux, ne croit pas à l'indépendance du pouvoir judiciaire et veut soustraire la justice aux
influences du pouvoir exécutif. S'il en est ainsi,
qu'on s'empresse de reviser les lois constitutionnelles, car tant que l'avancement du juge sera aux
mains du ministre, tant que le portefeuille du
ministre dépendra exclusivement du député et tant
que le député qui veut être ministre pourra provoquer la mise en accusation de ceux qui veulent
ou peuvent l'être comme lui, on verra les parlementaires se déshonorer réciproquement, dans
leur course effrénée aux portefeuilles, les ministres incliner l'autorité gouvernementale devant les
passions, les ambitions et les haines des parlementaires, et les magistrats servir tour à tour les
haines des plus forts.

Une autre conséquence de la prédominance des
intérêts particuliers sur les intérêts généraux et des
luttes d'ambitions personnelles a été la disparition
ou la confusion des partis politiques, qui a marqué

les dernières années de notre histoire. Les ambitieux avaient tout intérêt à supprimer les programmes et les partis, en même temps que les hommes qui les avaient précédés dans la carrière politique. L'absence de programmes et de partis rendait plus facile la conquête des portefeuilles dans des cabinets qui se succédaient avec une rapidité d'autant plus grande que les ministrables ou ceux qui se jugeaient tels étaient plus nombreux.

La coutume qui s'était établie de conserver dans un ministère une partie des membres du ministère précédent, encourageait toutes les trahisons. Il n'était pas rare de voir des ministres travailler au renversement du Cabinet dont ils faisaient partie, afin de se concilier les bonnes grâces de l'opposition et s'assurer leur entrée dans le ministère suivant.

Avec la confusion des partis, ces pratiques occasionnent une confusion des responsabilités ministérielles véritablement anarchique. Tel ministre prend sa part, dans deux Cabinets successifs, de la responsabilité entraînée par des décisions absolument contradictoires.

La confusion et l'anarchie introduites ainsi dans les Chambres et le gouvernement est descendue parmi les électeurs; elle s'est manifestée dans les scrutins et l'on a vu se produire les alliances les plus singulières et les plus monstrueuses pour la conquête des divers pouvoirs représentatifs.

Cependant, une certaine réaction paraît être en

train de se produire, dans la Chambre et dans le
pays, contre les procédés de diffamation et de
calomnie dont il a été fait tant usage pendant ces
dernières années et contre la confusion des partis.

Pour ce qui concerne la diffamation et la
calomnie, il semble que le vase des ignominies où
les mauvais instincts du public s'abreuvent soit
en train de déborder, et que ses puanteurs provoquent enfin le dégoût des moins délicats. Tant que
le nombre des diffamés fut limité, tant que la
diffamation a été réservée à ceux qui détinrent une
fraction quelconque des pouvoirs gouvernementaux, tous ceux qui ne se sentaient pas menacés
prenaient goût à la chose; il ne leur déplaisait pas,
en somme, d'entendre vilipender des hommes dont
ils avaient plus ou moins envié les succès, la fortune politique ou la supériorité intellectuelle;
c'était la revanche de leur impuissance à gravir les
mêmes sommets; ils y trouvaient aussi la satisfaction de cette férocité native, atavique, dont vingt
siècles de civilisation n'ont pu encore débarrasser
le cœur des hommes les plus doux et qui porte à
se réjouir du mal survenu à autrui ceux-là même
qui sont les moins portés à faire le mal. Ces diffamations en quelque sorte localisées faisaient, en
outre, le jeu de tous les ambitieux, de tous les
pêcheurs en eau trouble, de tous ceux qui, dans la
bagarre, espéraient gagner quelque chose : celui-ci
un mandat législatif ou sénatorial, celui-là une

8

haute fonction gouvernementale, une bonne place ou une grasse sinécure, cet autre un portefeuille ministériel, voire même, l'esprit humain étant insatiable, une présidence de la République.

Les ambitions étant encore aiguisées par la disparition des partis politiques, l'anarchie parlementaire et gouvernementale, la violation constante de tous les principes constitutionnels, la possibilité qu'avait chacun d'aspirer aux plus hautes fonctions, sans avoir besoin de faire preuve d'aucune des qualités qu'elles exigent, les diffamateurs servaient les intérêts de trop de gens pour que l'on songeât à supprimer leur industrie. Plus d'un même, en secret, les encourageaient et leur fournissaient des aliments, avec l'espoir d'en retirer quelque avantage.

Quant à la masse, aveuglée par ses bas instincts, que l'on excitait jusqu'au paroxysme, et aussi — ce serait injuste de ne pas le reconnaître — par la soif de justice et d'honnêteté qui, fort heureusement, fait, en nous tous, équilibre à nos mauvais sentiments, elle applaudissait des deux mains et, comme les vestales antiques aux jeux sanglants du Cirque, elle ne réclamait que bien rarement la grâce de la victime.

Les choses ont pris une autre tournure quand on a vu que chacun, si modeste fût-il, si honorable qu'ait été son passé, si peu encombrante que fût sa personne, pouvait être le point de mire de la diffamation, et surtout lorsque s'est répandue dans le public la conviction trop tardive que l'objectif des diffamateurs n'était ni le triomphe de la vertu ni même la seule ruine de telles ou telles personnalités, mais le renversement de la République et de la liberté. C'est à ce moment psychologique que nous paraissons être parvenus.

Quant aux hommes politiques, sénateurs, députés ou ministres, il n'est que temps pour eux de profiter des leçons d'une expérience dont la durée a été beaucoup trop longue. Ils doivent d'abord reconnaître qu'il n'est jamais sage de crier au loup pour faire peur aux autres, qu'il est dangereux de semer les soupçons, qu'il n'y a pas de vertu qu'on ne puisse livrer à la malignité publique, de virginité qui ne soit exposée au viol, ni d'accusateur qui ne coure le risque d'être transformé en accusé. Et puisqu'il est de mode de comparer les petites choses aux grandes et nos orages politiques aux tempêtes de la Révolution, la sagesse prescrit de se souvenir qu'il n'y a pas de Danton qui ne trouve son Robespierre, ni de Robespierre qui ne rencontre son Tallien.

En résumé, si la Constitution de 1875 mérite de justes critiques c'est d'abord parce qu'elle réduit au minimum le rôle effectif de la Souveraineté nationale, et ensuite parce qu'elle provoque la prédominance des intérêts particuliers sur les intérêts généraux.

Elle ne pouvait, appliquée à une démocratie, que produire : l'instabilité ministérielle par les appétits qu'elle aiguise, la précarité du gouvernement et sa faiblesse par l'intervention des députés dans tous les actes de l'administration, l'anarchie par la confusion des pouvoirs législatif, exécutif et judiciaire, l'aggravation des charges publiques par l'accroissement du nombre des fonctionnaires et la dilapidation du budget où pousse fatalement la recherche de la clientèle électorale, la prépondérance des intérêts locaux sur les intérêts nationaux par l'étroitesse du scrutin d'arrondissement, la surenchère des promesses et les excitations d'où naissent les luttes de classes et, si l'on n'y prend garde, la chute dans le fossé dictatorial où aboutissent toutes les constitutions dans lesquelles l'exercice effectif de la Souveraineté nationale ne sert pas de contrepoids aux pouvoirs publics.

CHAPITRE IV

Le mouvement des partis politiques depuis 1870.

SOMMAIRE : Les partis à la chute de l'Empire : monarchistes constitutionnels, républicains, bonapartistes. — Accord des monarchistes. — Division des républicains en deux groupes : oligarchistes avec Thiers, démocrates avec Gambetta. — Rapprochement des deux groupes républicains après le 16 mai. — La Constitution de 1875 et la politique de Gambetta : compromis entre les principes oligarchiques et les principes démocratiques. — Nouvelle division des républicains : opportunistes et radicaux. — Boulangisme. — Socialistes, radicaux, modérés. — Alliances de socialistes et de modérés avec les monarchistes. — Disparition des anciens partis. — Les partis nouveaux. — Les conservateurs et les progressistes ne représentent que des tempéraments politiques et non des partis. — Régime représentatif et oligarchistes. — Gouvernement direct et démocrates.

Au moment de la chute de l'Empire, deux grands partis se trouvent en présence sur ses ruines : l'un formé par les monarchistes constitutionnels et les royalistes, l'autre constitué par les républicains ; tous les deux puissants par les forces parlementaires qu'ils représentent, mais ne comptant, en fait, dans le pays, que des minorités plus remuantes

8.

que considérables. Les grandes masses électorales qui, pendant dix-huit ans, soutinrent l'Empire de leurs votes dans les élections et dans les plébiscites, sont désemparées par la chute de l'empereur et par l'accumulation de défaites et de hontes sous lesquelles le régime de leur cœur vient de s'écrouler ; elles n'écoutent plus les chefs bonapartistes et sont prêtes à se jeter dans les bras du parti qui leur rendra la tranquillité en relevant les affaires du pays. C'est en pensant à elles que M. Thiers, s'adressant aux deux partis rappelés plus haut, prononçait ce mot si souvent reproduit : « La victoire sera au plus sage. »

Les monarchistes montrèrent sinon de la sagesse, du moins une incontestable habileté, en se mettant d'accord pour offrir la couronne au représentant de la branche aînée des Bourbons. Légitimistes et orléanistes surent, en cette circonstance, faire de grands sacrifices d'amour-propre et oublier des haines que le temps n'avait pas encore apaisées. La monarchie eût été fondée par leur accord, si le descendant des Bourbons n'avait pas répudié le drapeau tricolore qui flottait le 21 janvier 1793 au-dessus de l'échafaud où tomba la tête de Louis XVI.

Tandis que les monarchistes opéraient entre eux un rapprochement que la mort du comte de Chambord devait rendre définitif, le parti républicain se divisait en deux groupes représentés par deux hommes qui ont joué dans le pays un rôle consi-

dérable. Dans l'un entraient, sous la conduite de
M. Thiers, tous ceux, républicains de raison ou
monarchistes désabusés qui rêvaient d'appliquer,
sous l'étiquette républicaine, les principes oligarchiques de la Charte de 1830 et la politique suivie
pendant les dix-huit années du règne de Louis-Philippe. Les autres se donnèrent pour chef Gambetta :
ils aspiraient à fonder, avec le célèbre programme
de 1869, une république dont le caractère eût été
plus ou moins conventionnaliste et jacobin, suivant
que tels ou tels leaders du parti en auraient eu la
direction, mais dont les tendances générales étaient
nettement démocratiques.

Sous l'influence du puissant tribun dont certains
rêvaient en secret la dictature, — ce qui lui donnait une force très grande auprès des masses non
dégoûtées du césarisme, — la portion la plus
ardente de la jeunesse instruite et les masses
ouvrières formèrent bientôt, en face des oligarchistes qui détenaient le gouvernement avec
M. Thiers, sous l'étiquette de « modérés » et de
« centre-gauchers », une opposition démocratique
dont la force s'accrut à mesure que l'existence de
la République se prolongeait.

C'est pour arrêter les progrès de ce parti, avec
lequel le pouvoir exécutif était obligé de compter
et auquel il devait faire d'incessantes concessions,
que les monarchistes renversèrent M. Thiers, en
1873, et le remplacèrent par le maréchal de Mac-

Mahon, sur lequel ils pensaient pouvoir compter pour enrayer le « radicalisme » de Gambetta et, au besoin, pour faire disparaître la République. Le seul résultat définitif de leurs manœuvres fut le rapprochement des deux fractions du parti républicain et leur union dans le vote de la Constitution de 1875. Menacés de la restauration de la monarchie ou de l'établissement d'une dictature militaire et cléricale, les plus jacobins et les plus démocrates d'entre les républicains consentirent à voter la Constitution, malgré l'esprit très fortement oligarchique dont elle était imbue. Elle avait, à leurs yeux, l'avantage de consacrer officiellement l'existence de la République et elle permettait aux démocrates d'espérer qu'ils pourraient un jour s'élever au pouvoir et modifier les lois constitutionnelles conformément à leurs principes.

C'est pour atteindre ce but que Gambetta prend, à partir de 1875, avec une résolution dont il fut loué ou blâmé avec la même énergie, l'attitude qu'il conserva jusqu'à sa mort. Sa politique ne fut pas, en réalité, autre chose qu'une tentative consciente ou inconsciente de compromis entre les principes oligarchiques de la Constitution et les principes démocratiques sur lesquels il avait fondé sa popularité. Ceux qui jusqu'alors l'avaient rejeté comme « radical » se rapprochèrent de lui, et M. Thiers le désignait bientôt à ses amis comme son successeur dans la lutte que la République sou-

tenait autour de son lit de mort contre les auteurs
du coup d'État de 1877.

Après l'échec de cette tentative et la démission
du maréchal de Mac-Mahon, Gambetta devint, en
effet, tout naturellement, le chef de la majorité
gouvernementale, et il était porté par elle à la présidence de la Chambre en même temps que Grévy
était élu président de la République. La République
est alors victorieuse et définitivement installée en
France, la « période héroïque est close », on entre
dans la phase des réformes et de la réorganisation,
le parti fondé par Gambetta depuis 1875 arrive
au pouvoir qu'il conservera pendant de longues
années, soit qu'il détienne lui-même tous les portefeuilles, soit qu'il en abandonne, dans les Cabinets
dits de concentration, une partie plus ou moins
considérable à d'autres éléments.

Le parti républicain se divise alors de nouveau
en deux groupes distincts et très hostiles : l'un
composé de tous ceux qui croient utile d'incliner
les principes devant les nécessités quotidiennes du
gouvernement et de ne procéder à la réalisation
du programme de 1869 qu'avec une lenteur réglée
sur l'esprit des membres les plus modérés du parti;
l'autre, qui réclame l'exécution intégrale et immé-
diate de ce même programme, ne veut faire aucune
concession aux retardataires et n'en fit, en effet,
jamais suffisamment pour conquérir ou garder le
pouvoir. A ceux-ci restait attachée l'étiquette de

« radicaux », tandis qu'ils prétendaient flétrir leurs adversaires de celle « d'opportunistes ».

Il s'en fallait, d'ailleurs, de beaucoup que les deux groupes fussent homogènes. Dans l'un comme dans l'autre, il était aisé de constater, dès 1877, l'existence de deux tendances intellectuelles et de deux directions politiques très différentes. Dans l'un comme dans l'autre, il y avait des autoritaires et des libéraux, des centralisateurs et des décentralisateurs, des démocrates et des oligarchistes, et ces distinctions devaient survivre à toutes les transformations et à toutes les subdivisions que subirent les groupes; elles subsistent encore au-dessous des variables étiquettes qui leur ont été attribuées.

Le groupe radical atteint à son apogée aux élections de 1885 et il arrive au pouvoir avec Floquet en 1888, au moment même où les monarchistes font une troisième tentative pour s'emparer de la République. La combinaison du parlementarisme de Louis-Philippe avec la centralisation de Napoléon Ier avait produit déjà une partie des fruits annoncés dès 1869 par Jules Ferry : l'impuissance législative de la Chambre et l'instabilité du gouvernement avaient réveillé dans le pays les instincts césariens dont les masses électorales ne sont pas encore débarrassées, et le boulangisme faillit emporter la République avec la Liberté.

Ce nouveau danger amène un rapprochement des groupes républicains analogue à celui qui s'était produit de 1873 à 1877; mais, comme le premier, il prend fin avec les périls qui l'avaient fait naître. Seulement, après la fuite du général Boulanger et la ruine de la monstrueuse coalition qui s'était faite autour de lui, les groupes républicains apparaissent avec des programmes et des étiquettes nouvelles.

L'ancien groupe radical a fait place au groupe socialiste : les troupes radicales sont devenues les troupes du socialisme. Les questions de politique pure qui passionnaient autrefois les masses radicales sont dédaignées : on n'entend plus guère parler, dans les réunions populaires, ni de la séparation des Églises et de l'État, ni d'élection de la magistrature, ni de l'abolition des armées permanentes, ni de la suppression des congrégations religieuses, ni de l'abrogation du Concordat, etc., qui de 1870 à 1889 passionnaient tous les républicains d'opposition et constituaient les bases du programme radical. Les questions sociales ont pris la place des questions politiques; il faut être ou se dire « socialiste » pour être considéré comme « radical ».

Il est arrivé à l'ancien parti radical, ce qui arrivera toujours dans ce pays aux partis d'opposition : il a été débordé, puis absorbé par sa fraction la plus violente. En vertu de cet esprit français que Strabon définissait, il y a deux siècles, si justement : « Irritable, fou de guerre, simple et sans malignité, qu'on attire au combat quand on veut, où l'on veut et par n'importe quels motifs », toute la partie encore « simple et sans malignité » de la nation, c'est-à-dire toute celle dont l'instruction n'a pas encore suffisamment ouvert la raison et qui souffre sans savoir analyser les causes de sa souffrance ni rechercher les moyens pratiques de la faire cesser, s'est jetée avidement, dans les villes surtout, à la suite de toutes les nouveautés. En 1888, elle se laissait enrôler dans la coalition boulangiste par lassitude des abus du parlementarisme; depuis, elle est allé aux doctrines collectivistes et aux hommes qui les propagent, espérant trouver dans les nouvelles formules les illusions qui permettent aux malheureux d'oublier leurs misères. Actuellement et jusqu'à ce que l'anarchisme démolisseur qui déjà surgit à l'horizon, ou quelque aspirant dictateur, socialiste comme Louis Napoléon affectait de l'être en 1848, aient pris sa place, c'est le collectiviste révolutionnaire qui a le privilège de séduire et d'entraîner la foule « simple et sans malignité ». A côté de lui, le « radicalisme » le plus « socialiste » n'est plus qu'un pâle fantôme sans voix et sans figure, un de ces soleils voilés qui n'échauffent ni le cœur ni le cerveau. Ses leaders en ont le sentiment, et c'est pour cela qu'ils cèdent d'ordinaire la parole aux orateurs socialistes qui sont plus remuants et plus conscients d'être en harmonie avec la foule.

L'ancien parti radical a-t-il gagné dans les autres portions de la masse électorale des sympathies suffisantes pour compenser celles qui, l'abandonnant, sont allées au collectivisme révolutionnaire? Les faits répondent négativement. Les partisans qu'il compte dans le pays sont encore très nombreux, mais ils ne sont plus, dans la majeure partie des circonscriptions électorales, en quantité suffisante pour contre-balancer, soit l'influence des socialistes, soit celle des modérés. Ce que l'ancien parti radical a perdu vers sa gauche, il ne l'a pas gagné du côté de sa droite.

Cela tient à ce que, n'étant plus le parti d'opposition systématique et violente qu'il fut à ses débuts, et ayant été remplacé dans ce rôle, il n'a pas su établir d'une manière suffisamment précise la démarcation entre son programme et celui des socialistes plus ou moins collectivistes. Il s'est aussi, trop souvent, montré à la remorque de ces derniers, soit par faiblesse de tempérament et peur des attaques de l'intransigeance, soit par recherche de la popularité bruyante, soit parce qu'il n'a pas encore suffisamment conscience des nécessités gouvernementales. Peut-être, aussi, les éléments qui le composent ne sont-ils pas assez homogènes pour constituer un parti de gouvernement.

Tandis que l'ancien groupe radical subissait l'évolution que je viens de rappeler, le parti gouvernemental fondé par Gambetta était l'objet de

9

transformations non moins profondes. Après l'échec du boulangisme, une visible désespérance de renverser la République s'empara d'un grand nombre de monarchistes et fut suivie de l'inauguration d'une tactique nouvelle : il s'agissait de s'emparer du gouvernement que l'on n'avait pas pu détruire. Pour cela il fallait d'abord se déclarer partisan de la République. C'est ce que firent vers 1889, un petit nombre de parlementaires, en mettant pour condition à leur acceptation de la forme gouvernementale, l'abrogation des lois sur la neutralité de l'enseignement de l'État et sur le service militaire. Dans les premiers temps, leur exemple ne fut que peu suivi : le mouvement de ralliement à la République dont ils avaient donné le signal ne s'accentua qu'à partir du jour où Léon XIII le prescrivit aux catholiques « dans l'intérêt de l'Église ».

L'introduction des ralliés parmi les majorités gouvernementales ne tarda pas à déterminer dans l'ancien parti opportuniste, dans celui qui jusqu'alors s'était recommandé de Gambetta, un mouvement très manifeste de recul. Tandis que la masse des troupes radicales, se portant davantage à gauche, allait former l'armée du socialisme, du collectivisme et du révolutionnarisme, une portion notable des anciens « opportunistes » opérait une conversion à droite et fusionnait avec les ralliés, puis avec les monarchistes, dans le but apparent de défendre la société contre les ennemis de la

propriété individuelle, mais, en réalité, afin de protéger les institutions oligarchiques menacées par
le flot montant de la démocratie.

L'Église, toujours à l'affût des occasions de se
hisser à la domination politique dont elle caresse
le rêve, ne pouvait manquer de profiter du désordre
introduit dans la République et du trouble mis
dans les esprits par le bouleversement des groupes
et l'acuité de leurs querelles.

En même temps que Léon XIII engageait les
catholiques à s'incliner devant la République, il
lançait cette encyclique fameuse où le socialisme
chrétien trouva sa formule et sa règle. Près des
usines, des grandes maisons de commerce et des
casernes, dans tous les centres industriels et dans
les villes populeuses, on vit dès lors se multiplier
les cercles catholiques. Ouvriers et soldats y sont
attirés par les distractions, les jeux et même les
boissons gratuites, et l'on y mélange fort habilement les prédications du socialisme chrétien avec
la propagande monarchiste ou césarienne. Les
cercles ne suffisant pas, on y joignit des journaux
qui vont porter jusque dans l'atelier, jusque dans
la chambre des déshérités du sort et des mécontents
de la fortune, les excitations du socialisme et du
césarisme. Comme la presse loyalement monarchiste ne pouvait être d'aucune utilité pour cette
besogne démagogique, on créa des organes populaires violents, les uns affichant leur caractère

chrétien, d'autres affublés du masque socialiste,
les uns et les autres insulteurs, diffamateurs,
calomniateurs, poursuivant d'une haine implacable
tous les hommes du parti républicain que leur
valeur fait surgir au-dessus de la masse, à Paris
ou en province, et infiltrant dans l'esprit du lecteur
la lassitude de la liberté politique et de la neutralité religieuse si péniblement conquises depuis
vingt-cinq ans.

Les habiles meneurs de cette campagne sont parvenus à ce résultat que fort nombreux sont déjà,
particulièrement dans les centres ouvriers, les gens
qui haussent avec dédain les épaules quand on leur
parle d'écoles et de casernes neutres, de liberté,
d'améliorations démocratiques, des services déjà
rendus par la République au peuple de France et
de ceux qu'elle est susceptible de lui rendre encore.
La forme du gouvernement elle-même paraît
inquiéter fort peu les masses surchauffées par les
prédications de la haine et détournées des institutions libérales par les souterraines menées des
ennemis de la démocratie.

Le succès de ces manœuvres est d'autant plus
grand que leurs auteurs ont trouvé dans les ambitions personnelles des auxiliaires sans scrupules.
Déjà, dans beaucoup de villes, des alliances ont été
publiquement contractées entre les monarchistes
les plus irréductibles et certains soi-disant radicaux
ou socialistes, alliances semblables à celles qui se

produisirent pendant la période boulangiste et dirigées vers le même but par ceux qui les provoquent.
On persuade à la masse ignorante des électeurs
que, pour vaincre « l'opportunisme maître absolu du
pouvoir depuis 1877 », tous les moyens sont bons,
toutes les alliances sont utiles et profitables, et l'on
obtient ainsi la nomination de monarchistes avérés,
ou plus ou moins déguisés, suivant que les électeurs sont assez aveugles pour qu'il soit possible
de négliger tout ménagement, ou qu'il faille encore
les tromper pour les entraîner dans la voie où l'on
veut les conduire.

Les monarchistes qui s'allient ainsi aux socialistes et aux soi-disant radicaux dans les élections
municipales, départementales ou législatives, sont
en général, pour ne pas dire toujours, des irréductibles : royalistes impénitents, prêts à tout faire
pour restaurer le trône et rendre à l'Église la prédominance politique dont elle jouit sous le règne
de Charles X ; ou bonapartistes non moins ardents,
ennemis de toutes les libertés politiques et
sociales, ne faisant la cour à la démocratie que
pour la mieux étrangler; tous exploitant les
passions et les misères des masses ignorantes pour
les pousser à l'assaut de nos institutions, dans
l'espoir que des haines politiques et des luttes
sociales, sortira quelque révolution leur permettant
de « sauver » la République et la société, comme
le firent deux fois en ce siècle les Bonaparte.

9.

Ce sont des alliances de ce genre qui se formèrent de 1848 à 1851, et qui, après avoir fait abroger, sur la demande d'un socialiste, la loi expulsant de France la famille Bonaparte, aboutirent à la validation du prince Louis comme député, puis à son élection à la présidence de la République. C'est par une masse électorale composée de tous les anciens bonapartistes et de tous les socialistes et radicaux intransigeants de l'époque, que Louis Napoléon fut élu président, et c'est à se concilier les bonnes grâces de cette clientèle hétéroclite qu'il mit tous ses soins, depuis le jour de son entrée à l'Élysée jusqu'à l'heure où il fit emprisonner pêle-mêle les socialistes et les radicaux qui lui avaient fait la courte échelle, avec les modérés et les monarchistes constitutionnels en haine de qui les socialistes s'étaient alliés aux dictatoriens.

De même que le socialisme chrétien fut imaginé par Léon XIII comme un procédé stratégique pour entraîner les ouvriers vers l'Église où les monarchistes les attendent et les accaparent, de même la politique du ralliement fut inventée par lui pour permettre à l'Église de mettre la main sur les classes riches et par elles sur le gouvernement de la République. C'est de Rome, que des députés élus comme monarchistes rapportèrent en 1889, la formule de la politique du ralliement et l'indication du but qu'elle devait poursuivre : abrogation des lois scolaires et militaires, suppression de

la neutralité de l'État en matière religieuse, rétablissement de la prépondérance de l'Église dans
l'école et la caserne.

Depuis cette époque, la papauté n'a jamais cessé
d'agir dans la même direction. Socialistes et collectivistes révolutionnaires, aussi bien que modérés,
ralliés et monarchistes font également son affaire
et sont assurés de son concours dans les luttes électorales, pourvu qu'ils prennent l'engagement de
combattre de biais ou de face les lois scolaires et
militaires. Avec les socialistes, elle fera de l'opposition violente, excitera les haines d'où naissent
les désordres de la rue, les émeutes et les révolutions; avec les modérés, les ralliés et les républicains oligarchistes, elle soufflera dans les classes
riches et parmi les populations timorées la peur du
socialisme qu'elle prêche elle-même dans les
cercles catholiques et jusque dans ses temples. Si
c'est la révolution qui sort de ces doubles manœuvres, elle est prête à bénir le sabre qui la domp-
tera et à couronner le dictateur qui imposera
silence aux socialistes en étranglant la République
et violant la Liberté. Si c'est la politique de la peur
qui l'emporte, si ce sont les gens paisibles et
riches, les modérés, les ralliés et les oligarchistes
qui deviennent les plus forts, elle gouvernera, par
leur intermédiaire et à son profit, les démocrates
et les socialistes réduits au silence. Elle consen-
tira, au besoin, à ce que la République subsiste,

pourvu qu'elle soit, comme la monarchie belge, aux ordres de la cour pontificale.

Ceux qui douteraient de la réalisation possible de l'une ou de l'autre de ces éventualités n'ont qu'à consulter l'histoire de notre seconde République et celle de la Belgique. Ils verront dans la première que de 1848 à 1851 la France fut conduite vers l'Empire à la fois par les menées réactionnaires des modérés de l'époque, alliés aux monarchistes cléricaux et oligarchistes, et par l'affolement des masses ignorantes du suffrage universel qu'éloignaient du régime républicain les violences des socialistes et des révolutionnaires. Dans la seconde, ils constateront que les socialistes, les révolutionnaires et tous les ennemis des libéraux belges dont ils trouvaient la marche vers le progrès trop lente, s'étant alliés, pour les chasser du pouvoir, aux cléricaux et aux réactionnaires, et ayant obtenu ce résultat, sont aujourd'hui condamnés au rôle ridicule de dupes. Par leurs alliances immorales, ils ont mis la Belgique aux mains de leurs pires ennemis, et c'est par la force que maintenant on répond à leurs plus légitimes revendications.

La question se pose en France de savoir si les fauteurs, modérés ou socialistes, des alliances monarchiques, nous condamneront à refaire ces malheureuses histoires, ou s'il se trouvera un nombre suffisant de républicains assez clairvoyants pour chercher dans l'union de toutes les fractions loyales et sincères de notre parti et dans la réalisation d'un programme conforme aux besoins de la démocratie, la sauvegarde de la République et la protection de la Liberté.

Il n'est plus permis de nous faire illusion : la République est parvenue à une heure de son évolution d'où peuvent sortir indifféremment ou une effroyable réaction contre tous les progrès démocratiques réalisés depuis 1875, ou une ère nouvelle de réformes et de liberté. Pour assurer cette dernière éventualité, la première chose à faire est de constituer un parti de gouvernement, républicain et démocratique, solide, nettement défini, débarrassé des étiquettes usées et dégagé des barrières qu'on a maladroitement élevées là où il convenait le moins d'en établir, tandis qu'elles font défaut dans les points où elles seraient nécessaires.

En dépit de la multiplicité des groupes et en dehors même des partis, il n'y a que deux sortes de tempéraments politiques répondant à des réalités : d'un côté, celui des hommes qui regardent devant eux, marchent de l'avant, songent davantage à l'avenir qu'au passé, vivent d'actualités, évoluent avec le temps et cherchent à devancer, en le dirigeant, le progrès de l'humanité ; d'un autre côté, celui des hommes que l'histoire hypnotise, qui se complaisent dans l'admiration exclusive du fait accompli et qui croient avoir exécuté toute leur tâche dans le monde quand ils ont, très bruyamment et très solennellement, fait l'éloge du temps passé.

Mais, entre ces deux formes d'esprits, il y a une foule de transitions et d'intermédiaires qui, dans la pratique, rendent fort difficile le classement des individus et ne permettent pas de se fonder sur l'esprit conservateur ou sur l'esprit progressiste pour constituer des groupes politiques. Dans chaque groupe, en effet, il faudrait établir des subdivisions aussi nombreuses que les hommes eux-mêmes, chacun ajoutant aux caractères généraux du groupe ses tendances personnelles, son tempérament, ses idées et ses passions.

Parmi les conservateurs, les uns n'ont pas encore oublié la monarchie ou l'empire et ne seront satisfaits que le jour où la France reviendrait au régime de Louis-Philippe ou à celui de Napoléon III. D'autres, regardent moins loin en arrière dans l'histoire; ils acceptent la République, mais ils la veulent dotée des institutions de la monarchie constitutionnelle ou de l'empire. D'autres, enfin, plus modernes et auxquels il est impossible de refuser le titre de républicains, acceptent tous les progrès réalisés depuis vingt-cinq ans par notre troisième République et même ont contribué à leur réalisation avec plus ou moins d'énergie et de sincérité, mais ils s'endorment sur cette œuvre, la trouvant si parfaite qu'ils jugent inutile de la perfectionner. L'âge, la fatigue physique, la lassitude que détermine fatalement l'exercice du pouvoir et les amertumes qu'il laisse après lui, sans parler du regret de l'avoir perdu, transforment ce dernier groupe d'hommes en un obstacle au progrès d'autant plus redoutable qu'eux-mêmes n'ont pas conscience du rôle qu'ils jouent.

Derrière ces « républicains conservateurs » y a t-il un parti ayant quelque importance? Je ne le pense pas. En réalité, parmi les républicains dignes de ce nom, il y a des chefs conservateurs, mais tous les soldats sont progressistes. Ceux-ci votent encore pour leurs chefs par habitude, peut-être même en reconnaissance des services rendus, mais ils ne sont plus en communion d'idées avec eux, ils sont prêts à les abandonner, pour en suivre d'autres moins fatigués et plus capables de les guider vers les progrès nouveaux auxquels ils aspirent.

Au groupe des républicains progressistes se rattachent non seulement tous ceux qui se donnent à eux-mêmes cette épithète, mais encore une grande partie de ceux qui se dénomment ou que l'on nomme « socialistes », je ne dis pas « collectivistes révolutionnaires ». Il est impossible d'assigner aucun caractère certain à cette catégorie de républicains. Devra-t-on, à l'exemple de certains conservateurs, considérer comme des « socialistes » et répudier à ce titre, tous les hommes qui admettent que l'État, les départements et les com-

munes ont le droit de s'intéresser aux conditions
du travail, de protéger les femmes et les enfants
dans les usines, de faire vivre les vieillards, les
infirmes et les nouveau-nés, de procurer du travail ou des secours à ceux que le chômage involontaire, la maladie ou les accidents condamnent à
la misère, d'intervenir dans les grèves pour les
faire cesser? Dans ce cas, il n'y a pas un seul progressiste qui ne doive être rangé dans la classe des
« socialistes », car, il n'y en a pas un seul qui ne
fasse figurer ces réformes dans son programme.
Les idées de civilisation, de fraternité humaine et
d'altruisme social . qui règlent aujourd'hui la conduite des esprits cultivés ne permettent plus aux
pouvoirs publics de se montrer indifférents ni aux
misères des hommes ni à leurs rapports sociaux et
économiques, et l'on ne saurait être digne de l'épithète de républicain si l'on ne s'attache pas à la
solution des questions sociales.

Si l'on n'applique le nom de socialistes qu'à ceux
qui réclament la socialisation de tous les instruments de travail, l'abolition de la propriété individuelle, la réglementation par la collectivité, c'est-
à-dire par l'État, de tous les actes des citoyens,
et qui invoquent la révolution pour créer ce nouveau régime politique et social, le nombre des
socialistes, c'est-à-dire « des collectivistes révolutionnaires », est tellement infime qu'il ne peut jouer
d'autre rôle que celui « d'effrayer le bourgeois ».

Parmi les républicains, je ne vois, en somme, que deux groupes d'esprits : les conservateurs et les progressistes, mais ces groupes sont tellement subdivisés, tellement vagues, si peu liés par des idées communes et un programme quelque peu défini, qu'il est impossible de les prendre pour bases des partis gouvernementaux dont l'absence fait tant de tort à notre pays. Les termes de « conservateurs » et de « progressistes » répondent à des tempéraments et à des états intellectuels, non à des partis politiques.

Envisagée du point de vue politique, dans l'histoire de tout ce siècle et dans le temps présent, notre société française offre à l'observateur attentif deux catégories d'esprits d'où sont appelés probablement à naître les deux grands partis qui se disputeront le pouvoir dans l'avenir. Les uns, monarchistes conscients ou inconscients, césariens ou dictatoriaux, ou tout au moins oligarchistes, pensent, avec la Déclaration des droits de 1789 et avec les constitutions républicaines de 1791, 1793, 1795, 1848 et 1875 que la Souveraineté nationale ne peut s'exercer que par l'intermédiaire de délégués dont rien ne limite le pouvoir; les autres croient qu'il faut, au contraire limiter étroitement le mandat des délégués de la Souveraineté nationale et mettre celle-ci en mesure de s'exercer effectivement et directement dans toute la mesure du possible. Les premiers ne combattent la monarchie, l'empire, le césarisme ou la dictature individuelle que pour leur substituer l'oligarchie toute-puissante d'assemblées où s'incarnerait la Souveraineté nationale tout entière; les seconds ne veulent pas plus de la dictature anonyme des représentants du peuple que de celle d'un Napoléon ou d'un Robespierre. Les premiers croient qu'il est permis au peuple de déléguer à ses élus toute sa souveraineté; les seconds lui contestent ce droit, au même titre que celui de remettre sa puissance aux mains d'un chef temporaire ou héréditaire. Les premiers croient le peuple incapable d'exercer sa souveraineté lui-même, mais admettent qu'il est capable de distinguer les hommes à qui il convient qu'il en fasse la remise totale, pour un temps déterminé; les seconds croient, au contraire, que le peuple est plus à même de se prononcer sur des idées, des faits et des questions précises que sur les hommes. Les premiers cherchent, sous vingt prétextes, à ravir au peuple sa souveraineté, en prolongeant la durée des mandats électifs et en augmentant l'autorité de ceux qui les détiennent; les seconds veulent que la délégation faite par le peuple soit courte et restreinte. Les premiers considèrent le régime représentatif comme un système parfait et qu'il faut développer en maintenant l'influence prépondérante des hautes classes de la société; les seconds ne font que le subir et voudraient en diminuer l'importance par l'intervention du peuple entier dans toutes les circonstances où il lui est pratiquement possible d'exercer directement sa souveraineté.

Les premiers, de quelque nom qu'ils s'affublent, sont des monarchistes conscients ou inconscients; leur idéal est la monarchie, la dictature omnipotente d'une Convention ou un parlementarisme oligarchique tout-puissant. Les seconds sont véritablement républicains et démocrates; leur idéal est le gouvernement direct du peuple par le peuple; ils savent qu'ils n'y pourront jamais atteindre, mais ils veulent doter la République d'une organisation telle que chaque citoyen, prenant une part aussi considérable que possible à la gestion des affaires publiques, soit intéressé à ne jamais laisser tomber la Souveraineté nationale ni dans les mains d'un César ni dans celles d'une Assemblée ou d'une oligarchie quelconque. Ce sont les premiers qui ont rédigé toutes les constitutions de la France depuis un siècle, et ils les ont toutes faites oligarchiques; les seconds voudraient instituer, avec des lois plus libérales, une République vraiment démocratique.

C'est la politique de ceux-ci, c'est-à-dire la politique démocratique, que je me propose d'exposer dans les chapitres suivants. C'est elle qui me paraît devoir rallier tôt ou tard non seulement la presque totalité des républicains sincèrement progressistes, mais encore la portion des anciens partis qui, jusqu'à ce jour, n'a combattu la République que parce qu'elle en trouvait l'esprit trop étroit et la direction attribuée à une fraction trop limitée de la société française.

La politique démocratique ne doit pas être seulement celle qui remet au peuple l'exercice direct de la Souveraineté nationale toutes les fois et de toutes les manières qu'il est possible, mais encore celle qui respecte le plus les libertés, les idées, les opinions et les croyances de tous les citoyens.

CHAPITRE V

De l'organisation du pouvoir exécutif dans la République démocratique.

Sommaire : Le Président de la République est le délégué du Corps législatif. — Pourquoi il ne doit pas être élu directement par le peuple et ne doit avoir ni autorité ni responsabilité propres. — Nécessité de la Présidence de la République. — Le Président ne doit pas avoir le droit de proroger les Chambres : il ne doit pas avoir de politique personnelle. — Il doit s'inspirer de l'esprit de la majorité du parlement pour la formation des ministères. — Les ministres doivent tous être pris parmi les membres du Parlement. — Danger des ministres militaires. — Les ministres ne doivent pas être des chefs d'administration. — Des moyens de diminuer la fréquence des crises ministérielles. — Droit d'interpellation : abus de la question de confiance. — La dissolution de la Chambre dans le parlementarisme anglais; exemple à imiter pour rendre les ministères plus stables et plus forts et déterminer la formation des partis gouvernementaux. — Il appartient aux électeurs d'imposer la stabilité gouvernementale.

Ainsi qu'il a été dit dans un précédent chapitre, la Constitution de 1875 a formé le pouvoir exécutif de deux éléments : un Président de la République sans autorité ni responsabilité propres, élu par le

10.

pouvoir législatif pour une durée de sept ans, et un corps ministériel responsable devant le pouvoir législatif collectivement et individuellement, nommé par le Président de la République, mais obligatoirement choisi de manière à représenter l'opinion moyenne de la majorité du Parlement.

Ni le Président de la République ni les ministres ne représentent directement la Souveraineté nationale. Ce n'est pas devant le peuple qu'ils sont responsables, mais devant les représentants du peuple ; ils sont, en quelque sorte, des délégués au second degré du suffrage universel.

Cette organisation est l'œuvre de l'école parlementaire. Les motifs qui l'ont inspirée apparaissent très clairement dans l'histoire de nos révolutions politiques depuis un siècle. D'un côté, les déplorables résultats donnés par la Constitution de 1795, où le pouvoir exécutif était formé d'un corps directorial de plusieurs personnes, témoignent que placer une oligarchie à la tête de l'État, c'est condamner le pouvoir exécutif à tous les vices inhérents aux oligarchies, c'est-à-dire aux compétitions des personnes et aux tiraillements qui entravent la marche des affaires, troublent leur direction et condamnent le corps total à devenir un simple instrument aux mains du plus habile ou du plus audacieux de ses membres. D'un autre côté, dans la monarchie constitutionnelle, le rouage qui avait fonctionné avec le plus de correction et qui avait le moins provoqué les attaques de l'opposition, c'était sans contredit le roi. La révolution de 1848 avait été faite beaucoup plus contre les ministres de Louis-Philippe et contre le suffrage limité aux riches, que contre le roi, dont la personnalité s'était toujours effacée derrière le pouvoir législatif et le corps ministériel et que le peuple accusait plutôt de ne pas régner suffisamment que de trop gouverner. Les parlementaires de l'Assemblée constituante de 1848 n'eurent donc que peu de peine à faire accepter leur conception du pouvoir exécutif : un Président de la République prenant la place du monarque irresponsable, et des ministres responsables devant le pouvoir législatif. Mais on commit la faute de faire élire le Président de la République par le peuple; on voulait qu'il fût, suivant la conception de 1791 et de 1793, le « délégué » direct de la Souveraineté nationale.

En 1875, lorsque les républicains, associés à certains parlementaires de la vieille école, furent appelés à donner une constitution à la troisième République, ils se souvinrent comment, en 1851. le « délégué » à la Présidence de la seconde République s'était appuyé sur la masse de ses électeurs pour expulser et emprisonner les membres du pouvoir législatif. Les événements avaient trop confirmé les menaces prophétiques de Jules Grévy, pour que l'on n'en tint pas compte, dans la partie de la loi constitutionnelle de 1875 relative au Président de la République.

Afin de mettre celui-ci dans l'impossibilité de recommencer le coup de force de 1851, on confia son élection au pouvoir législatif, c'est-à-dire à un corps d'électeurs ayant l'expérience des affaires et la connaissance des hommes et qui est intéressé à ne placer à la tête du pouvoir exécutif que des personnalités connues pour leur honnêteté politique et n'ayant rien de ce qui provoque les enthousiasmes des masses. On eut soin, en outre, de dépouiller le Président de toute autorité propre et de tout moyen d'intervention directe dans la gestion des affaires publiques et dans les délibérations des assemblées législatives. On lui enleva le droit dont avait joui Thiers, pendant sa « Présidence du Conseil exécutif », d'assister aux séances du Corps législatif et d'y prendre la parole. Il ne peut communiquer avec le pouvoir législatif que par des messages dont un ministère est responsable comme de tous ses autres actes; il ne peut même pas présider les Conseils supérieurs de la guerre ou de la marine sans s'y faire accompagner par le Président du Conseil des ministres et par le ministre compétent. On voulut, en un mot, et on réalisa, pour les lois constitutionnelles de 1875, que le Président de la République ne pût pas être autre chose qu'un personnage de représentation, une simple figuration de la France.

On pensait, non sans raison, qu'en ne lui accordant ni autorité ni responsabilité propres, on assurerait à la Présidence la stabilité qui devait manquer à l'autre partie du corps exécutif. Étranger aux luttes des partis, aux incidents parlementaires et aux actes de l'administration, le Président de la République jouirait d'une autorité morale d'autant plus grande que ses pouvoirs seraient moindres; il formerait un lien entre les ministères; il empêcherait que chaque crise ministérielle fût accompagnée d'une rupture brusque dans la marche de la politique extérieure; il apparaîtrait aux yeux des puissances étrangères comme le garant des bonnes relations ou des ententes établies entre elles et la France. Assistant à tous les conseils des ministres et, s'il le voulait, aux délibérations des Conseils supérieurs de la guerre et de la marine, il pourrait éclairer les membres de ces divers Conseils sur les vues de leurs prédécesseurs et au besoin les aider, grâce aux connaissances acquises au cours des délibérations des ministres, des généraux, des amiraux et dans ses conversations avec les représentants des puissances, les hauts fonctionnaires, les hommes politiques des différents partis et les membres des assemblées législatives. Un Président de la République intelligent, habile, expérimenté, comprenant bien le rôle qui lui était assigné par la Constitution pourrait, sans en sortir, rendre au gouvernement et au pays des services admirables.

Il faut reconnaître que l'expérience a suffisamment confirmé, sur ces divers points, les prévisions des auteurs de la Constitution de 1875. De tous les pouvoirs qu'elle a institués, la Présidence de la République est, sans contredit, le moins contesté.

Cependant, deux courants d'opinion se manifestent, dans les milieux politiques, à son sujet. L'école dictatorienne voudrait que les pouvoirs du Président fussent augmentés, qu'il pût intervenir plus directement dans les affaires publiques, qu'il eût plus d'indépendance dans le choix des ministres et qu'il fût élu par le suffrage universel. C'est pour aboutir à ce résultat que les impérialistes, les césariens, les boulangistes et leurs héritiers plus ou moins directs réclament la revision de la Constitution. Ils n'ignorent pas que le jour où le Président serait le « délégué » direct du peuple et pourrait intervenir personnellement dans la gestion des affaires, une restauration monarchique ou impériale ne serait pas éloignée. L'expérience du passé doit empêcher les républicains de s'associer à aucune tentative ayant pour objet l'augmentation des pouvoirs du Président de la République ou une modification quelconque dans le mode d'élection qui a été fixé par la constitution de 1875.

Plus les pouvoirs du Président sont réduits et plus l'école conventionnaliste se croit autorisée à réclamer la suppression d'une fonction qui, ne donnant aucune autorité propre à celui qui en est

revêtu, lui apparaît comme inutile, sinon dange-
reuse. Les conventionnalistes pensent qu'au lieu
de conserver cette image imparfaite de la royauté,
où le peuple risque de puiser l'idée d'un retour
à l'empire ou à la monarchie constitutionnelle, il
serait préférable de la supprimer; on y trouverait
une économie pour le budget et l'on romprait un
lien qui rattache trop manifestement notre République à la monarchie.

Par contre, les hommes qui pensent que les seuls
progrès politiques solides et durables sont ceux que
l'on réalise par une évolution graduelle des idées,
des mœurs et des institutions; ceux qui se rappellent avec quelle promptitude et quelle ardeur le
peuple est revenu à la monarchie, à la suite de la
révolution, si violente cependant et si radicale qui,
à la fin du siècle dernier, l'avait supprimée; ceux
qui se rappellent le peu d'effet produit sur les sentiments intimes de la masse populaire par la guillotine qui décapita Louis XVI, tous ceux-là pensent qu'il est bon de conserver pour la masse, dans
la République, l'image d'un passé avec lequel sa
foi n'a pas encore entièrement rompu et vers lequel
son esprit remonterait peut-être si elle n'en voyait
plus aucune trace, comme ces amours que l'ac-
coutumance attiédit et qui sont ravivés par l'éloi-
gnement ou par la disparition de l'objet aimé.
L'histoire ne montre-t-elle pas que petit à petit la
foi, les croyances, les idées évoluent et se trans-

forment, comme la nature, les mondes, les choses
et les hommes? La foi monarchique des peuples
ne s'est-elle pas considérablement modifiée dans le
cours des siècles? N'assistons-nous pas à cette évolution? n'est-elle pas plus active même qu'elle ne
le fut jamais? ainsi qu'en témoigne ce qui se passe
en Italie, en Allemagne, en Russie, au Japon, en
Chine, le pays de l'immobilité, en France, enfin, où
les monarchistes, pour la plupart, déclarent impossible le retour à la monarchie. Celle-ci n'a-t-elle
pas, elle-même, passé, dans notre pays, par toutes
les phases imaginables, depuis le soleil rayonnant
de Louis XIV jusqu'au parapluie de Louis-Philippe, depuis l'empire omnipotent de Napoléon Ier
jusqu'au petit empereur de 1870, contraint de solliciter d'un ministère libéral, presque républicain,
la consolidation de son autorité menacée et l'étaye-
ment de son trône croulant sous la poussée du
peuple vers la liberté?

L'évolution des mœurs et le progrès des intelli-
gences populaires a conduit chez nous, d'étape en
étape, l'idée monarchique jusqu'à la forme si
réduite, presque impalpable, dissimulée sous la
Présidence de la République. Cette idée est, sans
doute, destinée à se sublimiser encore davantage,
jusqu'à ce qu'elle disparaisse des cerveaux de notre
race. En attendant, il n'est pas inutile qu'un Président sans pouvoir personnel tienne la place que
des ambitions plus actives pourraient convoiter.

Si le Président Carnot n'avait pas, en 1887, occupé l'Elysée, il eût été plus facile au général Boulanger de s'y introduire. En 1870, lorsque les monarchistes confièrent à Thiers le pouvoir exécutif, ils espéraient qu'il le livrerait un jour à leur prince; ils comptaient sans le sentiment très humain qui devait amener l'ancien ministre de Louis-Philippe à fonder la République afin de garder le pouvoir.

En dehors de ces considérations, il en est d'autres qui, pour être plus modestes, n'en plaident pas moins énergiquement en faveur du maintien de la Présidence de la République. Dans un grand pays comme le nôtre, en contact avec de puissants empires, il est indispensable qu'un homme soit chargé spécialement de l'entretien des relations personnelles avec les chefs d'État et les ambassadeurs, de la figuration du gouvernement dans toutes les solennités publiques, du soin d'organiser les fêtes dont une capitale comme Paris ne saurait se passer, etc. Si ce rôle est confié à un ministre, il absorbera tout son temps et il en fera bien vite un Président sans présidence; on aura supprimé le mot, on n'en aura pas moins la chose, sans aucun profit ni pour la doctrine ni pour la raison.

La suppression de la Présidence de la République ne pourrait, d'ailleurs, être réalisée sans que des changements très profonds fussent introduits dans tous les autres rouages de la Constitution. Le Président supprimé, qui formera les ministères? Les

fera-t-on nommer par le pouvoir législatif, comme
l'étaient les Directeurs dans la constitution de 1795?
ou bien par le peuple, comme le Conseil exécutif
institué par la constitution de 1793? Dans le premier cas, chaque crise ministérielle serait le point
de départ d'une crise générale de tous les pouvoirs
gouvernementaux et, de crise en crise, on ne tar-
drait pas à voir la République s'écrouler sous les
compétitions personnelles et dans l'anarchie administrative et gouvernementale dont la constitution
de 1795 fut le point de départ; et la France serait
condamnée à finir, comme en 1799, dans la dictature et le césarisme. Dans le second cas, c'est-
à-dire avec un Conseil exécutif élu par le peuple, on
aboutirait fatalement, après des crises tout aussi
aiguës mais moins nombreuses, au même résultat
final.

Sans doute, la Présidence de la République, telle
que la Constitution de 1875 l'a organisée, n'est
point un rouage parfait; elle a ses vices comme
toutes les institutions humaines; mais la plupart
peuvent être corrigés par la seule pratique.

Un seul article de la partie des lois constitutionnelles de 1875 relative au Président de la République doit être modifié : c'est celui qui l'autorise
à proroger les Chambres. C'est par cet acte que
débuta le ministère du 16 mai; c'est par lui, sans
aucun doute, que commencerait toute nouvelle tentative de coup d'État. Avec des ministres dociles,

particulièrement avec un ministre de la guerre sans scrupules, le Président de la République qui a prorogé la Chambre — ce qui entraîne aussi la prorogation du Sénat, car aucune des deux assemblées ne peut se réunir en l'absence de l'autre — est pendant un mois le maître absolu du pays. Il est impossible de conserver dans la Constitution un article si gros de dangers pour les institutions républicaines. Il ne faut pas qu'en aucun cas le Président de la République puisse intervenir pour entraver l'exercice du pouvoir législatif.

Avec la Constitution de 1875, modifiée comme je viens de le dire, le Président ne peut que difficilement devenir un danger pour la République, du moins dans les conditions de la vie normale du pays; il peut, en revanche, s'il est sage, expérimenté, ou simplement honnête et de bons sens, rendre beaucoup de services par les conseils donnés aux ministres et aux grands fonctionnaires et par le maintien des traditions gouvernementales.

Il est impérieusement urgent de modifier nos mœurs parlementaires, sinon les lois constitutionnelles, dans tout ce qui concerne la portion du pouvoir exécutif représentée par les ministres, et surtout dans ce qui est relatif aux rapports du corps ministériel avec le pouvoir législatif.

Il faut d'abord établir comme règle pratique absolue qu'en aucun cas ni sous aucun prétexte, le Président de la République ne doit apporter aucune vue personnelle dans le choix des ministres ou plutôt du seul ministre qui soit à son choix et qui est le Président du Conseil. C'est à la majorité qu'il appartient de faire connaître l'homme qui, dans le Parlement, jouit de la plus grande autorité, et réunit le plus grand nombre de conditions permettant de faire croire qu'il pourra constituer un ministère durable. Le seul rôle qui appartient au Président de la République est celui de confier à cet homme le soin de former un Cabinet; il doit ensuite rester absolument étranger au choix des ministres et à la rédaction du programme ministériel. C'est seulement en agissant de la sorte que le Président peut se mettre à l'écart des crises ministérielles et des conflits qui pourront se produire soit dans le ministère, soit entre celui-ci et le corps législatif. C'est aussi le meilleur moyen qu'il y ait de tuer dans l'œuf les ambitions ministérielles injustifiées.

Dans le but de mettre un frein à ces ambitions, quelques républicains ont proposé de prendre les ministres en dehors des Chambres. « Puisque, disent-ils, les compétitions des membres du Parlement pour la conquête des portefeuilles ministériels sont la cause principale de l'instabilité ministérielle, pourquoi, ne prendrait-on pas les ministres en dehors des Chambres? L'objet des ambitions parlementaires ayant disparu, on verrait disparaître avec lui les luttes des personnes et surgir la stabilité gouvernementale dont le pays a un si grand besoin. »

L'argumentation est juste, mais elle ne tient compte que d'un seul élément du problème. Le jour où le Président de la République dirait aux députés et aux sénateurs : « Comme vos discussions ne sont que des luttes d'appétits, comme les crises ministérielles que vous faites tous les six mois n'ont pour but que de satisfaire ces appétits, je vais prendre les ministres en dehors de vous », il y aurait une telle levée de boucliers que Président et ministres extra-parlementaires ne dureraient pas longtemps.

Les ambitions personnelles déçues auraient, d'ailleurs, beau jeu contre la nouvelle pratique : elles pourraient rappeler que soit en 1851, soit en 1877, chaque fois qu'un Président de la République forma de mauvais desseins à l'égard de la constitution républicaine, c'est par le choix de ministres étrangers au Parlement qu'il le manifesta.

Il est certain qu'avec des ministres pris en dehors des Chambres, et qu'il pourrait trier parmi ses amis personnels ou dans la masse des hommes à tout faire qui entourent les détenteurs du pouvoir, un Président de la République malhonnête aurait la faculté de violer la Constitution et de s'ériger en dictateur, beaucoup plus facilement qu'avec des ministres imposés par une majorité parlementaire. Si, en 1851, le prince Louis-Napo-

11.

léon n'avait pas eu pour ministre de la guerre Saint-Arnaud, personnage étranger au Parlement et en même temps général, il n'aurait probablement pas pu exécuter son coup d'État. En 1877, lorsque le maréchal de Mac-Mahon essaie de résister à la Chambre républicaine, c'est à un général étranger au Parlement qu'il confie le portefeuille de la Guerre et les fonctions de Président du Conseil des ministres.

Le jour où le Président de la République voudrait ériger en système de prendre les ministres en dehors des Chambres, on ne manquerait pas de lui jeter ces faits à la tête, et il faut avouer qu'ils sont de nature à frapper l'esprit des moins timorés. Une réforme aussi considérable ne pourrait être opérée qu'avec le consentement unanime et persistant des deux Chambres. Or, il n'est guère permis d'espérer que celles-ci renoncent à une pratique où leurs membres les plus actifs, les plus intelligents et les plus ambitieux trouvent le moyen de conquérir le pouvoir qui est, en définitive, le but suprême et légitime de tous les hommes qui consacrent leur vie à la politique.

Demander que les ministres soient pris en dehors des Chambres, c'est donc, en réalité, réclamer une réforme irréalisable. Alors même qu'elle serait possible, je pense qu'il faudrait s'en abstenir, car on risquerait, pour combattre un mal, de tomber dans un pire. Certes, l'instabilité ministérielle est

un vice déplorable de notre régime et de nos institutions, mais ce vice est encore moins dangereux
que ne le serait celui résultant de pratiques où un
Président malhonnête trouverait un encouragement
à la confiscation des libertés publiques.

Bien loin de demander que les ministres soient
tous pris en dehors des Chambres, le parti républicain devrait être unanime à protester contre la
coutume, trop suivie depuis 1875, de confier les
ministères de la guerre et de la marine à des pre-
sonnages techniques, étrangers au Parlement. On
devrait se rappeler que pour faire un coup d'État
il suffirait de l'entente établie entre le Président de
la République et le seul ministre de la guerre. Il
est vrai que celui-ci n'a pas le commandement
direct des troupes et que les chefs de corps sont
nommés par le Conseil des ministres, mais il ne
faut pas oublier que l'avancement en grades est la
préoccupation dominante de tous les officiers, que
cet avancement, en temps de paix, est d'une excessive lenteur, que plaire à ses chefs est le seul moyen
de l'obtenir, que les officiers sont élevés dans les
casernes et les mess à mépriser les civils et les
pouvoirs civils, qu'un très grand nombre d'entre
eux, la presque totalité dans certains corps, sont
des ennemis non dissimulés de la République, et
que tous ces motifs, joints à l'habitude de l'obéissance passive, feraient de l'armée un instrument
docile entre les mains d'un ministre-général ennemi

de la République ou décidé à favoriser les ambitions du Président.

Les papiers du général Boulanger et les milliers de cartes d'officiers qu'on a trouvés dans ses caisses sont des témoignages indiscutables de la facilité avec laquelle l'armée se prêterait à un coup de force dictatorial. Les officiers de l'armée de terre et de la marine vivent, en quelque sorte, sur la lisière de nos institutions, affectant de rester étrangers à la politique et même à la forme du gouvernement, mais ils sont en réalité peu favorables à la République, les uns par principe et conviction, le plus grand nombre parce que la République, nécessairement amie de la paix, ne donne pas d'espérances suffisantes à leurs ambitions. En confiant à des officiers ses portefeuilles de la Guerre et de la Marine, le gouvernement procure à ces sentiments les moyens de se manifester plus librement et avec plus d'autorité, dans les salons, dans les cercles mondains ou politiques et dans la presse. Par leurs amiraux et généraux-ministres, la Marine et l'Armée deviennent des oligarchies politiques d'une puissance d'autant plus grande que l'action politique du gouvernement est davantage affaiblie.

Depuis le commencement de ce siècle, elles ont pris dans notre société la place de l'ancienne noblesse dont elles recueillent la plupart des rejetons. Leur origine, leur organisation, leurs

intérêts, distincts de ceux du reste de la nation
mais communs à toutes les individualités qui les
composent, en font une véritable classe sociale. En
leur confiant deux places sur dix dans les ministères et en leur abandonnant la gestion du tiers
du budget, on augmente leur influence dans de
telles proportions qu'il est impossible qu'elles
n'exercent pas une action extrêmement considérable sur la politique générale du pays. On ne
saurait nier, par exemple, que ce soient elles qui
ont, depuis quinze ans, inspiré notre politique
coloniale, et lui ont imprimé l'attitude toute militaire qui la caractérise et qui, pour le malheur de
nos colonies, la distingue si nettement de celle
suivie par l'Angleterre

Le Soudan, le Dahomey, le Tonkin, Madagascar
n'ont été que des champs de décorations et de grades
pour notre armée et notre marine. Plus d'un mil-
liard y a été absorbé depuis dix ans, uniquement en
frais d'expéditions militaires. Nous avons été
entraînés vers la politique coloniale plutôt par la
nécessité d'occuper notre armée et notre marine,
que par le désir de créer des débouchés à notre
commerce, à notre industrie et à notre agriculture.

On n'éviterait pas entièrement les défauts de l'oligarchie militaire en la tenant en dehors du corps
exécutif, mais, du moins, on les atténuerait dans
une forte proportion. C'est pourquoi j'estime que
les portefeuilles de la Guerre et de la Marine

devraient être toujours confiés à des civils et à des
membres du Parlement. Le ministre de la guerre
qui a fait le plus pour l'organisation offensive et
défensive de la France depuis vingt-six ans n'est-il
pas un civil? La marine n'a-t-elle pas à se féliciter
du passage rue Royale de divers ministres civils?
L'intérêt bien entendu de la défense nationale —
je ne parle pas de celui des officiers — est donc
d'accord avec les principes démocratiques pour
proclamer que l'armée et la marine doivent rester
à leur place, qui est à côté du gouvernement, sous
ses ordres, et non dans ses corps politiques.

Sous le prétexte que pour être un bon ministre
des affaires étrangères il faut avoir fait une étude
spéciale de la diplomatie, on a souvent exprimé la
pensée que ce ministre devrait toujours être pris
parmi les ambassadeurs ou les hauts fonctionnaires
du quai d'Orsay. Cette façon de raisonner est absolument vicieuse. Il ne faut pas oublier qu'en vertu
de la Constitution de 1875 le Président de la République et ses ministres ont le droit de conclure des
traités politiques et de ne les communiquer au Parlement que quand ils le jugent convenable. Il en
résulte qu'avec un ministre pris en dehors des
Chambres, c'est-à-dire en dehors des indications
du Parlement, le Président de la République pourrait signer les traités les plus contraires à l'opinion
du pays et les plus désastreux, sans que personne
en sût rien. Sans aller aussi loin, ne peut-on pas

supposer que le Président de la République et le ministre des affaires étrangères s'entendent pour faire une politique condamnée par les sentiments du pays et qui serait connue seulement après qu'elle aurait produit des conséquences irrémédiables? Il suffit de songer à ces éventualités, pour condamner les ministres des affaires étrangères extra-parlementaires, au même titre que ceux de la guerre et de la marine.

Du reste, si les connaissances techniques sont utiles aux ministres, elles ne peuvent pas tenir lieu des autres conditions. Les ministres ne sont pas et ne doivent pas être des « chefs d'administrations », mais seulement les inspirateurs politiques des diverses administrations. Ce n'est pas à eux qu'il doit appartenir de solutionner les questions techniques, mais aux directeurs et chefs de service des ministères; c'est fausser l'esprit de nos institutions et ouvrir la porte à toutes les erreurs comme à tous les abus, que confier aux ministres le règlement de toutes les affaires administratives. C'est ainsi que la faveur, le népotisme et l'injustice se sont glissés dans notre gouvernement. Les ministres s'arrogeant le droit de tout faire, les députés exigent qu'ils fassent tout au profit de leurs intérêts électoraux.

Le ministère qui aurait le courage d'inscrire dans son programme un projet de loi limitant le pouvoir des ministres en matière de nominations,

d'avancements, de récompenses, etc., et qui mettrait son honneur à le faire voter, pourrait être
mal vu du Parlement, mais il provoquerait parmi
les fonctionnaires honnêtes et dans tout le pays
un tel mouvement en sa faveur que les députés
et sénateurs seraient obligés de s'incliner. Un tel
ministère rendrait à la France et à la République
un service de premier ordre, en supprimant la
cause la plus puissante de l'anarchie qui règne
dans nos administrations et l'une de celles qui
contribuent le plus à créer l'instabilité ministérielle et à détruire l'autorité du gouvernement.

Nous avons vu plus haut que l'un des vices les
plus graves de notre régime parlementaire consiste
dans les ambitions pour la conquête du pouvoir
qu'il provoque parmi les membres du Parlement
et d'où résulte une instabilité ministérielle très
préjudiciable à tous les intérêts de la nation. Il
est donc naturel que tous les esprits gouvernementaux se soient préoccupés de corriger ce
très grave défaut.

Parmi les moyens proposés pour diminuer
la fréquence des crises ministérielles et donner
plus de stabilité au pouvoir exécutif je dois men-
tionner la réglementation du droit d'interpellation.

Il est rare que les amis d'un ministère quelconque ne se plaignent pas de l'abus qu'en font
leurs adversaires, de la perte de temps qu'elles occasionnent, du trouble qu'elles apportent dans la dis-

cussion des projets de loi, etc. La vérité est que notre Chambre fait des interpellations un usage inconnu en Angleterre. Les raisons en sont évidentes : plus on interpelle et plus on a de chances de renverser des ministres dont on prendra la place. L'abus des interpellations est donc une conséquence de notre organisation parlementaire ; il ne disparaîtra qu'avec ses autres vices.

Il serait facile d'y remédier, dans une certaine mesure, en adoptant la coutume de ne considérer un Cabinet comme tenu à démissionner que le jour où il est l'objet d'un vote formel de blâme de la part de la Chambre. Beaucoup de ministères se retirent devant des ordres du jour de priorité ou devant des formules ambiguës, uniquement parce qu'ils ont déclaré ne pas vouloir les accepter. Cet excès d'amour-propre est aussi préjudiciable à la stabilité ministérielle que peu conforme aux saines traditions parlementaires. La facilité avec laquelle les ministres posent la question de confiance à propos de leurs projets de loi n'est pas moins nuisible : ils faussent l'esprit de la Constitution en forçant la Chambre à voter des projets que souvent elle repousserait, si ses votes était dégagés de toute préoccupation gouvernementale, et ils occasionnent eux-mêmes des crises, qu'avec d'autres habitudes on pourrait éviter.

Les ministères ne devraient se retirer que devant un vote de blâme, en cas d'interpellation,

12

ou devant le rejet d'un projet de loi financier sans lequel l'exercice du gouvernement est impossible. En dehors de ces cas, la question de confiance ne devrait jamais être posée.

Tous ceux qui se sont donné la peine de rechercher les moyens les plus propres à créer la stabilité gouvernementale sont unanimes à penser que la création de partis politiques nettement définis aurait les résultats les plus heureux et contribuerait à rendre les ministères plus durables, en réduisant le nombre des ambitieux et en faisant disparaître l'acuité des appétits ministériels.

Malheureusement, l'instabilité des ministères et l'absence des partis gouvernementaux sont deux faits corollaires l'un de l'autre : l'instabilité ministérielle empêche la formation des partis de gouvernement et l'absence de partis gouvernementaux solidement constitués favorise l'instabilité des ministères. Il faut donc, de toute nécessité, pour faire disparaître les dangers qui résultent de la précarité du gouvernement, ou bien constituer des partis, ou bien créer la stabilité ministérielle, l'une des réformes devant, à coup sûr, entraîner la réalisation de l'autre.

La création des partis a été tentée cent fois; on n'a jamais pu y parvenir. Au moment même où l'on croit qu'un ministère est parvenu à constituer une majorité sur un programme défini, il est renversé par le vote d'une portion de cette majorité.

A chaque instant, aussi, on voit les mêmes députés voter blanc et bleu sur une même question, suivant qu'elle leur est soumise par un ministère au début de sa carrière et jouissant encore du prestige de la nouveauté, ou par un Cabinet ayant plusieurs mois d'existence.

Il est bien démontré aujourd'hui, par une expérience de vingt-six années, qu'on ne parviendra pas à former dans la Chambre des partis politiques nettement définis, tant que les députés pourront, sans danger pour eux-mêmes, renverser les ministères tous les six mois. En effet, moins les partis sont définis, plus il y a de divisions et de subdivisions dans le Parlement et plus toutes les ambitions, même les moins légitimes, ont de chances de recueillir les portefeuilles tombés dans les crises.

C'est donc par la création de la stabilité ministérielle qu'il faut aborder la réforme de nos mœurs parlementaires. Les moyens indiqués plus haut ont une certaine valeur, mais ils seraient, sans contredit, insuffisants. Ce qu'il faut, c'est que les députés ne puissent pas renverser les ministères sans exposer leur propre existence. Les Anglais atteignent ce but par la dissolution de la Chambre des Communes après la chute de chaque Cabinet.

Aussitôt que le ministère nouveau est formé, tous ceux de ses membres qui appartiennent à la Chambre des Communes démissionnent et se représentent devant les électeurs. Leur réélection donne une première idée de l'état de l'opinion publique. Ainsi fortifié, le nouveau Cabinet prononce la dissolution de la Chambre des Communes. C'est alors, dans tout le pays, une longue et ardente lutte autour du programme ministériel et c'est, en réalité, pour ou contre ce programme; beaucoup plus que pour les personnes, que les électeurs se prononcent dans les scrutins d'où sortent la nouvelle Chambre et la nouvelle majorité. Par le seul fait de son élection, et comme conséquence forcée des votes exprimés par le pays, la majorité se trouve liée au ministère. Elle l'est par la communauté des opinions; mais elle l'est aussi par la certitude que le jour où le Cabinet tombera, la dissolution de la Chambre sera prononcée et qu'il faudra revenir devant les électeurs. Cela rend les députés anglais beaucoup plus circonspects que les nôtres. On ne les voit pas voter contre le gouvernement par pure fantaisie ou dans le seul but de le renverser afin de prendre sa place. La majorité reste compacte; ses membres se surveillent les uns les autres; des délégués spéciaux veillent à ce qu'ils ne s'absentent pas dans les circonstances difficiles; les votes par procuration ne sont pas autorisés, les députés présents peuvent seuls prendre part aux scrutins; les mœurs parlementaires y gagnent une dignité qu'elles n'ont pas en France et les électeurs ne voient pas, comme dans notre pays, leurs mandataires fouler aux pieds les programmes sur lesquels ils ont été élus, dans le seul but de faire une niche à un ministre ou de lui dérober son portefeuille. Encore moins voit-on — ce qui est si fréquent en France — les membres d'un Cabinet s'allier avec ses adversaires pour le renverser, afin de s'assurer une place dans le Cabinet suivant.

L'existence de chaque ministère anglais et celle de sa majorité sont liées à ce point, par l'intérêt commun, que ce sont, en fait, les électeurs et les électeurs seuls qui renversent les ministères. En Angleterre, comme en France, le gouvernement ne saurait plaire indéfiniment, même à ses meilleurs amis; parmi les mesures qu'il est amené à prendre, et qui souvent lui sont dictées par des nécessités imprévues au moment de sa formation, il est impossible qu'il ne s'en trouve pas un nombre plus ou moins grand déplaisant à telle ou telle catégorie d'électeurs. Ceux-ci manifestent leur mauvaise humeur dans les élections partielles. Petit à petit, la majorité est diminuée par ces élections; il arrive un jour où elle est tellement faible qu'il suffit d'un déplacement de quelques voix pour déterminer la défaite et la chute d'un ministère jusqu'alors plein de force et d'autorité. En moyenne, depuis un siècle, la durée des Cabinets anglais a été de trois ans et demi; chez nous, depuis 1875, elle a été de huit mois; il y a eu, en effet, trente deux ministères de 1875 à la fin de 1896.

C'est que, chez nous, ce sont les députés qui renversent les ministères, tandis qu'en Angleterre,
c'est, en réalité, le corps électoral. C'est celui-ci
qui, en augmentant peu à peu, par les élections
partielles, le nombre des membres de l'opposition,
finit par rendre celle-ci plus forte que la majorité.
Par suite, lorsque la dissolution est prononcée par
un nouveau ministère, issu de l'opposition devenue
majorité, il y a déjà dans le pays une masse toute
prête à l'acclamer, masse autour de laquelle se
groupent les indécis et d'où naît la majorité parlementaire nouvelle.

C'est ainsi que se sont formés en Angleterre les
deux grands partis historiques des wigs et des
tories, dans lesquels se fondent, en vertu des nécessités parlementaires, les groupes et sous-groupes qui
existent de l'autre côté du détroit comme chez nous.
C'est la dissolution pratiquée comme je viens de
l'indiquer qui produit et maintient les partis gouvernementaux; le jour où les Anglais cesseraient
de pratiquer la dissolution, on verrait les partis
s'effriter non moins que dans notre Parlement,
sous la poussée des ambitions personnelles auxquelles tout frein aurait été enlevé.

J'ai à peine besoin de dire que cette sorte de
dissolution n'a rien de commun avec celle dont
il est ordinairement question en France et qui est
parmi nous si impopulaire depuis l'usage que Mac-
Mahon en fit au 16 mai. Tout le parti républicain

français doit être unanime à condamner la dissolution demandée au Président de la République par un ministère que la Chambre viendrait de renverser et qui chercherait, dans le renvoi de cette dernière devant les électeurs, un moyen de conserver le pouvoir. Cette dissolution-là est doublement condamnable, quoique conforme à la lettre de la Constitution de 1875, d'abord parce qu'elle constitue un moyen indirect de supprimer la responsabilité des ministres devant la Chambre, ensuite parce qu'elle crée entre les pouvoirs publics un de ces conflits qui ne sauraient se produire sans compromettre les intérêts du pays et l'existence de la République. Le Président, en effet, se découvre en l'accordant, et il est battu avec le ministère si le pays renvoie la même majorité, comme il le fit en 1877. Le Sénat partage, dans ce cas, l'échec subi par le Président de la République et il perd toute autorité jusqu'au jour de son renouvellement partiel, ainsi qu'il advint au corps sénatorial sur lequel Mac-Mahon et ses ministres s'appuyèrent pour dissoudre la majorité républicaine des 363.

La dissolution traditionnelle du parlementarisme anglais n'a rien de blessant pour la Chambre qui en est l'objet; elle est même désirée par la majorité, puisqu'au moment de la dissolution celle-ci a déjà pour elle le corps électoral.

L'introduction de cette sorte de dissolution dans

nos mœurs parlementaires ne pourrait manquer
de produire les mêmes effets qu'en Angleterre, car
des deux côtés du détroit les hommes obéissent
aux mêmes intérêts et aux mêmes passions. Ce
serait d'abord la constitution des partis de gouvernement qui nous font défaut; ce serait ensuite,
pour ces partis, la nécessité de se donner des chefs
et de suivre non point ceux qui ont le verbe le
plus haut et qui s'attachent aux formules les plus
retentissantes afin de gagner les suffrages des
foules, mais aux plus habiles, aux plus sages, à
ceux qui paraîtraient les plus aptes à faire durer
longtemps les ministères et leurs majorités. L'autorité des partis et celle de la Chambre en seraient
considérablement accrues, la tâche du Président de
la République dans la formation des ministères
serait facilitée et la Souveraineté nationale rentre-
rait en possession d'un pouvoir qu'elle délègue
aujourd'hui à ses représentants, sans en rien
retenir : ce serait désormais le peuple lui-même
qui, en modifiant la composition de la majorité
parlementaire, déterminerait le renversement des
Cabinets, au moment précis où une majorité nouvelle aurait surgi dans le pays, et les crises ministérielles cesseraient d'être un jouet aux mains de
députés fantaisistes ou ambitieux.

On a objecté que les députés, par crainte d'aller
devant les électeurs avant la fin de leur mandat,
feront tout ce que voudra le gouvernement et que

celui-ci, au lieu d'être l'exécuteur des volontés de la Chambre, deviendra son directeur de conscience et son maître. Ceux qui font cette objection sont des partisans de l'omnipotence du pouvoir législatif; ils oublient que, dans une démocratie digne de ce nom, le maître ne doit pas être davantage la Chambre que le gouvernement; le seul maître est le peuple; en lui réside la seule souveraineté « inaliénable et indivisible », dit la Déclaration des Droits.

Si le gouvernement conduit sa majorité dans une voie qui ne convienne pas aux électeurs, ils ne se feront pas faute de le dire; ils y seront, d'ailleurs, poussés par le parti de l'opposition, qui ne pourrait accéder au pouvoir qu'en se constituant d'abord une majorité dans le pays. Cette opposition incessante oblige , d'autre part , les détenteurs du pouvoir à faire le maximum de réformes compatibles avec le tempérament de ceux qui les y ont portés; de sorte que la volonté des électeurs est toujours obéie. En fait, il n'y a pas au monde de gouvernement plus docile que celui de l'Angleterre aux indications de l'opinion publique.

En liant les ministres et les majorités par la menace de la dissolution, on ne subordonne donc pas plus la Chambre au gouvernement que celui-ci à la Chambre; on assure la prépondérance permanente du peuple, qui est le seul véritable souverain, sur l'ensemble des pouvoirs publics.

On a objecté encore que les élections coûtent
très cher et que si l'on en rapprochait les époques,
on fermerait la porte de la Chambre à tous les
hommes dépourvus de fortune, ce qui serait contraire aux principes démocratiques. Il est aisé de
répondre que les élections seront plus ou moins
éloignées suivant que le gouvernement et la majorité seront plus ou moins habiles à satisfaire le
pays; que, d'ailleurs, il est facile de diminuer
considérablement les frais des élections, qu'il
suffit pour cela de quelques mesures très simples
et que si la Chambre n'a pas encore voté ces
mesures, c'est peut-être parce qu'elle redoute de
voir augmenter le nombre des candidats à la
députation.

Toutes ces objections ne sont d'ailleurs que des
prétextes. La réforme que je viens d'examiner
contrarie trop d'intérêts particuliers pour qu'elle
ne rencontre pas, parmi les députés, une opposition
très vive, mais ce n'est pas la cause des représentants du peuple que je prétends soutenir ici, c'est
celle de la Souveraineté nationale. Ses intérêts
sont tout à fait différents de ceux de ses délégués,
et c'est l'opinion publique qui, tôt ou tard, interviendra pour faire introduire dans nos institutions
une pratique d'où découlerait plus de stabilité
dans le gouvernement et plus d'autorité pour le
peuple.

Quels que soient les efforts faits par la Chambre

pour se substituer, d'une part, au pouvoir exécutif, de l'autre à la Souveraineté nationale, je suis
convaincu qu'un jour viendra où l'un et l'autre
obtiendront la place au soleil qui leur revient de
par le régime auquel notre pays a confié ses destinées. Les travailleurs sont las des crises incessantes par lesquelles passe le gouvernement et qui
entravent toutes les affaires, lèsent tous les intérêts privés. Ils trouvent que l'on ne s'occupe pas
assez des intérêts généraux du pays, et ils pensent que les batailles parlementaires pour la conquête des portefeuilles seraient avantageusement
remplacées par l'étude des questions économiques, sociales, industrielles, commerciales, etc.,
d'où dépend le sort des citoyens.

Si le peuple n'a ni l'éducation politique ni
l'énergie nécessaires pour imposer lui-même à ses
mandataires le désintéressement qu'exigent les
intérêts de la France, il doit trouver un appui,
d'abord auprès de tous les écrivains et orateurs
politiques qui ont la connaissance et le souci de ces
intérêts et, ensuite, auprès du pouvoir exécutif.

Celui-ci ne saurait être considéré, dans un gouvernement démocratique, comme un simple valet
du législatif. Il a le devoir de prendre la défense
des intérêts du souverain. Il est surtout tenu de
veiller à ce que les volontés de ce dernier soient
exécutées et il doit lui fournir les moyens de les
faire connaître.

Lorsque les mêmes députés renversent successivement les ministères de conciliation, les Cabinets radicaux, puis les Cabinets modérés, et culbutent les gouvernements comme de vulgaires jeux de quilles, peuvent-ils prétendre qu'ils exécutent les volontés de la Souveraineté nationale et gèrent les affaires du pays conformément à ses désirs? Et ne doit-il pas venir un jour où un ministère composé d'hommes plus soucieux des intérêts généraux de la France que de leurs ambitions personnelles, exigera du Chef de l'État que le pays soit consulté, par des élections générales, sur le programme qui réglera sa politique?

Le Chef de l'Etat lui-même ne sera-t-il pas forcément amené, tôt ou tard, à considérer cette consultation comme indispensable à la sécurité de la République, en même temps qu'au maintien de sa propre autorité?

Voilà les nécessités sur lesquelles je compte pour introduire dans nos mœurs parlementaires les pratiques enseignées par l'expérience à nos prédécesseurs dans le parlementarisme.

En résumé, les intérêts du pays exigent que le pouvoir exécutif soit plus stable, qu'il soit davantage soustrait aux ambitions personnelles des députés, et qu'il jouisse d'une autorité plus grande.

Le principe fondamental des démocraties doit être : liberté dans les lois, autorité dans le gouvernement.

CHAPITRE VI

Organisation du pouvoir législatif dans la République démocratique.

L'homme qui incarna le mieux, en notre pays, l'esprit de la Constitution de 1875, c'est sans con-

tredit M. Thiers, qui eut le premier l'honneur,
après 1870, d'être le chef du pouvoir exécutif;
« même dans la République, a-t-il écrit, il y a de
hautes classes qui doivent s'opposer au mouvement
trop rapide des classes qui s'élèvent, en défendant
les institutions anciennes contre les institutions
nouvelles ». L'examen de la loi constitutionnelle
qui nous régit atteste qu'elle est, dans toutes ses
parties, animée de cette pensée et que tous ses
rouages sont conçus et agencés de manière à rendre
aussi lente que possible l'accession au pouvoir des
« classes qui s'élèvent » et la mise en jeu des
« institutions nouvelles ». Mais c'est surtout dans la
partie de notre organisme constitutionnel relative
au pouvoir législatif que la formule si brutalement
exprimée par Thiers a été mise en application.

En confiant aux deux Assemblées qui forment le
corps législatif le droit de légiférer souverainement
sur tous les sujets politiques, sociaux, économiques, financiers, administratifs, etc., même sur
ceux qu'il faudrait mettre à l'abri de ses discussions et abandonner aux pouvoirs départementaux
ou communaux, la Constitution de 1875 n'a pas eu
d'autre but et n'a pas produit d'autre résultat que
de remettre la Souveraineté nationale tout entière
aux mains des sénateurs et des députés. Or, les
conditions qui président à l'élection des membres
des deux Chambres ont été établies de telle sorte
que les classes les plus élevées de la nation ont

beaucoup plus de chances que les autres d'être représentées.

Pour les sénateurs, cela résulte surtout du mode électoral qui leur est appliqué. Parmi leurs électeurs, les députés, les conseillers généraux et les conseillers d'arrondissement constituent déjà une élite de la population : médecins, pharmaciens, avocats, professeurs ou propriétaires. Quant aux délégués des conseils municipaux qui complètent le corps électoral du Sénat, ils sont presque toujours recrutés parmi les habitants notables de la commune. Le « Grand Conseil des communes de France », ainsi que Gambetta nommait le Sénat, est, en réalité, le représentant attitré des professions libérales et surtout des propriétaires ruraux. Ce sont, en effet, les délégués ruraux qui tiennent la place la plus importante dans le corps électoral qui nomme les sénateurs. Il suffit pour s'en rendre compte de rappeler qu'en France sur 36 470 communes, il y en a plus de 30 000 n'ayant pas plus de 2000 habitants et seulement 117 en ayant plus de 20 000. Comme les plus petites communes nomment chacune un délégué sénatorial, tandis que les communes de plus de 20 000 habitants n'en nomment que de dix à vingt ou trente, il en résulte que la presque totalité du corps électoral est formée par les délégués des communes rurales qui tous ou presque tous sont des propriétaires plus ou moins importants.

On serait dans la vérité scientifique en modifiant le mot de Gambetta de la manière suivante : « Le Sénat est le Grand Conseil censitaire des communes de France. » C'est ce caractère essentiellement oligarchique qui donne au Sénat sa force de résistance contre « les classes qui s'élèvent et contre les institutions nouvelles ».

Quoique la Chambre soit élue par le suffrage universel, elle représente presque les mêmes intérêts que le Sénat. Il y a pour cela des raisons majeures. D'abord, les élections coûtent fort cher. Il y a peu de députés qui dépensent moins de dix à quinze mille francs ; beaucoup sont obligés de consacrer à leurs frais électoraux des sommes variant entre vingt, trente et même quarante mille francs. Tout le monde ne peut donc pas être candidat. S'il n'est pas nécessaire, pour le devenir, d'être un homme instruit en politique, en économie politique, en administration, c'est-à-dire dans les matières que les législateurs ont à traiter quotidiennement, si cette instruction peut, surtout avec le scrutin d'arrondissement, être remplacée par la simple connaissance des besoins locaux à satisfaire et des électeurs influents à favoriser, il est indispensable de jouir d'une certaine fortune. Cette condition s'impose d'autant plus impérieusement que l'indemnité allouée aux députés est tout à fait insuffisante. N'a-t-on pas vu récemment des députés collectivistes, sortis des rangs des ouvriers et peu habitués à faire de grosses dépenses, se plaindre de l'insuffisance de leur indemnité et donner leur démission plutôt que de consentir au prélèvement que leurs comités voulaient opérer?

Rien ne serait plus facile que de diminuer les frais pécuniaires auxquels les candidats à la députation sont condamnés; il suffirait d'une simple mesure législative interdisant l'affichage ailleurs que sur des points déterminés où les affiches resteraient pendant toute la durée de la période électorale, prohibant les distributions de programmes, biographies, portraits, etc., à domicile et tous autres actes très coûteux de propagande qu'il est aujourd'hui à peu près impossible d'éviter. Ces mesures ont été souvent réclamées par la presse; mais les députés qui sont dans la situation de *beati possidentes* semblent tenir à ne pas favoriser l'éclosion des candidats rivaux.

L'instruction générale dont aucun représentant, même parmi les plus obscurs, ne saurait être privé au delà d'une certaine mesure, fait encore que les députés sont presque fatalement choisis parmi les classes élevées de la population; celles-là seules, en effet, dans les conditions où se trouve notre enseignement public, peuvent recevoir une instruction suffisante. On sait que la Chambre est composée en majeure partie d'avocats, de médecins, d'ingénieurs, d'anciens avoués ou notaires, de commerçants, de financiers, etc., c'est-à-dire de ces

13.

hommes à qui Thiers assigne, dans la République, le rôle de « s'opposer au mouvement trop rapide des classes qui s'élèvent ».

La représentation des classes élevées est considérablement favorisée par le fait que la véritable force parlementaire consiste dans les facultés oratoires. Un historien a dit que la plus grande révolution opérée en 1789, dans notre pays, fut la substitution des avocats à toutes les puissances sociales qui avaient jusqu'alors tenu le premier rang dans la gestion des affaires publiques. Cette observation est l'une des plus justes qui aient été produites. La puissance oratoire est, en réalité, depuis un siecle, celle qui a joué le plus grand rôle dans notre pays, même aux périodes où, comme sous le second Empire, les échos de la tribune parlementaire ne parvenaient qu'imparfaitement jusqu'aux oreilles du peuple.

Il est impossible de méconnaître qu'il se manifeste depuis quelque temps, dans le pays, une certaine tendance à recruter de plus en plus les membres des Chambres en dehors des hautes classes de la société, de démocratiser, en quelque sorte, les deux assemblées. Des petits patrons, des ouvriers mêmes y figurent déjà; mais l'instruction générale n'est pas assez répandue pour que les représentants recrutés de la sorte puissent rendre à leurs commettants les services qu'ils en attendent. Les partis avancés qui les élisent s'en trouvent affaiblis plutôt que fortifiés, et le niveau de la Chambre en est abaissé sans profit pour personne.

Tant que l'instruction générale et l'éducation politique du pays ne seront pas répandues avec la même profusion dans toutes les classes de la société, tant que surtout on n'enseignera pas dans toutes nos écoles les sciences économiques, politiques et administratives, il sera impossible à certaines catégories de citoyens de prendre, dans les assemblées législatives et dans le gouvernement, la place qu'il serait utile, nécessaire même qu'elles y occupassent, car plus grand sera le nombre des hommes pouvant accéder aux pouvoirs publics et plus la nation sera sauvegardée contre les révolutions et les réactions.

Dans l'intérêt de nos institutions politiques aussi bien que dans celui de notre développement économique, la République doit donc s'imposer comme premier devoir celui de répandre à flots l'instruction sous toutes ses formes, et d'enseigner dans ses écoles les notions indispensables aux peuples qui désirent se gouverner eux-mêmes.

Depuis 1870, par suite, d'une part, de l'indifférence et de l'abstention d'une partie considérable du corps électoral et, d'autre part, du défaut d'instruction générale et d'éducation politique dans la masse des électeurs, il s'est institué chez nous une catégorie spéciale d'hommes consacrés à la seule politique, ayant surtout pour moyens d'action la facilité de la parole et l'art des formules qui séduisent les ignorants; ils jouent les grands rôles dans les comités électoraux, dans les assemblées électives communales et locales et jusque dans les Chambres. Sans cesse en désaccord entre eux et en lutte pour la conquête du pouvoir, ces politiciens sont tacitement unanimes, ou peu s'en faut, pour écarter les réformes dont le résultat serait de diminuer leur autorité, en augmentant l'action directe de la Souveraineté populaire.

N'est-il pas remarquable, par exemple, que depuis vingt-six ans, il n'ait presque rien été fait pour supprimer la centralisation à outrance que nous avons héritée de l'Empire et qui étouffe toutes les initiatives locales? C'est tout au plus si quelques bribes de libertés communales ont été conquises; à tous les autres égards, la situation de la France est à peu près la même que sous Napoléon Ier. Rien, cependant, ne serait plus facile que de procéder à une décentralisation administrative et financière qui permettrait à la Souveraineté nationale de s'exercer plus directement. Il n'est besoin pour opérer une telle réforme ni de reviser la Constitution, ni de révolutionner nos mœurs parlementaires; une simple loi ordinaire suffit. Chaque législature la promet au pays, mais chacune prend fin avant qu'il en ait été question. Les quelques propositions qui ont été faites en faveur du *référendum* communal ou politique n'ont pas trouvé davantage d'écho parmi les députés. Le scrutin de liste paraît devoir subir le même sort.

En un mot, toutes les réformes qui auraient pour conséquence de diminuer l'autorité personnelle ou collective des députés ne sont accueillies par eux qu'avec une extrême froideur. Cela est humain. Il est naturel qu'un corps revêtu, par le système représentatif, d'une puissance presque souveraine tienne à la conserver; mais il est non moins naturel que le peuple désire reprendre sinon la totalité, du moins une partie des pouvoirs que ses représentants détiennent en violation du principe de l'inaliénabilité de la Souveraineté nationale.

C'est dans cette lutte entre la nation désireuse d'exercer elle-même ses pouvoirs et le corps législatif non moins désireux de les conserver, que réside le problème le plus grave de notre temps.

L'absorption de la Souveraineté nationale par le corps législatif est d'autant plus complète que la durée du mandat des députés et des sénateurs est très considérable. Nommés pour neuf ans, par un corps électoral qui disparaît le soir même du scrutin, les sénateurs ne connaissent pour ainsi dire pas leurs électeurs. Ceux-ci serrent les députés de plus près; mais, en raison de la mobilité d'esprit du corps électoral, du vague de la plupart des programmes, de la prépondérance attribuée, dans les élections, aux questions personnelles et locales sur les problèmes politiques et les intérêts généraux du pays, en raison de l'impossibilité où sont les électeurs d'agir sur les votes de leurs élus et d'empêcher la mise à exécution des lois; en raison, enfin, de la centralisation à outrance à laquelle notre pays est soumis et de la subordination du pouvoir exécutif au pouvoir législatif, les députés jouiraient d'une autorité véritablement souveraine et absolue si la Constitution ne les avait pas doublés d'une seconde Chambre. Par là s'explique l'hostilité contre le Sénat que beaucoup de députés montrent si volontiers, chaque fois que l'occasion s'en présente. La disparition du Sénat supprimerait le seul obstacle qui les sépare de la dictature anonyme et irresponsable qu'exerça la Convention et à laquelle, instinctivement, ils aspirent plus ou moins.

Si la masse de la nation se montre rebelle à obéir aux excitations contre le Sénat, si la suppression de la haute assemblée compte proportionnellement plus d'adeptes dans la Chambre des Députés que parmi les électeurs, c'est que le peuple envisage la question sous un angle très différent, c'est que sa préoccupation à lui, inconsciente ou consciente, est de mettre la main sur un pouvoir que ses représentants de la haute et de la basse assemblée se disputent avec tant d'âpreté.

Le désir qu'a le peuple de rentrer en possession de sa souveraineté est d'autant plus vif que depuis vingt-six ans, grâce à la libre application du suffrage universel et aux luttes politiques dont il fut, à la fois, le témoin et l'acteur, il a conçu une idée plus nette de ses droits, il s'est rendu compte des efforts faits par ses représentants de tous les partis pour lui en ravir l'exercice direct, et il n'a plus la même foi dans la nécessité d'un système représentatif aussi absolu que celui auquel nous sommes soumis.

C'est donc sans aucune passion que le pays discute la question de savoir si le pouvoir législatif doit être formé d'une seule Chambre ou de deux Chambres; il en envisage les diverses solutions avec assez de sang-froid pour qu'on puisse les discuter devant lui, sans autre préoccupation que celle de la vérité scientifique. C'est dans cet esprit que nous allons les aborder.

Le Sénat doit-il être conservé? Les pouvoirs qui lui sont attribués par la Constitution de 1875 doivent-ils être intégralement maintenus, ou bien faut-il les modifier? dans quelle mesure? avec quel esprit? Telles sont les questions auxquelles il importe de répondre; elles sont liées les unes aux autres au point qu'il est impossible de les discuter séparément.

Le principe qui doit dominer l'organisation d'un régime démocratique digne de ce nom étant de conserver au peuple l'exercice direct d'une portion aussi considérable que possible de sa souveraineté, il importe avant tout d'organiser les pouvoirs publics de telle sorte que chacun d'eux soit intéressé à mettre obstacle aux tentatives qu'un autre pourrait faire pour absorber la Souveraineté nationale. Il faut que le pouvoir législatif soit assez fort pour empêcher le pouvoir exécutif de confisquer à son profit la puissance publique; il faut, d'autre part, que l'exécutif puisse mettre obstacle à la destruction des libertés et des droits des citoyens par le pouvoir législatif; il faut, enfin, que le pouvoir exécutif et le pouvoir législatif soient, chacun de son côté, organisés de telle sorte qu'aucune entente entre eux, dans le but de supprimer les droits individuels ou collectifs du peuple, ne puisse se produire avec des chances sérieuses de réussite.

Il est évident que pour atteindre des résultats aussi complexes la Constitution doit être pourvue d'organes multiples, très forts et très habilement agencés.

Nous avons constaté déjà qu'un Président de la République est utile, sinon indispensable; mais que pour mettre une barrière à ses ambitions il faut le priver de tout pouvoir et de toute responsabilité propres.

Nous avons vu encore que les ministres doivent être responsables non point vis-à-vis du Président de la République, mais vis-à-vis du pouvoir législatif; qu'ils doivent être pris tous, sans aucune exception, parmi les députés et les sénateurs; que tous ils doivent être civils, comme le Président de la République, la tournure d'esprit inculquée par l'éducation militaire étant trop différente de celle qui convient au régime démocratique, pour qu'il soit possible de confier à un militaire la moindre parcelle des pouvoirs publics.

Avec une constitution aussi fortement centralisatrice que celle de 1875, un coup d'État sera toujours possible dans un moment de crise violente, à la suite, par exemple, d'une guerre qui aurait porté au pouvoir un général victorieux et sans scrupules. Qu'il y ait alors une ou deux Chambres, les coups de force n'en seront pas moins réalisables si la nation est avec le général victorieux; mais il est rationnel d'admettre qu'en temps normal la coexistence de deux Chambres rend plus difficile la réussite des tentatives dirigées contre la République ou contre les libertés du pays. De même qu'il est plus aisé de tromper ou de corrompre un seul homme que deux, de même il serait plus difficile à un aventurier de se mettre d'accord avec deux Assemblées qu'avec une seule. Ceux qui ont assisté de près à l'évolution et à la chute du boulangisme ne pourraient nier que l'attitude unanimement hostile du Sénat contribua beaucoup à maintenir dans la légalité une portion des députés parmi lesquels les césariens tentèrent de recruter des adeptes. Un grand nombre de ceux qui auraient pu se laisser entraîner furent arrêtés par la certitude que le Sénat interviendrait, à un moment donné, avec les pouvoirs considérables que lui attribue la Constitution, et arrêterait l'aventure avant que les aventuriers n'eussent atteint leur but. Cela suffit pour enlever au boulangisme une grande partie de sa force d'expansion.

L'existence de deux Chambres est encore utile pour empêcher les entraînements passagers auxquels les électeurs sont exposés. Il est impossible de nier que le vice capital du suffrage universel résulte de son excessive versatilité. Il y a toujours des électeurs prêts à se laisser entraîner par les nouveautés, à adopter comme d'irréfutables vérités les formules qui donnent satisfaction à leurs intérêts immédiats ou à leurs passions. Ajoutez-y ceux qui, par haine du régime républicain, encouragent toutes les folies et font la courte échelle à tous les candidats qu'ils supposent devoir jouer dans le Parlement le rôle de brouillons, et il est facile de prévoir que la Chambre du suffrage universel pourrait sortir, à un moment donné, soit d'un mouvement d'humeur révolutionnaire du pays, soit d'une poussée de réaction.

Dans ce cas, une deuxième Chambre jouissant d'un mandat plus long, de pouvoirs différents et d'un mode particulier d'élection, jouera un rôle très utile ; elle servira de frein aux agitations désordonnées de la Chambre des Députés jusqu'à ce que le pays ait retrouvé son sang-froid.

Il faut bien avouer cependant qu'un pareil rôle sera toujours très ingrat et parfois peut-être insuffisant. Le jour où la majorité de la Chambre et le pays seraient fermement résolus à faire triompher une idée vraie ou fausse, décidés à ne se laisser arrêter par aucun obstacle et échauffés au point de ne pas reculer devant les procédés révolutionnaires, la résistance du Sénat n'aurait qu'une valeur très relative. C'est ailleurs qu'il faudrait, dans cette crise, chercher la force de résistance.

Dans une Démocratie, la limitation des pouvoirs des assemblées législatives par la loi constitutionnelle et une large décentralisation sont seules capables de fournir cette force de résistance.

Dans les conditions normales de la vie politique de la nation, la Chambre haute peut encore rendre des services considérables, en mettant une barrière aux excès de pouvoir que la Chambre du suffrage universel serait tentée de commettre, en dehors de la complicité du pays, et en empêchant la mise à exécution de mesures législatives insuffisamment étudiées ou contraires à l'intérêt général.

Plus libre d'esprit, moins lié aux intérêts locaux et plus indépendant à l'égard de la masse électorale que la Chambre, le Sénat peut jouer un rôle extrêmement utile, en arrêtant les lois hâtivement conçues ou inspirées par des passions fugitives et par des intérêts trop particuliers. A ce point de vue, l'existence d'une deuxième Chambre s'impose d'autant plus, dans l'état actuel de notre régime constitutionnel, que nos législateurs ont le droit

de légiférer sur n'importe quel sujet, et aussi
bien pour restreindre les libertés individuelles ou
collectives des citoyens que pour les étendre. Une
loi peut donner la liberté de la presse, celle de réunion, d'association ; une autre loi peut supprimer
ou réduire ces mêmes libertés. Dans de pareilles
conditions, une Chambre unique pourrait, à un
moment donné, faire courir à la liberté les plus
grands dangers.

L'utilité du rôle de modération et d'arrêt du
Sénat a sa contre-partie dans le mauvais usage
qu'il est susceptible d'en faire. Il peut enrayer une
loi utile aussi bien qu'une décision nuisible et
mettre obstacle aux réformes les plus nécessaires.

Les constituants de 1875 ne dissimulaient pas
que, en créant le Sénat, leur intention était d'édifier
une citadelle où les conservateurs monarchistes et
républicains se concentreraient pour empêcher la
marche en avant de la Démocratie. C'est dans ce
but qu'ils introduisirent dans la haute assemblée
75 inamovibles, parmi lesquels figurait une forte
proportion de monarchistes, et qu'ils firent nommer
les sénateurs par un corps électif où entrent beaucoup de grands propriétaires. Thiers allait plus
loin dans cette voie : reprenant l'idée qui avait été
mise en application sous la monarchie constitutionnelle, il voulait créer une catégorie d'éligibles,
parmi lesquels tous les sénateurs auraient été pris
et qui eût été composée de certains hauts fonc-

tionnaires, de militaires haut-gradés, de membres des sociétés savantes, des anciens députés, etc. L'Assemblée nationale n'osa pas entrer dans cette voie; mais, contrainte d'admettre que tout citoyen âgé de quarante ans pourrait être élu sénateur, elle se rattrapait en créant les inamovibles et en restreignant le corps électoral autant que possible à ces représentants des « classes élevées » parmi lesquels dominent les monarchistes.

Les faits n'ont confirmé que très imparfaitement les espérances des constituants de 1875. Dès le mois de janvier 1878, c'est-à-dire dès le premier renouvellement du tiers des sénateurs élus, le suffrage restreint faisait entrer dans la haute assemblée un nombre de républicains suffisant pour transformer l'esprit de la majorité. De monarchiste que l'avaient faite les élections de 1875, elle devenait républicaine. Plus tard, la revision de 1884, si habilement conduite par Jules Ferry, supprimait les inamovibles. Depuis cette époque, chaque élection sénatoriale a renforcé la majorité républicaine, en accentuant son caractère démocratique.

Quoique le Sénat soit passé entièrement aux mains des partisans les moins douteux de la République, il n'en joue pas moins son rôle d'arrêt, de modération, de « conservation », dans des conditions telles que, non seulement ses ennemis théoriques mais même les démocrates les plus hostiles à l'omnipotence d'une assemblée unique et au

régime conventionnaliste, sont obligés de réclamer
une modification des pouvoirs dont il a été doté
par la Constitution de 1875.

Faut-il rappeler que des réformes très simples,
votées dans la Chambre des Députés à une majorité
considérable, ayant eu pour elles les voix d'une
partie des conservateurs républicains, attendent un
vote conforme du Sénat depuis des années? La
loi sur les accidents du travail fait la navette
depuis dix-neuf ans entre les deux assemblées; le
projet de réforme de la procédure judiciaire subit
le même sort depuis seize ou dix-sept ans, etc. Je
ne parle pas de la loi sur la réforme des droits de
succession, qui fut présentée à la Chambre par des
ministres essentiellement modérés, votée par la
totalité des républicains, et qui menace de ne jamais
sortir des cartons du Sénat, etc.; je craindrais de
fatiguer le lecteur par une énumération que les
journaux mettent à chaque instant sous ses yeux
et qui témoignent, de la part des sénateurs, d'une
hostilité non douteuse à l'égard des réformes ani-
mées de l'esprit démocratique.

Certes, la Chambre du suffrage universel et le
suffrage universel lui-même ne sont pas infaillibles.
Ceux qui affectent de croire à cette infaillibilité,
ceux qui proclament voix divine la voix des majorités électorales, ne sont que des flagorneurs dangereux de la vanité populaire et doivent être tenus
en défiance par les amis de la liberté et de la Sou-

veraineté nationale. Certes, il est utile, il est nécessaire même, pour éviter au pays les fondrières où des majorités de hasard pourraient faire choir ses intérêts, ses droits et sa puissance, que les décisions votées par l'Assemblée du suffrage universel puissent être discutées, pesées, arrêtées même, pendant un certain temps, avant d'être appliquées; mais il est impossible que la volonté populaire ne finisse point par avoir le dernier mot, sauf à reconnaître elle-même plus tard ses erreurs et à les réparer.

C'est de la sorte qu'il faut poser la question de la seconde Chambre et celle de ses pouvoirs, si l'on veut aboutir à une solution pratique et faire disparaître les trop justes prétextes à déclamations que notre organisation constitutionnelle fournit aux césariens et aux révolutionnaires.

Pour transformer le Sénat en un organisme tout à fait démocratique, il ne faut, en réalité, que peu de chose et je pense que lui-même aurait intérêt à devancer l'heure où quelque poussée imprévue de l'opinion publique le contraindra de consentir à la revision des lois qui ont organisé ses pouvoirs. Jusqu'à ce jour, la masse électorale n'a guère pris parti dans les discussions relatives à la nécessité du Sénat, à son mode d'élection, et à la nature de ses pouvoirs; mais notre pays est essentiellement mobile; ses impressions sont toujours très vives, et ses sentiments volontiers poussés à l'extrême; il peut surgir tel événement qui, tout à coup, le ferait s'emporter dans une direction où il irait, comme cela lui arriva tant de fois, plus loin que la saine raison ne le comporte. Le Sénat agirait donc sagement en prenant l'initiative d'une réforme qui tôt ou tard s'imposera et qu'il vaut mieux opérer, comme celle de 1884, dans une période calme, que dans une époque troublée par des conflits entre les pouvoirs publics.

Actuellement, ce qui préoccupe l'opinion publique, c'est l'arrêt mis par le Sénat à la réalisation des réformes adoptées par la Chambre. On n'a pas beaucoup d'illusions sur la capacité législative, politique, économique, financière des députés, on comprend que le Sénat soit appelé à présenter les observations que son expérience indéniable lui suggère, mais on n'admet pas qu'il puisse enterrer sans discussion ni examen, par le seul fait de les laisser en ses cartons, les lois que la Chambre a votées.

Il est impossible que le Sénat lui-même ne reconnaisse pas la justesse de ces considérations. Il leur donnerait une première satisfaction en s'imposant le devoir d'examiner et de discuter publiquement, dans un délai déterminé, six mois par exemple, tous les projets de loi qui lui sont transmis par la Chambre des Députés. Il n'est pas besoin pour cela de reviser la Constitution; il suffit de changer les mœurs sénatoriales, d'augmenter

un peu le nombre des séances publiques de la haute
assemblée et de rompre avec des traditions qui
ont, il est vrai, l'avantage de diminuer la responsabilité des sénateurs, mais qui ne font pas honneur
à leur courage civique. Il est plus commode et
moins dangereux de laisser dormir dans les cartons
un projet auquel on n'est pas favorable, que de le
combattre et de voter contre lui publiquement,
mais cette façon de procéder n'est ni démocratique
ni digne d'une assemblée qui revendique la première place dans nos institutions. Elle n'est pas
non plus conforme aux intérêts véritables du Sénat,
car elle lui attire des hostilités qui, dans beaucoup
de circonstances, ne se produiraient pas, s'il faisait
connaître les motifs de son opposition à telle ou
telle décision de la Chambre.

Ce sont ces considérations qui ont amené beaucoup de républicains, parmi les moins révolutionnaires, à demander la revision constitutionnelle du
mode d'élection et des pouvoirs du Sénat.

Les partisans de l'élection du Sénat par le suffrage universel direct sont aujourd'hui beaucoup
moins nombreux qu'autrefois. On comprend que
pour exercer un rôle utile, particulièrement au
point de vue de la garde des libertés publiques et
de la Constitution, il faut que le Sénat soit davantage soustrait que la Chambre aux fluctuations de
l'opinion publique. On accepte donc très volontiers,
même parmi les républicains les plus radicaux, que

les sénateurs ne soient pas élus par le suffrage universel direct, mais par un suffrage à deux degrés.

Les uns voudraient que le Sénat fût élu par tous les conseillers municipaux de France, d'autres par des délégués issus eux-mêmes directement du suffrage universel et avec suppression de tous les électeurs de droit, c'est-à-dire des députés, conseillers généraux et conseillers d'arrondissement.

Pour apprécier la valeur des divers systèmes qui ont été proposés, il faut les examiner à la lumière des principes démocratiques. Les créateurs du Sénat ont voulu, comme il a été dit plus haut, en faire une assemblée oligarchique, aussi semblable que possible à l'assemblée censitaire de la monarchie constitutionnelle; c'est ce défaut qu'il faut faire disparaître. Si l'on veut que le Sénat ne soit pas discuté par la démocratie, il faut autant que possible le rapprocher du suffrage universel, le démocratiser. A cet égard, la réforme la plus urgente consisterait à supprimer les « électeurs de droit », car c'est en eux surtout que réside l'esprit oligarchique et censitaire qui vicie le Sénat.

Il faut aussi faire disparaître la trop flagrante inégalité qui existe entre les villes et les communes rurales au point de vue de leur représentation dans le corps électoral sénatorial. La loi constitutionnelle du 9 décembre 1884 a fixé le nombre des délégués sénatoriaux de chaque commune, non d'après le chiffre de la population mais d'après celui des conseillers municipaux. Les plus petites communes ayant droit à un délégué, tandis que des villes de deux cent mille âmes n'en ont qu'une vingtaine, le Sénat est élu presque exclusivement par les communes rurales. Si l'on veut qu'il représente également toutes les classes de notre société il faut que les délégués sénatoriaux soient en nombre proportionnel à celui de la population entière et nommés par tous les électeurs.

La question relative aux attributions du Sénat est de beaucoup la plus discutée.

J'ai rappelé plus haut comment le chef le plus autorisé du parti républicain modéré, Jules Ferry, fut conduit, en 1884, à proposer, comme Président du Conseil des ministres, la revision de l'article 8 de la loi du 24 février 1875 : il voulait faire consacrer la coutume adoptée par le Sénat lui-même et qui accorde à la Chambre le dernier mot dans le vote des lois de finance. « Une disposition plus claire, disait-il, qui donnerait simplement force de loi à la jurisprudence établie par le bon esprit du Sénat, attribuant à la Chambre des Députés le dernier mot après deux délibérations quant aux crédits supprimés par elle, n'aurait nullement pour effet d'enlever au Sénat son pouvoir et son action sur les finances de l'État. N'a-t-il pas, lui aussi, le dernier mot en matière de crédits supprimés, et lui a-t-on jamais contesté le droit de rejeter, en tout ou en partie, les dépenses nouvelles ou les impôts nouveaux introduits par un vote de la Chambre? C'est par là qu'il exerce ce contrôle dont tout le monde apprécie la haute valeur et qui n'est jamais plus nécesssaire qu'en matière de deniers d'État. »

Jules Ferry proposait donc la revision de l'article 8 dans le but de le mieux préciser, en « attribuant à la Chambre des Députés le dernier mot après deux délibérations, quant aux crédits supprimés par elle ». On aurait simplement inscrit dans la Constitution la règle qui, dans la pratique, a toujours été suivie par le Sénat. Celui-ci s'opposa formellement à la revision de l'article 8 et comme ni la Chambre ni le gouvernement n'insistèrent pour l'obtenir, cet article est resté sans modification. Le Sénat a, d'ailleurs, persisté dans l'habitude de laisser le dernier mot à la Chambre, en matière de budget.

L'article 8 ne donnera lieu à un conflit sérieux que le jour où le Sénat persisterait à rétablir dans le budget un crédit qui aurait été supprimé par la Chambre, celle-ci refusant de voter le rétablissement fait par le Sénat. Si les deux Chambres s'entêtaient dans leurs résolutions, le gouvernement n'ayant pas le droit d'appliquer un budget qui, constitutionnellement, n'existerait pas, il n'aurait qu'une ressource : procéder à la dissolution de la Chambre.

Il est peu probable qu'un cas pareil se présente;

mais il n'est pas moins certain que la revision de l'article 8 est absolument indispensable, afin de mieux préciser les pouvoirs des deux Chambres en matière budgétaire. En Angleterre, où la Chambre des Communes jouit de la plénitude des pouvoirs financiers, il est admis, dans la pratique, qu'un certain nombre de services publics ne peuvent être financièrement modifiés que par l'accord des Lords et des Communes. C'est, en réalité, de la sorte que chez nous les choses se sont passées depuis 1875. Il ne serait pas inutile que cette coutume fût traduite en texte de loi dans la Constitution.

Il est une autre question sur laquelle les monarchistes constitutionnels eux-mêmes sont d'accord avec les républicains, je veux parler du rôle des deux Chambres dans la direction de la politique gouvernementale et dans le contrôle des actes ministériels. Combattant la proposition de faire élire les sénateurs par le suffrage universel, Jules Ferry disait, dans la séance du 6 décembre 1886 : « La Constitution fait du Sénat non pas une assemblée dirigeante, mais une assemblée de contrôle et de revision »; puis, précisant sa pensée, il ajoutait : « Qui est-ce qui désigne directement et surtout qui est-ce qui a le droit de renverser les ministères? C'est assurément la chambre issue du suffrage universel, la Chambre des Députés... Chez tous les peuples libres, dans toutes les constitutions parlementaires, le pouvoir de faire et de défaire

les ministères ne peut appartenir qu'à une seule
des deux Chambres. C'est un axiome de la théorie
et de la vérité politiques que celui-ci : on ne
peut pas remettre à deux assemblées le même
pouvoir sur le Cabinet, sur le gouvernement, sur
le pouvoir exécutif... Il n'est pas possible de
rendre un gouvernement, un Cabinet responsable
au même titre devant deux assemblées auxquelles
il devrait poser alternativement la question de confiance. C'est l'évidence même; autrement, comme
ces deux assemblées ne sauraient avoir nécessairement un tempérament identique, comme il existe
entre elles des divergences absolument inévitables
et conformes à la nature des choses, qu'arriverait-il?
Ou bien le pouvoir exécutif, le ministère responsable resterait immobile entre ces deux forces
divergentes, qui le solliciteraient constamment en
des sens opposés, ou bien, ce qui serait bien plus à
redouter, jouant alternativement de sa responsabilité devant l'une ou l'autre Chambre, il se créerait
à son profit, par un habile équilibre, une irresponsabilité de fait. »

Voici comment un monarchiste, M. Batbie, dans
son *Traité de droit public et administratif*, traite la
même question : « A la rigueur, les ministres
devraient, pour rester en fonction, être d'accord
avec les deux Chambres; car, surtout lorsqu'elles
sont électives, les deux assemblées représentent
légalement la volonté du pays. Ils devraient se

retirer devant un vote du Sénat, tout aussi bien que devant un vote des députés. Mais la pratique serait rendue bien difficile par une loi qui exigerait l'accord avec l'une et l'autre Chambre. Si les deux assemblées n'avaient pas les mêmes vues, il serait impossible de constituer un ministère viable. Aussi, est-il admis que la Chambre des Députés, expression directe du suffrage universel, plus souvent en contact avec les commettants par des élections plus fréquentes, avec renouvellement intégral, doit faire et défaire les ministères. »

On ne voit pas quelle objection le Sénat peut opposer aux républicains qui lui demandent de faire consacrer par la Constitution une doctrine admise par tous les parlementaires, par tous les théoriciens de la politique représentative, pratiquée dans tous les pays où il existe deux Chambres et fondée sur les principes démocratiques les moins contestables.

Si ces principes et les opinions concordantes de toutes les autorités obligent le Sénat à renoncer aux pouvoirs exorbitants que lui attribue la Constitution de 1875 au point de vue des lois de finance et du renversement des ministères, ne l'obligent-ils pas rationnellement à réformer la partie de ses pouvoirs relative aux lois ordinaires?

Le Sénat ne perdrait rien de son autorité morale et il verrait considérablement diminuer le nombre de ses ennemis, s'il consentait à ce que le dernier

mot, en matière de lois nouvelles, fût abandonné
à la Chambre des Députés ou, ce qui serait préférable, à la Souveraineté nationale.

Deux systèmes peuvent être appliqués. Dans le
premier, toute loi votée par la Chambre devrait
être discutée par le Sénat dans un délai déterminé;
si la haute assemblée l'adoptait sans modifications,
il deviendrait immédiatement exécutoire; si le
Sénat le modifiait ou le repoussait, il reviendrait à
la Chambre et, soit que celle-ci adoptât les modifications du Sénat, soit qu'elle les repoussât, la loi
deviendrait exécutoire telle qu'elle sortirait de la
nouvelle délibération des députés.

Ce système est celui qui sourit le plus aux partisans de la Chambre unique et à ceux du régime
représentatif absolu, tel qu'il a été institué par la
Constitution de 1875; ce n'est pas le plus conforme
aux principes démocratiques. Pour que ceux-ci
trouvent satisfaction, il faut que le dernier mot
soit dit, non par la Chambre des Députés, mais par
la Souveraineté nationale elle-même.

Dans ce but, on a proposé d'accorder au Sénat
un droit de véto qui serait suspensif jusqu'au renouvellement de la législature. Le projet de loi voté
par la Chambre, puis modifié ou repoussé par le
Sénat, serait discuté par le pays et jouerait, pense-
t-on, un rôle prépondérant dans les élections législatives suivantes. Je crains qu'on ne se trompe.
D'abord, il y aurait, au cours d'une législature,

plus d'un projet subissant le véto du Sénat et il serait possible que les électeurs fussent du même avis que la Chambre haute sur certains de ces projets, d'un avis différent sur d'autres; de quelle façon manifesteraient-ils ces diverses opinions en votant pour un même candidat? D'un autre côté, si l'on veut mettre quelque clarté dans les votes du suffrage universel, il faut ne point mélanger les questions de personnes aux problèmes politiques, sociaux ou économiques. Si l'on veut avoir l'avis des électeurs sur un projet de loi faisant litige entre le Sénat et la Chambre, c'est exclusivement sur ce projet qu'il faut les consulter et même sur le seul point litigieux. Alors seulement on aura une réponse claire, nette et de nature à terminer le débat, en donnant raison à l'une ou à l'autre Assemblée.

Afin de se conformer aux principes démocratiques, le mieux serait de donner le dernier mot à la Souveraineté nationale. Pour cela, en matière de lois sur lesquelles le Sénat et la Chambre ne sont pas d'accord, il n'y a pas d'autre moyen à employer que le référendum. La procédure serait simple : toute loi votée par la Chambre, soumise au Sénat et modifiée par lui, est renvoyée à la Chambre; si celle-ci admet les modifications proposées par le Sénat, la loi est immédiatement exécutoire; si la Chambre ne les admet pas, les électeurs sont appelés, dans un délai déterminé, trois mois

15.

par exemple, à se prononcer sur elles par oui et par non. Après ce référendum, la loi est exécutoire telle qu'elle en est sortie. Dans le conflit législatif entre les deux Chambres, ce serait, de la sorte, la Souveraineté nationale qui prononcerait en dernier ressort.

En résumé, au point de vue législatif, le Sénat apparaîtra comme véritablement utile et conforme aux principes démocratiques le jour ou l'on pourra voir en lui, non point la barrière contre le progrès que ses créateurs ont voulu en faire, mais le conseiller prudent, expérimenté, indépendant et libéral du suffrage universel.

Je ne doute pas qu'il ne se constitue, tôt ou tard, dans le Sénat lui-même, une majorité favorable à ces idées, car elles ont pour elles le bon sens, la vérité démocratique et l'intérêt bien compris des sénateurs.

En même temps que le Sénat serait érigé en conseiller du suffrage universel, il y aurait avantage pour le pays et pour la République à fortifier son rôle de gardien de la Constitution et à lui attribuer, sinon une part de l'autorité exécutive proprement dite, du moins un rôle dans le fonctionnement des organes multiples du pouvoir exécutif.

En tant que gardien de la Constitution, le Sénat jouit déjà de pouvoirs considérables : non seulement il prend part à l'élection du Président de la

République, mais encore, en vertu du droit qu'il a d'accorder ou de refuser au Chef de l'État la dissolution de la Chambre, il contre-balance dans une large mesure l'influence du Président; si celui-ci voulait dissoudre la Chambre et que le Sénat lui en refusât l'autorisation, le Président serait obligé de se retirer.

Le Sénat peut encore amener la démission du Président de la République en lui faisant signifier par le ministère qu'il n'a pas sa confiance, comme cela se produisit dans cette mémorable séance du 1er décembre 1887, où les deux Chambres, agissant de concert, arrachèrent à Jules Grévy sa démission.

L'accord absolu des deux Chambres, qui exista dans ce cas particulier, ne permettait pas au Président de la République de se soustraire à la démission qu'on exigeait de lui. En serait-il de même dans le cas où le Sénat seul manifesterait sa défiance au Président, tandis que la Chambre lui donnerait sa confiance? Comment une pareille situation pourrait-elle être dénouée?

Avec la Constitution de 1875, la réponse à ces questions ne présente aucune difficulté : le Sénat ayant le pouvoir, au même titre que la Chambre, de renverser les cabinets, il lui suffirait, pour amener la démission du Président, de refuser sa confiance à tous les ministères que celui-ci formerait. Le Président serait vite conduit à se démettre.

Si l'on enlève au Sénat, par la revision de ses pouvoirs, le droit de renverser les ministères, ne sera-t-il pas bon de lui restituer, sous une autre forme, le moyen de s'opposer aux tentatives de violation de la Constitution auxquelles pourrait se livrer un Président de la République d'accord avec la Chambre des Députés?

La Constitution de 1875 n'attribue qu'à la Chambre le droit de mettre en accusation les ministres et le Président de la République, en réservant au Sénat le rôle de Cour de justice. Ne serait-il pas possible d'accorder au Sénat le droit de mise en accusation, sauf à déterminer la Cour qui, dans ce cas spécial, serait chargée du jugement? On comblerait ainsi la lacune qui existerait dans la Constitution le jour où le Sénat serait formellement dépouillé du droit de renverser les ministères.

Il ne faut jamais perdre de vue que le rôle principal des constitutions, dans un régime démocratique, est de préserver la Souveraineté nationale contre tous les attentats dont elle peut être l'objet. Or toutes les sortes d'attentats sont possibles. Si l'on a vu, en 1799, Bonaparte s'appuyer sur la Chambre haute pour chasser la Chambre du suffrage universel et s'emparer du pouvoir, on a vu, par contre, un siècle plus tard, le général Boulanger tenter de s'appuyer sur la Chambre des Députés pour satisfaire les mêmes ambitions. Une constitution sage et prudente doit prévoir ces différentes façons de violer les libertés publiques et y faire face dans la mesure du possible.

En accordant au Sénat comme à la Chambre le droit de mettre en accusation les ministres et le Président de la République, on introduirait dans la Constitution une garantie de plus contre les attentats dont elle peut être l'objet, et l'on confirmerait la Chambre haute dans l'un des rôles qu'il est utile de lui attribuer : celui de gardienne des lois constitutionnelles.

Indépendamment des rôles de conseiller du pouvoir législatif et de gardien de la Constitution, les États-Unis ont accordé à leur Sénat celui d'auxiliaire du pouvoir exécutif. C'est un moyen indirect qu'ils ont employé pour remettre à la Souveraineté nationale une portion de la puissance exécutive.

Le Sénat des États-Unis collabore à la rédaction des traités avec les puissances étrangères et prend part à la nomination des hauts fonctionnaires.

Au sujet des traités, il est dit dans la section II de l'article II de la Constitution des États-Unis : « Il (le Président) aura le pouvoir, *avec l'avis du Sénat*, de faire des traités si les deux tiers des membres présents y donnent leur approbation. » En France, les traités sont conclus exclusivement par le Président et ses ministres et il n'en est donné connaissance aux Chambres qu'au moment où le Président le juge convenable. J'ai déjà mis en relief, dans le chapitre précédent, les inconvénients d'un pareil système. D'un autre côté, il n'y aurait pas moins d'inconvénients à faire intervenir le pouvoir législatif tout entier dans des matières extrêmement délicates et qui nécessitent autant de discrétion que de prudence. En donnant au gouvernement le Sénat pour auxiliaire, on diminuerait l'autorité du pouvoir exécutif dans un domaine où il est imprudent de la faire trop grande, et l'on rapprocherait cette autorité de la Souveraineté nationale.

Le Sénat des États-Unis donne encore « son avis et son consentement » pour la nomination des « ambassadeurs, officiers ministériels, juges à la Cour suprême, etc. »

Accorder à notre Sénat des pouvoirs analogues serait d'autant plus utile qu'aucun de nos fonctionnaires n'est soumis, comme il arrive dans la plupart des États de la Confédération américaine, à l'élection par le peuple.

La justice elle-même, malgré l'inamovibilité des magistrats, est, chez nous, entièrement aux mains du pouvoir exécutif et ne jouit d'aucune indépendance. Les constitutions de 1791, 1793 et 1795 attribuaient au peuple l'élection de tous les magistrats et faisaient de la justice un troisième pouvoir, indépendant de l'exécutif et du législatif. Plus tard, sous l'Empire, le pouvoir judiciaire a disparu : la magistrature est devenue, comme l'armée, comme l'administration, comme le clergé lui-même, un corps soumis entièrement au pouvoir exécutif. Il en est de même avec la Constitution de 1875.

L'un des articles essentiels de l'ancien programme du parti radical était l' « élection de la magistrature ». On la considérait comme un moyen de soustraire la justice à l'influence du gouvernement et du parlement. Il faut avouer que cette réforme n'a pas résisté aux discussions de la tribune; ce n'est plus guère que pour mémoire qu'elle figure dans les programmes électoraux.

En admettant que l'élection soit un moyen mauvais ou difficile à mettre en pratique, il n'en reste pas moins nécessaire de poursuivre le but en vue de quoi elle avait été imaginée. L'une des façons de l'atteindre ne consisterait-elle pas à confier au Sénat un rôle dans la nomination des magistrats les plus élevés et qui ont plus particulièrement charge de défendre l'indépendance et la dignité de la magistrature? Les États-Unis l'ont pensé; ils en ont introduit l'idée dans leur Constitution et l'expérience a démontré qu'ils avaient raison. Il n'y a pas au monde, sans contredit, de justice plus indépendante ni plus respectée que celle de la grande République américaine. Aux États-Unis, la Cour suprême juge les conflits entre la Confédération et les États particuliers. En France, elle servirait à défendre les libertés communales, départementales, régionales, contre le pouvoir central; elle

protégerait l'indépendance de la magistrature et
elle en ferait un troisième pouvoir dont la nécessité apparaît d'autant plus évidente que les partis
tendent davantage à se servir de la justice pour
démolir leurs adversaires en les déconsidérant.
N'a-t-on pas vu des ministres fermer ou rouvrir
des instructions judiciaires sous la seule pression
des passions politiques ou des caprices de l'opposition ?

L'indépendance de la magistrature à l'égard du
pouvoir exécutif serait acquise dans une large
mesure, le jour où les principaux magistrats, au
lieu d'être à la nomination exclusive du gouvernement, seraient nommés à vie, comme aux États-
Unis, soit par une Assemblée élue, soit sur sa proposition. Il serait dangereux de faire faire ces nomi-
tions ou propositions par la Chambre des Députés,
dont les passions reflètent trop directement celles de
l'opinion publique ; en les confiant au Sénat, qui
jouit d'une plus grande indépendance à l'égard du
corps électoral, qui en est plus éloigné et qui en
partage moins la versatilité, on éviterait à la fois
les vices que l'on a reprochés à l'élection directe
des magistrats par le peuple, et ceux qui résultent
de leur subordination au pouvoir exécutif.

A une Cour suprême formée de ces magistrats
tout à fait indépendants, on pourrait attribuer le
rôle actuel de la Cour de cassation, en lui donnant
une autorité assez grande pour qu'elle devînt la

protectrice de la magistrature tout entière et en lui attribuant le jugement des attentats dirigés contre les libertés publiques et la Constitution.

Le Sénat pourrait encore être revêtu des attributions qu'exercent aujourd'hui certains corps créés par l'Empire et devenus des oligarchies contraires aux principes démocratiques les plus essentiels : le Conseil d'État, le Conseil de l'Ordre de la Légion d'honneur, la Cour des comptes, etc. Leurs attributions pourraient être confiées au Sénat qui les exercerait soit directement, soit avec l'assistance d'un personnel technique spécial. La Souveraineté nationale serait par là introduite dans des corps qui ont été créés contre elle.

En résumé, pour transformer le Sénat en une assemblée démocratique utile et bientôt populaire, dans le sens élevé de ce mot, il faut en faire le conseiller de la Chambre des Députés, l'auxiliaire du pouvoir exécutif et le gardien, aussi puissant que possible, de la Constitution.

La diminution des pouvoirs législatifs du Sénat ayant pour conséquence naturelle une augmentation corrélative de ceux de la Chambre, le mode d'élection et la durée du mandat des députés prennent une importance nouvelle et la nécessité s'impose de les examiner avec la préoccupation de les organiser dans le sens d'un contrôle plus efficace exercé par le corps électoral sur ses représentants.

La durée du mandat des députés est, à ce point

de vue, particulièrement intéressante. La constitution de 1791 le limitait à deux années, celle de 1793, qui ne fut pas appliquée, à un an seulement; la constitution de 1848 l'avait fixée à trois ans; celle de 1875 l'a portée à quatre ans. Toutes ces constitutions prescrivent le renouvellement intégral de l'Assemblée parvenue au terme de son mandat.

Les constituants de 1791 et 1793, très imbus des principes, alors si nouveaux en France, de la Souveraineté nationale, avaient réduit à une et à deux années la durée du mandat législatif afin de maintenir les députés sous la dépendance du peuple. L'idée était excellente, mais elle offre de grandes difficultés pratiques. Sans parler des dépenses que des élections trop fréquentes occasionneraient aux candidats, même dans le cas où des mesures seraient prises pour les réduire, le renouvellement intégral de la Chambre des Députés tous les ans ou tous les deux ans, aurait pour conséquence d'introduire dans les pouvoirs publics, une instabilité plus grande encore que celle dont le pays se plaint, et de provoquer des agitations d'autant plus nuisibles qu'elles seraient plus fréquentes. Ces considérations ont pénétré, sans doute, jusque dans les masses les plus profondes du suffrage universel, car la question de la durée du mandat des députés n'est l'objet d'aucune discussion.

S'il paraît impossible ou difficile de réduire à moins de quatre années la durée du mandat légis-

latif des députés, ne serait-il pas possible de
donner au corps électoral le moyen de mettre fin
à l'existence de la Chambre avant le terme légal
de son mandat, ou de contraindre chaque député
à se représenter devant le corps électoral à un
moment quelconque de la législature?

La seconde de ces mesures a été préconisée et
même mise en pratique dans notre pays sous la
forme du mandat impératif et révocable. On a vu
des députés signer leur démission en blanc et la
remettre à leurs comités électoraux, avec le droit
pour ces derniers de la faire parvenir au Président
de la Chambre, le jour où ils estimeraient que leur
mandataire serait infidèle à ses engagements. Ce
moyen est aussi peu efficace que contraire à la
dignité des députés. La loi n'admet pas le mandat
impératif et considère, par conséquent, comme
nulle, de plein droit, la démission remise d'avance
par un candidat à son comité électoral. Quant au
député qui signe un pareil document, il fait abandon de toute dignité personnelle, et il substitue,
contrairement à l'esprit et à la lettre de la loi constitutionnelle, une poignée d'électeurs à la masse
entière du corps électoral. Il n'est donc pas éton-
nant que le mandat impératif n'ait pas pu s'introduire dans les mœurs du suffrage universel.

Quelques personnes pensent que pour placer le
député sous la dépendance de ses électeurs, il faudrait transformer en mandat révocable le mandat

actuellement imprescriptible pendant quatre années que la Constitution de 1875 a institué. Dans ce système, il suffirait que la majorité des électeurs inscrits d'un arrondissement manifestât par un vote son désaccord avec le député de l'arrondissement, pour que celui-ci fût obligé de se représenter devant le corps électoral. Les députés seraient de la sorte étroitement liés à leurs mandants; ils ne pourraient violer aucun article de leur programme sans s'exposer à une manifestation hostile et sans risquer de perdre leur mandat. Il en résulterait une communion plus étroite d'idées entre les électeurs et les élus, la nécessité de relations incessantes et une éducation du corps électoral qui, avec le système actuel, est à peu près impossible. Théoriquement, le système du mandat révocable présente donc des avantages indéniables, mais il est tellement en dehors de nos mœurs qu'il ne serait guère possible d'en parler avec quelque chance d'être écouté. Aussi ses partisans sont-ils très peu nombreux.

La Constitution suisse s'est efforcée d'atteindre le même but par un autre moyen, également étranger à nos idées, et qu'il ne serait pas moins difficile d'introduire dans nos lois, mais qui ne saurait être passé ici sous silence. Si un nombre déterminé de citoyens le demandent, le pouvoir exécutif est tenu de faire appel au peuple par voie de référendum, pour savoir s'il veut que la Chambre soit maintenue jusqu'au terme légal de son mandat ou qu'il soit procédé à sa dissolution. Si le référendum populaire se prononce pour la dissolution, il y est immédiatement procédé.

Il n'est pas douteux que ces diverses mesures sont conformes aux principes démocratiques; il est possible que nous soyons obligés d'y recourir pour mettre un terme aux fantaisies de notre Chambre des Députés, mais ce serait perdre du temps que de les discuter ici, car elles sont tout à fait en dehors des préoccupations actuelles des républicains de notre pays.

La question la plus agitée, en ce moment, parmi les députés et les électeurs, est celle du renouvellement partiel de la Chambre, soit par moitié, soit par tiers, tous les deux ans, ce qui élèverait, dans le second cas, à six années la durée totale du mandat législatif. Cette dernière combinaison serait assez du goût des représentants, malgré la perte de deux années de mandat qu'aurait à subir le premier tiers renouvelable. On a fait valoir en sa faveur que les travaux législatifs y trouveraient une plus grande stabilité, une véritable pérennité même, puisque les projets et propositions de loi, au lieu de tomber en annulation à la fin de chaque législature, ainsi qu'il arrive aujourd'hui, resteraient en permanence sur le chantier législatif. On ajoute qu'il en résulterait plus de continuité dans la politique suivie par la Chambre, puisque,

16.

même dans le cas de revirements brusques de l'opinion publique, le tiers seulement des députés en serait affecté. En attendant un nouveau renouvellement partiel, l'opinion publique retrouverait son sang-froid; cependant, le suffrage universel aurait le moyen de faire connaître ses volontés à l'occasion de chaque renouvellement partiel et l'expression de ses désirs aurait d'autant plus de poids qu'elle se reproduirait successivement dans deux ou trois de ces circonstances. L'esprit de la Chambre pourrait donc être modifié dans la direction indiquée par la Souveraineté nationale, sans qu'il y eût à redouter aucun bouleversement.

Ces arguments sont de nature à impressionner tous les amis de l'ordre, tous les adversaires des révolutions et des secousses politiques. Ils seraient irréfutables, si les pouvoirs, aujourd'hui presque absolus de la Chambre, étaient tempérés par une large décentralisation et par une clause constitutionnelle mettant à l'abri des atteintes du pouvoir législatif les libertés primordiales de l'homme et du citoyen.

Dans les conditions actuelles, le renouvellement de la Chambre par tiers, tous les deux ans, n'aurait d'autre résultat que d'accroître son omnipotence, en mettant chaque député, pendant une période plus longue, à l'abri de l'influence des électeurs; il en résulterait un nouvel affaiblissement de la Souveraineté nationale, alors que tout nous convie à la renforcer.

Une autre question a été posée à propos de la Chambre : celle de son mode d'élection. Faut-il maintenir le scrutin d'arrondissement? Est-il préférable de revenir au scrutin de liste par département?

Les défauts du scrutin d'arrondissement ont été signalés avec détails dans un chapitre précédent. Je me borne à les rappeler : prédominance des intérêts particuliers de l'arrondissement et des électeurs influents sur les intérêts généraux du pays; corruption relativement facile des électeurs par le député et du député par le gouvernement; intervention d'autant moins évitable du député dans la nomination, l'avancement, etc., des fonctionnaires et dans les actes de l'administration, qu'il peut connaître tous les employés de sa circonscription et savoir exactement quelle est leur attitude à son égard; abaissement du niveau intellectuel de la Chambre; enfin, et comme conséquence de tout ce qui précède, instabilité gouvernementale occasionnée par l'intervention des intérêts électoraux les plus mesquins dans tous les votes parlementaires.

En voilà, sans contredit, plus qu'il ne faut pour faire condamner le scrutin d'arrondissement, au nom d'une expérience qui date de vingt ans; mais le scrutin de liste est-il susceptible de remédier à tous ces inconvénients? La question a été fort controversée.

Il n'est pas permis de douter que par ses bases plus larges et par le nombre beaucoup plus considérable d'électeurs qu'il appelle à se prononcer simultanément pour ou contre chaque candidat, le scrutin de liste serait de nature à rendre aux élections législatives le caractère politique et d'intérêt général que le scrutin d'arrondissement leur a fait perdre. Il en résulterait nécessairement une atténuation de tous les autres vices du régime parlementaire.

Lorsque les électeurs de tout un département auraient à se prononcer entre plusieurs listes de candidats, ils ne pourraient faire autrement que de tenir compte des programmes politiques, économiques et sociaux appuyés par ces listes. Trop nombreux pour imposer, chacun, aux divers candidats, le mandat de soutenir leurs intérêts particuliers, les électeurs ont eux-mêmes des intérêts trop contradictoires pour que les candidats puissent s'engager à les soutenir tous. Le scrutin de liste fait donc surgir un double obstacle à la prédominance des intérêts particuliers sur les intérêts généraux : l'un résultant de l'impossibilité où sont des centaines de milliers d'électeurs d'imposer leurs intérêts personnels à quatre, cinq, dix, quinze, vingt, trente candidats qui figurent sur une même liste; l'autre consistant dans la nécessité où sont les candidats d'écarter tous les intérêts particuliers, sous peine de mécontenter les uns en essayant de satisfaire les autres.

Malgré ces avantages incontestables, il ne paraît pas probable que l'on puisse obtenir le rétablissement du scrutin de liste, car divers intérêts personnels lui sont opposés et lui créent des ennemis aussi bien parmi les électeurs que parmi les députés.

Les électeurs notables des arrondissements ont une répugnance marquée pour le scrutin de liste. Ils savent qu'ils y perdraient une partie considérable de leur influence. On a vu même, en 1885, lors du rétablissement de ce scrutin, les comités exiger l'inscription sur les listes d'un candidat pour chaque arrondissement. On constate le même fait dans certains départements, lors des élections sénatoriales : chaque circonscription veut avoir *son* sénateur, comme elle a *son* député. Le nombre des sénateurs étant toujours inférieur à celui des députés et la prétention des arrondissements ne pouvant pas être satisfaite, on voit les diverses régions d'un même département se grouper plus volontiers autour de tel sénateur que de tel autre et, dans les congrès électoraux, exiger que la liste commune contienne un sénateur plus particulièrement attribué à chaque région.

Nous trouvons ici l'esprit que nous aurons à signaler à propos de la décentralisation : de même que chaque contribuable veut avoir tous les services publics sous la main, de même chaque électeur veut avoir en face de soi non point une collectivité plus ou moins nombreuse de députés qui lui échapperaient, mais un seul représentant bien déterminé, bien connu, ne pouvant ni se dissimuler derrière des collègues ni échapper à *son* électeur.

Le rétablissement du scrutin de liste rencontre aussi comme adversaires un grand nombre de députés. Les uns, s'ils n'avouent pas leur insuffisance, s'en rendent assez bien compte, en leur for intérieur, pour ne pas désirer qu'on élargisse les bases du corps électoral. Ils savent que grâce aux mille petits services rendus à leurs électeurs, ils ont, avec le scrutin d'arrondissement, des chances d'être réélus, tandis qu'ils seraient exposés à un échec, si tous les inscrits du département avaient à se prononcer sur leur nom. Combien, en effet, y a-t-il de députés dont la réputation n'a pas franchi, après des années de représentation, l'ombre des clochers de leur arrondissement? Tous ceux-là sont naturellement des ennemis du scrutin de liste. Celui-ci compte également des adversaires parmi les députés d'une valeur et d'une notoriété suffisantes, mais qui retirent du scrutin d'arrondissement des avantages personnels ou politiques. Ceux-là ont inculqué leurs idées aux électeurs de la circonscription qu'ils représentent et ils ont acquis une autorité incontestée à la Chambre et dans les ministères. Tout ce qu'ils proposent à la première et tout ce qu'ils demandent aux seconds est accordé pour ainsi dire d'avance. Pour ceux-là, le scrutin de liste serait une sorte de révolution de palais : en modifiant leur situation par rapport au corps électoral, il risquerait de compromettre leur autorité dans la Chambre et auprès des ministres. Quelques-uns même n'auraient pas la certitude d'être réélus, car dans certains départements, là surtout où existent des grandes villes, le scrutin de liste modifierait d'une manière notable l'esprit des élections. Tel des vingt-deux députés du Nord, par exemple, est absolument certain d'être indéfiniment réélu par l'arrondissement où il a fait son nid, tandis qu'il échouerait dans un scrutin qui amènerait les vingt-deux circonscriptions du département à se prononcer sur son nom; sa notoriété politique, dans ce cas, au lieu de servir à sa réélection, risquerait de la compromettre.

Dans les milieux politiques modérés, on repousse le scrutin de liste parce qu'on craint qu'il ne soit plus favorable aux programmes et aux candidats radicaux et socialistes qu'aux idées conservatrices. Ou je me trompe fort, ou ceux qui pensent de la sorte sont dans l'erreur. Il me paraît impossible de contester que la grande masse du suffrage universel soit plus favorable aux idées de propriété, d'ordre, de tranquillité, de liberté politique et religieuse qu'aux programmes jacobins, révolutionnaires et collectivistes. Le suffrage universel envisagé dans son ensemble est démocrate, mais il est ami de la paix, de l'ordre, de l'autorité dans le gouvernement et de la liberté dans les lois; or, avec le scrutin de liste c'est la masse qui l'emporte sur les groupes particuliers. Les circonscriptions qui élisent des collectivistes et des révolutionnaires sont presque toutes des circonscriptions urbaines qui seraient noyées dans les circonscriptions rurales des mêmes départements par le scrutin de liste. Celui-ci serait favorable à la démocratie, mais à la démocratie raisonnable. C'est pour cela que les représentants des bourgs pourris et les partisans du régime oligarchique n'en veulent pas; c'est pour cela aussi que tous les républicains sincèrement démocrates devraient le réclamer.

Certaines personnes encore sont hostiles au scrutin de liste parce qu'elles redoutent l'influence qu'en pourraient tirer les comités électoraux. Elles craignent que la direction politique ne tombe, dans chaque département, aux mains d'une poignée de politiciens ou de quelques journaux qui se substitueraient aux électeurs et tiendraient les députés sous leur domination. Le suffrage universel et la représentation nationale en seraient, dit-on, viciés et l'administration, qui est maintenant trop soumise aux députés, le serait, avec le scrutin de liste, à des comités dont l'influence offrirait des dangers plus grands.

Sans contester la valeur de cette objection, la seule qui soit tirée des intérêts généraux du pays et qui ait une valeur réelle, il importe de la comparer avec celles que l'on oppose au scrutin d'arrondissement, afin de choisir des deux maux le moindre. Or, le pire de tous les maux, dans un régime démocratique, c'est la substitution des intérêts particuliers aux intérêts généraux, car de celui-là découlent tous les autres, notamment l'anarchie gouvernementale, qui est en train de rendre la République impopulaire et la conduirait à la ruine s'il n'y était point porté remède.

Certes, le scrutin de liste est loin d'être la panacée que voudraient en faire quelques-uns de ses partisans; il ne supprimerait ni les passions humaines ni les défauts de la Constitution et du parlementarisme, mais il suffit qu'il puisse en atténuer les effets pour qu'on se déclare en sa faveur, sauf à rechercher ensuite les moyens de rendre plus effective et plus directe l'action de la Souveraineté nationale dans la conduite des affaires publiques.

Pour en finir avec les questions relatives à l'élection des membres de la Chambre des Députés, je dois parler de la manière dont le suffrage universel est appliqué.

Le système employé en France est celui que ses adversaires ont qualifié avec quelque mépris de « majoritard ». On compte les voix obtenues par chaque candidat, dans une élection quelconque, et

l'on proclame élu celui qui en a obtenu le plus
grand nombre. Pour que l'élection puisse avoir
lieu au premier tour de scrutin, il faut que le candidat réunisse le quart plus une des voix des électeurs inscrits et la moitié plus un des suffrages
exprimés. Si aucun candidat ne réalise ces conditions, il est procédé à un second tour de scrutin.
Dans celui-ci, le candidat qui réunit le plus de voix
est proclamé élu, quels que soient le nombre des
suffrages exprimés et celui des bulletins à son nom.

On a vu des candidats être élus par un dixième à
peine des électeurs inscrits. Dans la grande majorité des élections législatives, il est rare que les
élus réunissent plus du tiers des voix des inscrits.
Dans les élections législatives de 1893, les députés
n'ont réuni, tous ensemble, que quatre millions et
demi de suffrages, sur dix millions d'électeurs inscrits, en sorte que la Chambre de 1893 ne représente pas la moitié du corps électoral.

Dans le but de remédier à l'indifférence et à
l'abstention des électeurs on a proposé, entre autres
moyens, le « vote obligatoire » et la « représentation des minorités ».

Certaines personnes voudraient que la loi punît
d'une amende ou de la privation momentanée du
droit de vote les citoyens qui négligeraient de remplir leur devoir électoral. Elles pensent que si les
électeurs étaient contraints d'aller aux urnes et
d'y déposer un bulletin, ils seraient amenés presque

fatalement à étudier de plus près les programmes des candidats; l'indifférence disparaîtrait; les élections gagneraient en clarté et les élus auraient une plus grande autorité.

A cela on répond qu'imposer aux citoyens une pareille obligation serait attenter à la liberté individuelle, sans profit, car les abstentionnistes se vengeraient de la loi en ne déposant dans l'urne que des bulletins blancs. D'autres font valoir que la majorité des indifférents et des abstentionnistes étant formée des adversaires de la République, ses amis n'ont aucun intérêt à les contraindre de voter. Cette raison pourrait bien être celle qui agit le plus efficacement pour faire condamner le « vote obligatoire », par la majorité républicaine du corps législatif.

On peut invoquer, non sans raison, contre le « vote obligatoire » l'impossibilité à peu près absolue de l'appliquer. Il faudrait tenir compte des empêchements, tels que l'absence et la maladie, et l'on ouvrirait la porte à des abus contre lesquels la loi serait impuissante. D'un autre côté, si le nombre des abstentionnistes était peu considérable, il serait possible de les faire juger, afin d'apprécier les motifs de l'abstention; mais s'ils se comptent par milliers dans chaque circonscription et dans chaque vote, quel est le tribunal qui aura le temps d'étudier chaque cas? Voit-on les dix ou douze mille abstentionnistes de chacune de nos circonscriptions poursuivis et jugés? Les tribunaux n'auraient plus d'autre besogne et ils n'y suffiraient pas. Il n'y a que dans les périodes révolutionnaires les plus aiguës que des mesures de cet ordre peuvent être prises et encore nous savons qu'elles sont impuissantes. La Convention elle-même y aurait échoué.

Alors même que le vote obligatoire aurait théoriquement toutes les vertus, on serait donc obligé d'y renoncer, parce qu'il serait mort-né.

Quant à la « représentation des minorités » le nombre de ses partisans paraît être en voie d'accroissement. Ils font valoir le caractère presque inique du système qui consiste à ne faire entrer dans les assemblées législatives, départementales, communales, etc., que les délégués de la majorité des électeurs. Avec ce système, disent-ils, il arrive souvent que les minorités ne sont pas représentées et ne peuvent ni faire entendre leurs revendications, ni contrôler les actes de la majorité qui, étant libre de tout faire, n'agit que pour la satisfaction des intérêts de ses seuls électeurs.

Ce reproche s'applique assez justement aux conseils municipaux, dont l'élection a lieu au scrutin de liste. Il n'est point rare que la majorité d'une commune refuse à la minorité la moindre place sur la liste qu'on suppose devoir sortir triomphante des urnes. Quand ce sont des majorités républicaines qui éliminent les monarchistes on ne saurait s'en étonner, car ils défendent la République contre ses ennemis, mais souvent aussi on voit des majorités de républicains modérés, radicaux ou socialistes refuser toute place à d'autres républicains de nuances différentes. Dans certaines communes, le conseil municipal, est tout entier modéré; dans d'autres il est exclusivement radical ou socialiste, etc. Dans ces cas, en raison des abtentionnistes, il est rare que l'assemblée communale représente plus du tiers des électeurs inscrits. Il est évident qu'elle ne jouit alors que d'une autorité purement fictive et que le principe de la Souveraineté nationale est foulé aux pieds.

Les mêmes critiques peuvent être adressées avec plus de justesse encore, au scrutin de liste employé pour la nomination des sénateurs.

Les scrutins uninominaux appliqués à l'élection des Conseils d'arrondissement, des Conseils généraux et de la Chambre des Députés, échappent à ces critiques dans une très large mesure, car il est rare que les diverses circonscriptions d'un même département choisissent leurs représentants dans un seul parti ou groupe politique. Cependant, certains conseils généraux ou d'arrondissement sont composés exclusivement de républicains, tandis que d'autres ne contiennent que des monarchistes; parfois, c'est une seule fraction du parti républicain qui s'y trouve représentée. Dans ces cas, comme dans ceux analysés plus haut, les pouvoirs sont réunis dans les mains d'une minorité devant laquelle les diverses fractions de la véritable majorité sont obligées de s'incliner.

La plupart des commissions parlementaires de la Chambre et du Sénat prêtent aux mêmes critiques, car elles ne sont ordinairement formées que des membres d'un seul groupe de la Chambre ou du Sénat.

Le scrutin d'arrondissement permet l'introduction dans la Chambre des Députés de représentants du suffrage universel appartenant à toutes les opinions; mais les partisans de la représentation des minorités font remarquer, non sans raison, que le nombre des députés appartenant aux divers partis est loin d'être proportionnel à l'importance de ces partis dans la nation, et ils demandent que l'on adopte un mode de scrutin permettant à chaque opinion d'être représentée proportionnellement au nombre des électeurs qui la professent.

Il est impossible de méconnaître la justesse de ces revendications. La manière dont nous appliquons le suffrage universel conduit fatalement à l'oppression des minorités, toutes les fois que les majorités triomphantes ne sont pas imbues d'un grand esprit de tolérance, ce qui est habituel dans notre pays, où le césarisme romain, l'autocratie monarchique et l'absolutisme catholique ont enfoncé si profondément leurs racines. Y a-t-il beaucoup de Français, surtout parmi ceux qui font de la politique, dont on puisse dire qu'étant au pouvoir ils ont le souci des droits de leurs adversaires? Connaissez-vous beaucoup de catholiques disposés à respecter les manifestations publiques de la libre pensée? Connaissez-vous davantage de libres penseurs qui soient prêts à tolérer les mêmes manifestations de la part des catholiques? Et n'est-il pas évident que le « système majoritard » est éminemment propre à favoriser l'intolérance des uns et des autres?

Avec un système électoral qui permettrait à tous les partis d'être représentés, dans les diverses assemblées électives du pays, par un nombre de délégués proportionnel au chiffre des membres de chaque parti, les minorités pourraient, sinon se défendre d'une manière absolue contre les abus de pouvoir des majorités, du moins surveiller les actes de ces dernières, les contrôler et les signaler en connaissance de cause à l'opinion publique.

Comme, même avec les systèmes les plus propres à assurer la représentation des minorités, il est impossible de prendre, dans les assemblées, des décisions, autrement qu'à la majorité, les partisans du système actuel peuvent prétendre, non sans raison, qu'avec la représentation proportionnelle, ce serait toujours au parti détenteur de la majorité que le dernier mot appartiendrait. Toutefois, il suffit d'avoir fait partie d'une assemblée quelconque pour savoir combien différentes sont les décisions prises par les majorités, selon qu'il existe une minorité ou qu'il n'en existe pas, selon que la minorité fait entendre sa voix ou se tait, suivant l'habileté ou l'inhabileté qu'elle déploie dans les discussions et dans la préparation du scrutin. Il n'est donc pas douteux que le système de la « représentation proportionnelle » serait plus conforme que le « système majoritard » aux principes de la Souveraineté nationale.

Si j'ajoute que le premier de ces systèmes entraîne avec lui le scrutin de liste, je suis fatalement conduit à le faire figurer parmi les moyens qu'il convient d'employer pour faciliter la pénétration de l'influence du corps électoral dans les assemblées législatives.

Scrutin de liste et représentation des minorités ne sont toutefois que des moyens secondaires et très insuffisants pour assurer à la Souveraineté nationale le rôle direct qui lui doit revenir dans une République organisée conformément aux principes démocratiques. Ils doivent être complétés par d'autres moyens plus efficaces et qui feront l'objet du prochain chapitre.

Par les réformes que je viens d'exposer, les deux assemblées qui composent le corps législatif verraient s'accroître considérablement leur autorité.

La Chambre des Députés ne serait plus entravée dans son œuvre législative par le Sénat, puisque celui-ci n'aurait qu'un droit de remontrance, et toute chance de conflit entre les deux Chambres serait supprimée, puisque leurs pouvoirs deviendraient distincts.

D'un autre côté, l'autorité de la représentation nationale serait augmentée dans une direction nouvelle, non prévue par la Constitution de 1875, puisque le Sénat prendrait une part notable à l'exercice du pouvoir exécutif et deviendrait beaucoup plus puissant contre les ambitions possibles de tous les autres pouvoirs.

Le troisième pouvoir institué par toutes les constitutions républicaines, soit à l'étranger, soit en France pendant la période révolutionnaire, c'est-à-dire le pouvoir judiciaire, prendrait naissance dans notre régime, grâce à l'intervention du Sénat dans la nomination des hauts magistrats et dans la formation d'une Cour suprême.

Enfin, l'établissement d'un équilibre plus parfait entre les divers éléments des pouvoirs publics rendrait aussi difficile que possible toute violation des lois constitutionnelles par l'un quelconque de ces pouvoirs.

Il nous reste maintenant à étudier les moyens les plus propres à accroître l'importance de l'action directe de la Souveraineté nationale dans le nouvel organisme constitutionnel qui sortirait de ces réformes.

CHAPITRE VII

Des moyens de rendre l'exercice de la Souveraineté nationale plus direct et plus effectif.

les responsabilités des autorités locales. — Impossibilité de supprimer les départements et les communes. — Les citoyens veulent de plus en plus avoir tous les services publics à leur portée. — Syndicats de communes conduisant à la formation de districts. — Syndicats de départements conduisant à la création de provinces ou régions. — Avantages de la décentralisation : économie et meilleure répartition des deniers publics; possibilité de créer des établissements locaux d'assistance publique, d'enseignement professionnel et d'exécuter des travaux d'utilité locale, chemins de fer, canaux, etc. — La décentralisation et la réforme des impôts. — La théorie de Léon Say : impôts directs, régionaux; impôts indirects, nationaux. — Décentralisation et référendum communal, départemental, régional. — Référendum appliqué aux lois. — Plébiscite et référendum; vote pour les personnes et votes sur des questions précises. — Décentralisation et référendum appliqués conformément à la méthode expérimentale.

§ I. — LIMITATION DE L'AUTORITÉ DES POUVOIRS PUBLICS

Quelles que soient les précautions prises pour empêcher les pouvoirs publics d'empiéter sur les droits de la Souveraineté nationale, celle-ci ne peut être efficacement sauvegardée que par une limitation très rigoureuse de l'autorité accordée à ses délégués.

En premier lieu, il importe de déterminer constitutionnellement les droits et les libertés qu'il est interdit au législateur de restreindre.

C'est ce qu'avaient tenté de faire les « Déclarations des Droits » qui figurent en tête des constitutions de 1791, 1793 et 1795. Formulées à une époque où la révolution française se préoccupait avant tout de protéger les droits individuels des citoyens, elles ont pour objet d'affirmer ces droits, mais elles ne précisent pas suffisamment les limites dans lesquelles le pouvoir législatif et le pouvoir exécutif doivent se renfermer. C'est cela qu'il faudrait faire dans une loi constitutionnelle ayant pour base le principe de la Souveraineté nationale et se proposant d'assurer l'exercice direct de cette souveraineté. Il ne suffirait pas, dans une telle constitution, d'affirmer les droits individuels de propriété, de religion, d'association, de réunion, d'expression de la pensée humaine par la parole ou par la plume et d'enseignement; il faudrait encore préciser dans quelle mesure l'exercice de ces libertés peut être réglé par les pouvoirs législatif et exécutif.

La pensée qui domine toutes les lois faites, depuis cent ans, sur ces matières est que leur nature est assez spéciale pour qu'on doive les soumettre à des règles également spéciales.

Tout citoyen peut se livrer, dans la presse, à toutes les injures et à toutes les calomnies à l'égard d'un fonctionnaire, d'un ministre, d'un représentant électif du pays, sans courir d'autre risque que celui d'être poursuivi pour « délit de presse », c'est-à-dire pour un délit qui est soustrait aux tribunaux ordinaires et soumis au jury, c'est-à-dire à un tribunal d'opinion, jugeant plutôt avec des passions et des préjugés que conformément aux principes du droit commun et acquittant presque toujours les calomniateurs. Créer des « délits de presse », c'est faire des journalistes une classe particulière dans la nation, une sorte d'aristocratie jouissant de droits et de privilèges que leurs concitoyens ne connaissent pas. Dans un régime véritablement démocratique, de pareilles catégories de citoyens ne sauraient exister.

La Constitution d'une démocratie doit, dans son titre premier, affirmer la liberté pour tout homme de dire et d'écrire ce qu'il pense, où, quand et comme il lui convient, mais *dans les conditions du droit commun*, c'est-à-dire sous peine d'avoir à rendre compte devant les tribunaux ordinaires du préjudice occasionné par ses paroles ou ses écrits. Non seulement il n'est pas besoin pour cela de faire des lois spéciales, mais encore la constitution doit interdire de légiférer sur cette matière. La calomnie et la diffamation, la médisance, l'injure, le chantage s'étaleraient avec moins de cynisme dans les journaux, s'il n'y avait pas de lois spéciales sur la presse.

Ces considérations s'appliquent aussi bien au droit de réunion qu'à la liberté de la presse. La Constitution doit garantir à tous les citoyens le droit de se réunir pour discuter leurs idées et leurs intérêts, sans autre restriction que celle de ne pas attenter à la liberté et aux droits individuels de leurs semblables.

Ceci me conduit à parler de l'immunité dont

18

jouissent. en vertu de la Constitution de 1875 et
de la loi sur la presse, les députés et sénateurs
pour les discours prononcés dans le Parlement et
les rapports rédigés au nom des Chambres ou de
leurs commissions.

L'article 13 de la loi constitutionnelle du 16 juillet
1875 est ainsi conçu : « Aucun membre de l'une
ou l'autre Chambre ne peut être poursuivi ou
recherché à l'occasion des opinions ou votes émis
par lui dans l'exercice de ses fonctions. » D'un
autre côté, l'article 41 de la loi du 29 juillet 1881
sur la presse décide : « Ne donneront ouverture
à aucune action les discours tenus dans le sein de
l'une des deux Chambres, ainsi que les rapports ou
toutes autres pièces imprimées par ordre de l'une
des deux Chambres. Ne donnera lieu à aucune
action le compte rendu des séances publiques des
deux Chambres fait de bonne foi dans les journaux. »

La pensée qui a inspiré ces prescriptions législatives est libérale et digne d'approbation. Le législateur a voulu que les députés et les sénateurs ne
fussent pas limités dans le droit que leur donne
la Constitution de contrôler et de critiquer le gouvernement, de signaler les abus commis par les
administrations publiques, d'attirer l'attention des
pouvoirs publics et du pays sur les actes par lesquels des ministres, des fonctionnaires, des particuliers même compromettraient, à un titre quel-

conque, les intérêts de la France ou de la République, de porter à la connaissance du public tous les faits qui sont de nature à l'intéresser et à provoquer soit l'intervention de l'opinion, soit celle du gouvernement et des Chambres.

A ce droit aucune objection ne peut être faite, mais son usage a donné lieu à des interprétations juridiques et à des faits dont il est impossible que les citoyens ne se plaignent pas. La jurisprudence adoptée par la Cour de cassation refuse aux personnes citées dans un discours ou dans un document parlementaire reproduit par les journaux le droit d'exiger la publication d'une réponse. Un député ou un sénateur vous a attaqué, diffamé, calomnié, dans un discours prononcé à la tribune de la Chambre ou du Sénat, ou dans un rapport publié au nom de l'une ou l'autre Assemblée, la presse a reproduit ce discours ou ce rapport, vous désirez répondre aux attaques dont vous avez été l'objet, vous ne le pourrez que si les journaux veulent bien y consentir. Comme, d'autre part, la Chambre n'est nullement obligée de recevoir votre protestation, comme vous n'avez aucun moyen de la contraindre de donner à votre réponse la publicité qu'elle assure à l'attaque, il peut se trouver que vous soyez condamné à rester, malgré vous, sous le coup de la médisance, de la calomnie ou de la diffamation dont vous avez été l'objet et qui aura été colportée par le *Journal officiel* et par la

presse dans tous les coins du pays. En admettant
même que vous répondiez, dans un ou plusieurs
journaux, aux diffamations dont vous avez été
l'objet, ces réponses seront éphémères, et connues
seulement des lecteurs des journaux qui les auront
publiées, tandis que l'attaque a été colportée par
l'*Officiel* et par les compte rendus des Chambres
dans toutes les parties du pays: les journaux, en
outre, passent sans presque laisser de traces,
tandis que le *Journal officiel* est conservé dans une
foule de bibliothèques publiques et administratives.
L'attaque est donc toute-puissante, tandis que la
défense est à peu près impuissante.

N'est-il pas évident qu'en dépit de la pensée libérale qui les a inspirées, les lois d'où peuvent sortir
de pareilles conséquences sont des lois mauvaises
et qu'il faut réformer, sinon pour limiter les
droits parlementaires, du moins pour protéger les
citoyens contre l'abus qui peut être fait et qui est
souvent fait de ces droits?

L'immunité parlementaire des députés et des
sénateurs ne serait nullement compromise et leur
indépendance ne subirait aucune atteinte, si la loi
leur interdisait de mettre en cause, dans les discours et les rapports officiels, les personnes qui,
étant étrangères au Parlement, ne peuvent se
défendre avec des armes égales à celles dont l'attaque dispose; ou bien, si, le droit de mettre en
cause les personnes étant maintenu, les députés

qui s'y risqueraient étaient exposés à des poursuites pour diffamation ou calomnie.

Si l'on ne veut pas toucher aux lois, du moins est-il facile de modifier les règlements particuliers des Chambres. Il est évident que si les présidents du Sénat et de la Chambre des Députés laissent porter à la tribune ou insérer dans des rapports officiels des accusations et des insinuations plus ou moins malveillantes contre des personnes étrangères au Parlement, c'est qu'ils ne se croient pas l'autorité nécessaire pour y mettre empêchement. Eh bien! cette autorité, il est indispensable qu'on la leur donne, soit en modifiant l'article 13 de la loi constitutionnelle du 16 juillet 1875, soit en introduisant dans les règlements particuliers des Chambres les dispositions qui y font défaut.

Que députés et sénateurs se diffament entre eux, s'injurient, se calomnient à la tribune de leurs assemblées respectives, c'est leur affaire. Les amis de la République et tous ceux qui ont le souci du bon renom de la France le déplorent et souhaiteraient voir des mœurs plus dignes de la représentation nationale régner dans nos Assemblées, mais comme la défense et l'attaque se produisent dans les mêmes lieux et avec des moyens identiques, les principes de la justice et de l'égalité ne sont pas violés. Il en est tout autrement lorsque les membres du Sénat et de la Chambre prennent à partie dans leurs discours ou dans leurs rapports

des citoyens qui ne sont ni sénateurs ni députés;
il y a alors violation flagrante du principe de l'égalité de tous les citoyens devant la loi, par ceux
mêmes qui ont mission de faire les lois et de surveiller leur exécution.

L'immunité parlementaire est nécessaire; il faut
que les représentants de la Souveraineté nationale
jouissent de tous les pouvoirs que nécessite l'accomplissement du mandat dont ils sont revêtus par
le peuple, mais il ne faut pas que ces pouvoirs les
mettent eux-mêmes au-dessus des lois et leur permettent d'attenter impunément à l'honneur des
citoyens de qui ils tiennent leur mandat.

Un orateur politique a dit un jour de la Chambre
des Députés qu'elle est « une assemblée de rois »;
celui-là flagornait ses collègues, car dans une
démocratie sagement conçue, l'idée de royauté ne
peut être attachée ni à aucun citoyen en particulier,
ni même à l'ensemble des citoyens, encore moins
à ceux qui en sont les simples représentants. Du
reste, les rois les plus absolus eux-mêmes ne se
sont jamais attribué, *en droit*, une autorité suffisante pour accuser un de leurs sujets sans lui permettre de se défendre. Peut-on supposer que le
peuple français a fait, depuis cent ans, trois révolutions et renversé quatre rois ou empereurs pour
se donner huit ou neuf cents maîtres à qui seraient
attribués des droits qu'il ne reconnut jamais à
aucun de ses rois ni à aucun de ses empereurs?

Faut-il rappeler que le droit d'association n'existe pas en France? La loi du 13 novembre 1790 décidait « que les citoyens ont le droit de s'assembler paisiblement et de former entre eux des sociétés libres, à la charge d'observer les lois ». Abrogée en 1797, cette liberté n'a pas été rétablie; nous vivons encore sous le régime des articles 291 à 294 du Code pénal du premier Empire qui soumettent toutes les associations de plus de 20 personnes, ayant pour but de « s'occuper d'objets religieux, littéraires, politiques ou autres », à « l'agrément du gouvernement et sous les conditions qu'il plaira à l'autorité publique d'imposer à la société », l'autorisation étant toujours révocable.

Cependant, le droit d'association est l'un des plus indispensables à toute Démocratie. C'est par l'association que les citoyens peuvent s'instruire réciproquement, acquérir la connaissance des affaires publiques et se préparer à l'exercice des pouvoirs que la République leur accorde.

Il est vrai que le gouvernement républicain tolère les associations et qu'il n'a jamais mis aucun obstacle à la formation des sociétés religieuses, littéraires, politiques ou autres que le Code pénal interdit, mais cette tolérance est à la discrétion des ministres; dans un moment de réaction ou à la veille d'un attentat contre les institutions républicaines, rien ne serait plus facile que d'invoquer le Code pénal et la loi de 1834, pour intenter des

poursuites contre les meilleurs républicains qui
sont aussi les membres les plus zélés des comités
et des sociétés politiques : avec une magistrature
dont le sort est entièrement aux mains du gouvernement, la condamnation ne serait pas douteuse,
car les lois interdisant les associations sont formelles.

Une pareille législation viole manifestement le
principe de la Souveraineté nationale. N'est-il pas
un bien ridicule souverain, ce peuple à qui il est
interdit de s'associer pour discuter ses affaires et
s'entendre sur la gestion de ses intérêts les plus
graves?

Le droit d'association doit figurer parmi ceux
qu'une constitution démocratique mettrait à l'abri
des atteintes du législateur et il y doit figurer avec
la formule si juste et si simple de la loi de 1790 :
« Les citoyens ont le droit de s'assembler paisiblement et de former entre eux des sociétés libres, à
la charge d'observer les lois », c'est-à-dire sans
autres conditions que celles inscrites dans la législation de droit commun.

Je n'oublie pas, en écrivant ces lignes, que derrière la question du droit d'association se dressent
celle des congrégations et sociétés religieuses et
celle des biens de mainmorte civils ou religieux. La
République est parvenue à une phase de son évolution où ces problèmes doivent être envisagés avec
plus de sang-froid et de liberté d'esprit qu'on ne le

pouvait faire au moment de sa naissance. S'il y a
lieu de légiférer pour empêcher les biens de mainmorte de se reconstituer au détriment des propriétés individuelles, il faut que les lois soient faites,
non en vue d'une catégorie spéciale de citoyens
qu'elles investiraient d'un privilège en voulant
limiter leurs droits individuels, mais pour la nation
tout entière. Le caractère essentiel du régime
démocratique est de ne comporter que des lois
générales, de droit commun, instituées en vue du
peuple entier et non pour telle ou telle classe d'individus.

Les constitutions des États-Unis et de la Suisse
garantissent la liberté d'enseignement au même
titre que celles dont il vient d'être question. En
France, cette liberté est combattue par un certain
nombre de républicains qui voudraient attribuer à
l'État le privilège exclusif de donner l'enseignement à tous les degrés. Ce sont surtout les conventionnalistes et les collectivistes qui pensent de la
sorte. Ils paraissent oublier que l'État n'est point
une entité métaphysique, qu'il est représenté
nécessairement par les hommes en possession des
pouvoirs publics et que, par suite, l'État change
d'opinion avec les majorités représentatives : libre
penseur aujourd'hui, rien n'empêche qu'il soit
demain catholique, protestant, clérical, etc. Déjà
son influence ne se fait que trop sentir dans une
direction que les esprits indépendants ou simple-

ment scientifiques ont le droit de trouver mauvaise. L'enseignement moral et philosophique des lycées, des collèges, des écoles spéciales et des facultés de l'État est imprégné d'une métaphysique en opposition avec toutes nos sciences. Que serait-ce si les pouvoirs publics tombaient aux mains d'une majorité cléricale? Actuellement même, beaucoup de libres penseurs voudraient faire donner à leurs enfants une instruction secondaire moins imprégnée de religiosité que celle des lycées et facultés de l'État; ils ne le peuvent point, parce qu'on a mis tant d'entraves au développement de l'enseignement libre et accordé tant de faveurs à l'enseignement d'État que le premier n'existe pour ainsi dire plus. On voulait détruire l'enseignement donné par les sociétés religieuses; on ne lui a, en réalité, fait que peu de mal, mais l'on a presque supprimé l'enseignement libéral. Si, demain, les pouvoirs publics passaient en des mains cléricales, il suffirait de modifier très légèrement les programmes de l'enseignement de l'État pour qu'il n'y eût plus en France que des écoles, facultés et collèges cléricaux. Cela prouve combien il est dangereux d'étendre les pouvoirs de l'État, même avec les meilleures intentions.

Pour se conformer aux principes démocratiques et se montrer respectueuse des libertés individuelles et des droits de la conscience, la Constitution devrait non seulement garantir à chacun le droit

d'enseigner, comme l'ont fait les Américains et les
Suisses, mais encore limiter les pouvoirs de l'État
en matière d'enseignement. L'enseignement public
donné par l'État étant destiné à tous les citoyens
sans exception et payé par tous les contribuables,
chacun a le droit d'exiger le respect de ses
croyances religieuses ou philosophiques; l'instruction donnée par l'État doit donc être exclusivement
littéraire et scientifique. Non seulement les idées
religieuses ou anti-religieuses doivent en être écartées, mais encore la seule philosophie qui lui convient est celle des sciences. C'est seulement ainsi
qu'elle revêtira le caractère de stricte neutralité
dont l'État ne doit jamais se départir.

L'État est tenu à la même neutralité dans tous
ses rapports avec les églises. La liberté de conscience devrait être inscrite en tête de la Constitution, à côté des libertés de la parole, de la plume,
de réunion, d'association et d'enseignement. Il est
à peine besoin de dire que le régime institué par
le Concordat représente exactement le contraire de
la neutralité et de la liberté.

Accepté par la papauté dans un moment où elle
était condamnée aux plus grands sacrifices pour
obtenir la restauration en France de la religion
catholique, le Concordat est tellement imprégné
des doctrines autoritaires de Napoléon Ier qu'il est
impossible de l'exécuter à la lettre.

Cela est si vrai, qu'au moment de la discussion

du Concordat, l'abbé Bernier, agent du Premier
Consul, écrivait au cardinal Consalvi : « Il (Bonaparte) ne veut en France d'autre clergé que celui
sur les dispositions duquel il pourra compter », et,
que d'autre part, à Rome, on faisait au même
moment, courir cette satire : « Pie VI, pour conserver la foi, a perdu ses États; Pie VII, pour conserver ses États, a perdu la foi. »

Quant à l'esprit qui animait en 1801 les partisans les plus résolus du Concordat, il ne faut
jamais le perdre de vue quand on parle de cette
convention, car il est resté celui de tous les républicains qui en préconisent le maintien. Dans l'exposé des motifs du projet de loi approuvant le
Concordat, Portalis écrivait : « Un État n'a qu'une
autorité précaire quand il a dans son territoire des
hommes qui exercent une grande influence sur les
esprits et sur les consciences, sans que ces hommes
lui appartiennent au moins sous quelques rapports... L'autorisation d'un culte suppose nécessairement l'examen des conditions suivant lesquelles ceux qui le professent se lient à la société,
et suivant lesquelles la société promet de les auto-
riser... Protéger un culte, ce n'est point chercher
à le rendre dominant ou exclusif, c'est seulement
veiller sur sa *doctrine* et sur sa police pour que
l'État puisse diriger des institutions si importantes
vers la plus grande utilité publique. » Devant le
Conseil d'État, Portalis parlant avec encore plus

de netteté disait : « Il est de l'essence de la religion que sa doctrine soit annoncée; mais il n'est pas de l'essence de la religion qu'elle le soit par tel prédicateur ou par tel autre; et il est nécessaire qu'elle le soit par des hommes qui aient la confiance de la patrie. Il est quelquefois même nécessaire, pour la tranquillité publique, que les matières de l'instruction et de la prédication solennelles soient circonscrites par le magistrat. L'Église est juge des erreurs contraires à la morale et à ses dogmes; mais l'État a intérêt d'examiner la forme des décisions dogmatiques, d'en suspendre la publication quand quelques raisons d'État l'exigent, de commander le silence sur des points dont la discussion pourrait agiter trop violemment les esprits, et d'empêcher même, dans certaines occurrences, que les consciences ne soient arbitrairement alarmées. » Voilà bien l'esprit du Concordat et la signification qui lui a été donnée par tous les gouvernements de la France.

Entre les mains de pouvoirs publics qui, pour un motif quelconque, seraient résolus à aller jusqu'au bout de leurs droits et à appliquer le Concordat dans toute sa rigueur, avec les minutieux droits de police sur les prêtres qu'il contient, l'interdiction de la soutane, le serment et ses obligations, et en s'inspirant de l'esprit qui animait Napoléon Ier au moment où il le signa, cet acte apparaîtrait à l'Église comme tellement intolérable qu'elle serait la première à en demander l'abrogation. Or une pareille situation surgirait presque fatalement le jour où le Souverain Pontife, cessant d'avoir pour la République la déférence qui lui est témoignée par Léon XIII, prescrirait au clergé de la combattre. Beaucoup de prêtres redoutent cette éventualité, et ne seraient pas hostiles à l'abrogation du Concordat, s'il était remplacé par un régime libéral et sauvegardant les situations acquises.

Un tel régime serait incontestablement plus conforme aux principes démocratiques que celui du Concordat. Il faudrait qu'il fût institué par la loi constitutionnelle, afin d'être à l'abri des fluctuations de l'opinion publique et des fantaisies des pouvoirs législatif et exécutif. Sans chercher à en préciser les conditions, je ne serais pas étonné qu'il s'imposât plus tôt qu'on ne le suppose si, comme on le craint, les idées de Léon XIII sont destinées à disparaître avec lui.

En résumé, la constitution d'un gouvernement démocratique digne de ce nom doit protéger tous les citoyens, sans exception, dans l'usage du droit de propriété, dans l'exercice de la liberté de la parole, de la presse et de l'enseignement, et dans la pratique des religions.

Elle doit aussi les mettre à l'abri de toute arrestation arbitraire, contraindre le magistrat de procéder dans le plus court délai au jugement des individus soupçonnés d'être coupables d'un délit ou d'un crime, et entourer l'instruction de toutes les garanties possibles, afin que le juge ne puisse pas abuser de son pouvoir, ainsi que notre magistrature n'en donne que de trop fréquents exemples.

Enfin, elle doit mettre la vie privée et les intérêts particuliers des citoyens à l'abri de toute investigation indiscrète de la part des pouvoirs publics. Un impôt, par exemple, qui obligerait les contribuables à faire connaître l'état de leur fortune, la nature et le chiffre de leurs revenus, leurs gains et leurs dépenses, devrait être condamné comme attentatoire à l'autonomie de la personne humaine. De tels impôts peuvent exister dans les monarchies et dans les sociétés jacobines, ils sont incompatibles avec le régime démocratique et contraires aux principes de la Souveraineté nationale.

Il n'est pas inutile de faire remarquer que toutes ces questions peuvent être réglées, dans le sens indiqué plus haut, par des lois ordinaires, et sans qu'il soit nécessaire de soulever le gros problème de la revision; mais, scientifiquement, c'est par les lois constitutionnelles qu'une barrière doit être mise aux entreprises possibles des pouvoirs publics contre les droits de propriété, de presse, de réunion, d'association, d'enseignement et de religion.

C'est aussi dans la Constitution qu'il faudrait inscrire le principe de la décentralisation, en indiquant, comme le font les constitutions des États-

Unis et de la Suisse, les questions qui sont réservées aux pouvoirs locaux et sur lesquelles il n'appartient pas aux Chambres de légiférer.

Toutefois, en attendant qu'il soit procédé à la revision des lois constitutionnelles, rien n'empêche de discuter et de résoudre le grave problème de la décentralisation, rien si ce n'est la résistance intéressée des pouvoirs trop fortement centralisés que la Constitution de 1875 a institués.

§. II. — DE LA DÉCENTRALISATION

C'est dans la décentralisation que l'on trouvera la meilleure garantie contre les empiétements des pouvoirs publics sur les libertés individuelles et collectives des citoyens et les moyens les plus efficaces de rendre l'exercice de la Souveraineté nationale plus direct et plus effectif.

Jules Ferry disait à Lausanne, en 1869, au Congrès de la paix et de la liberté : « Si vous accouplez ces deux choses, le régime parlementaire et la centralisation, sachez que le régime parlementaire, soit sous une république, soit sous une monarchie, n'a que le choix entre ces deux genres de mort : la putréfaction comme sous Louis-Philippe, ou l'embuscade comme avec Napoléon III. » L'opinion de Jules Ferry est corroborée non seulement par l'histoire de la monarchie constitutionnelle et par celle de la deuxième république, mais encore par l'expérience du pays où est né le régime parlementaire et auquel nous l'avons emprunté en 1789.

Il n'y a pas de pays, en effet, où les libertés et les droits individuels soient mieux sauvegardés qu'en Angleterre; il n'y en a guère non plus qui jouissent d'une décentralisation administrative plus considérable.

Liberté individuelle et décentralisation y sont assurées plutôt par des coutumes locales et par des traditions que par des lois formelles; mais les coutumes et les traditions sont tellement respectées que le Parlement n'ose pas y toucher. C'est même sur elles que reposent toute l'autorité des membres de la Chambre haute et une partie de celle des membres de la Chambre basse. Les Lords n'existent qu'en vertu d'une organisation féodale encore très forte et qui est la source des libertés locales. Quant aux députés élus qui composent la Chambre des communes, ce sont, en majorité, de grands propriétaires ou industriels ayant des intérêts communs et représentant la haute classe. L'idéal de Thiers, que j'ai rappelé dans un autre chapitre, se trouve réalisé à un degré qui nulle part n'a été atteint.

Le parlementarisme anglais est donc un régime en harmonie avec les institutions politiques, sociales et économiques de la Grande-Bretagne. Il ne porte pas atteinte aux libertés individuelles parce que ce sont surtout les classes auxquelles appartiennent

19.

les membres du parlement qui profitent de ces libertés, et il ne touche pas à la décentralisation administrative du Royaume-Uni parce que c'est dans cette décentralisation que les parlementaires trouvent la source de leur autorité personnelle.

L'esprit de décentralisation est tellement respecté par les Chambres anglaises qu'on leur voit voter, à chaque instant, des lois qui s'appliquent exclusivement soit à l'Angleterre, soit au pays de Galles ou à l'Irlande, soit à telle possession d'outre-mer de la Grande-Bretagne, etc., et que, d'ordinaire, aucune de ces lois locales n'est proposée qu'après avis conforme des membres du Parlement qui représentent les portions de l'empire visées par la loi.

Toutefois, le parlementarisme anglais lui-même se transforme petit à petit, à mesure qu'il avance davantage vers le suffrage universel. A côté des grands industriels et des grands propriétaires, il commence à se glisser dans la Chambre des Communes des littérateurs, des philosophes, des avocats, des médecins et autres représentants de cette bourgeoisie libérale où l'intelligence et l'instruction sont prisées à l'égal de la fortune, sinon davantage et qui, dans tous les pays civilisés, est la source d'où jaillissent les idées de progrès et les impulsions évolutives ou révolutionnaires. Les ouvriers eux-mêmes commencent à pénétrer dans le parlement anglais, y apportant des idées nouvelles et une tendance marquée à faire intervenir l'État dans des sujets où jusqu'alors il n'avait pas pénétré.

A mesure aussi que le suffrage universel se glisse dans la Chambre des Communes et que les candidats sont plus nombreux et de professions plus variées, les vices inhérents au parlementarisme deviennent plus visibles. Les luttes des ambitions personnelles sont plus aiguës, les partis n'ont plus la même homogénéité qu'autrefois, ni la même fixité; des libéraux passent au parti conservateur sur la promesse de portefeuilles que le parti libéral leur fait attendre trop longtemps; les groupes locaux, les Irlandais par exemple, donnent leurs voix tour à tour au parti conservateur ou au parti libéral, suivant que l'un ou l'autre leur promettent les satisfactions réclamées par l'Irlande; les conservateurs rompent avec le programme traditionnel de leur parti afin de conquérir des suffrages pour lesquels ils n'avaient jadis que du dédain. On a vu, par exemple, aux élections de 1895 pour la Chambre des Communes, M. Chamberlain, membre du cabinet conservateur présidé par lord Salisbury formuler un programme que nos radicaux trouveraient trop socialiste. Il y faisait figurer : la création d'habitations ouvrières, celle de retraites pour la vieillesse, celle de caisses pour les accidents du travail, etc., et même la journée de huit heures pour les mineurs. A mesure que le suffrage s'étend,

le parlementarisme anglais se démocratise et se
vicie à la fois ; il menace déjà l'existence de la
Chambre des Lords, et tend à la centralisation
politique, administrative et économique, en même
temps que les partis se fractionnent sous la poussée
des ambitions personnelles. Le jour où les peuples
de l'empire britannique jouiront du suffrage universel, une évolution ou une révolution politique
remplacera les puissances anciennes, celle de l'aristocratie et celle des hautes classes de la bourgeoisie, par cette autre puissance à laquelle rien
ne saurait résister : la Souveraineté nationale. Ce
jour-là, le parlementarisme anglais ne vaudra pas
mieux que le nôtre et il devra, comme le nôtre,
chercher dans des institutions nouvelles, le moyen
de corriger ses vices constitutionnels.

C'est un des derniers fidèles sincères de la
monarchie, Chateaubriand, qui a écrit ces lignes
prophétiques : « L'Europe court à la démocratie...
Les peuples grandis sont hors de page... aujour-
d'hui les nations arrivées à leur majorité prétendent n'avoir plus besoin de tuteurs. » La France
a été la première grande nation de l'Europe à se
débarrasser de ses tuteurs : en 1789, sa noblesse,
entraînée par le mouvement irrésistible du peuple,
renonça d'elle-même à la tutelle que ses membres
avaient exercée jusqu'alors sur les classes agricoles du pays et sur la monarchie. Plus tard, la
bourgeoisie abandonne les privilèges qu'elle s'était

attribués sous la monarchie constitutionnelle et
crée, de ses propres mains, le suffrage universel
qui devait émanciper toutes les couches sociales
de la nation. Nous voici parvenus au moment où
la masse entière du peuple, fatiguée des erreurs
commises par le régime parlementaire, des fantaisies auxquelles se livrent ses représentants, de
leurs luttes d'intérêts et d'ambitions, de l'instabilité gouvernementale que ces luttes occasionnent
et du trouble apporté dans tous les intérêts privés
par l'anarchie politique, administrative, économique issue du régime parlementaire, comprendra
la nécessité de gérer elle-même ses affaires. Ce
jour-là seulement, commencera pour nous le
triomphe de cette démocratie vers laquelle, en
avant de l'Europe, nous courons, depuis un siècle,
d'une course que ni les révolutions ni les coups
d'État n'ont pu interrompre.

Ce n'est point en Angleterre que nous pouvons
chercher le modèle du régime nouveau qui donnera satisfaction à nos efforts, puisque les Anglais
marchent vers le même but que nous, avec un
retard de plus de cent ans. De l'histoire de l'Angleterre nous ne devons retenir que ce fait très
instructif : même en ce pays classique du parlementarisme, le régime parlementaire n'a pu vivre
et donner des résultats utiles, que grâce à l'impossibilité où il était de toucher aux libertés individuelles et de supprimer la décentralisation

Les républiques de la Suisse et des États-Unis ne peuvent pas davantage nous offrir de modèles entièrement imitables par notre pays. L'une et l'autre sont soumises au régime fédératif et trouvent dans l'autonomie presque absolue dont jouissent les États ou Cantons fédérés, une garantie absolue contre les empiétements des pouvoirs législatif et exécutif de la Confédération.

Grâce au régime fédératif, ces républiques ont pu instituer une forme de gouvernement qui n'a de commun avec le parlementarisme anglais et français que l'existence des assemblées législatives élues, car le pouvoir exécutif y est tout à fait différent de ce qu'il est chez nous.

En Suisse, le Président est le chef du pouvoir exécutif; c'est lui, par conséquent, qui gouverne. Aux États-Unis, il est élu directement par le pays, il jouit de pouvoirs propres considérables, les ministres sont à son choix et non responsables devant les Chambres; il jouit donc d'une indépendance et d'une autorité absolument incompatibles avec le régime parlementaire tel que nous le comprenons et, d'autre part, inconciliable avec la centralisation de la République française, admissible seulement dans un pays où les pouvoirs de l'État sont réduits au minimum par le régime fédératif le plus accentué qui existe dans le monde.

En France, les décentralisateurs les plus fervents n'oseraient pas demander l'institution du régime fédératif; peu nombreux même sont les écrivains politiques ou les membres du Parlement qui osent se prononcer en faveur de la reconstitution de nos anciennes provinces.

Au moment où le décret du 15 janvier 1790 les supprima, elles n'existaient plus guère que de nom, au point de vue politique; les assemblées provinciales ne s'étaient pas réunies depuis de nombreuses années, non seulement parce que la monarchie répugnait à les convoquer, mais aussi parce que le clergé et la noblesse ne voulaient pas s'y trouver en contact avec les délégués du tiers État; les intendants nommés par le roi étaient tout-puissants en matière administrative; les fermiers généraux absorbaient, d'autre part, toute l'autorité financière; les vices engendrés par le régime provincial subsistaient seuls, sous la forme de rivalités déplorables entre les provinces voisines, de douanes intérieures, de coutumes judiciaires et de mœurs aussi disparates que particularistes et préjudiciables aux intérêts généraux de la nation.

Les cahiers rédigés à la veille de la réunion des États généraux de 1789 réclament, presque tous, le rétablissement des assemblées provinciales et l'attribution à ces assemblées de pouvoirs plus étendus que dans le passé; mais les hommes politiques de cette époque sont plutôt préoccupés d'unifier le régime administratif et judiciaire et de renverser les barrières qui séparent les provinces. C'est presque sans discussion que la suppression des provinces, la création des départements et l'uniformisation des administrations départementales furent votées par l'Assemblée nationale.

Toutefois, Mirabeau protestait contre la division « mathématique, presque idéale » qui résultait de la façon dont les départements étaient formés; il aurait voulu « une division dont l'objet ne fût pas seulement d'établir une représentation proportionnelle, mais de *rapprocher l'administration des hommes et des choses* et d'y admettre un plus grand concours de citoyens, ce qui augmenterait sur-le-champ les lumières et les soins, c'est-à-dire la véritable force et la véritable puissance ». Il posait, dans ces quelques mots, les bases de la véritable décentralisation, et montrait qu'il en avait au moins entrevu les avantages, au point de vue de l'exercice de la Souveraineté nationale.

Quelques critiques que méritent les divisions territoriales créées, dans les décrets du 22 décembre 1789 et 15 janvier 1790, par l'Assemblée Nationale, on est obligé de reconnaître qu'au moment où il y fut procédé, elles étaient de nature à rendre de très grands services. A cette époque, le pouvoir central n'était même pas en possession d'une liste complète des communes de la France. Si quelques provinces, comme le Languedoc, se préoccupaient de construire des voies de communication terrestres ou fluviales, la plupart n'avaient aucun souci de ces sortes de travaux, si bien que les routes faisaient défaut presque partout et qu'il était à peu près impossible de voyager autrement qu'à pied ou à cheval. Il en résultait un manque complet de sécurité et une impossibilité presque absolue de transporter d'un point du pays à un autre quelque peu éloigné, les produits des différentes provinces. Dans ces conditions, l'administration ne pouvait être que très rudimentaire, la justice imparfaitement distribuée, la police mal faite et le progrès économique général à peu près impossible. Le sentiment national lui-même était gêné dans son développement par la difficulté des relations; des portions considérables de la France étaient, à la veille de la révolution, presque étrangères à la nationalité française. Le Languedoc traitait d'égal à égal avec le roi de France; la Bretagne, sous la régence, complotait avec l'Espagne et on la vit, pendant la révolution, s'unir à l'Angleterre contre le gouvernement que le pays s'était donné.

En substituant aux trente-trois provinces de l'ancien régime, dont quelques-unes étaient réunies en gouvernements plus étendus, les quatre-vingt-trois départements institués par le décret du 15 janvier 1790, l'Assemblée nationale rapprochait, en quelque sorte, l'administration des citoyens, et facilitait considérablement sa tâche, en diminuant la surface de territoire sur laquelle chaque administrateur exercerait son autorité. D'un autre côté,

la suppression des privilèges provinciaux et le renversement des barrières fiscales devaient contribuer puissamment à faire disparaître le particula-
risme des différentes provinces et à créer l'esprit
national. A ces points de vue, la suppression des
provinces et la création des départements fut une
mesure utile et à laquelle on doit attribuer une
bonne partie des progrès économiques, sociaux et
politiques réalisés par notre pays depuis cent ans.

Toutefois, l'Assemblée nationale poussa trop loin
la division départementale; elle fit des départements trop petits, ne comptant pas un nombre
suffisant d'habitants et condamnés, par ce double
motif, à une inégalité fâcheuse au point de vue
des ressources financières. Tandis que le département de la Gironde, par exemple, taillé dans une
région des plus fertiles et des mieux situées au
point de vue des relations commerciales avec
l'extérieur, devait pouvoir suffire aisément à un
grand nombre de ses besoins avec ses propres ressources, l'Ariège ou la Corrèze étaient incapables
de faire les travaux publics les plus indispensables
et devaient rester jusqu'à notre époque dépourvus
de voies de communications. Les départements les
plus riches sont, eux-mêmes, trop petits et ont trop
peu de ressources pour faire face à tous leurs
besoins.

Une faute analogue fut commise par l'Assemblée
nationale en ce qui concerne les municipalités. Elle

eut le tort d'ériger en communes la plupart des agglomérations qui s'étaient formées autour d'une église et qui constituaient les paroisses de l'ancienne France. Sur les trente et quelques mille communes créées de la sorte, la plupart ne comptaient qu'un nombre insignifiant d'habitants et seraient incapables de subvenir même à leurs dépenses administratives; encore moins pourraient-elles faire les frais qu'exigent· l'instruction des enfants, la construction des chemins ruraux, et tous les autres travaux utiles, les plus nécessaires au progrès social et économique.

Il y a actuellement en France plus de trente-six mille communes, sur lesquelles neuf cent soixante-dix n'ont pas plus de cent habitants; plus de neuf ·mille en ont au maximum trois cents; plus de quinze mille n'en ont pas plus de cinq cents; plus de quinze mille autres ne comptent pas plus de deux mille habitants. Il n'y en a que mille environ ayant quatre mille habitants ou au-dessus. Les plus peuplées ayant davantage de ressources que les autres, ont pu se procurer l'eau potable ou d'arrosage, l'éclairage, le pavage des rues, les écoles, etc., qui rendent meilleures les conditions de la vie. Celles-là contribuent puissamment à dépeupler les campagnes, car parmi les causes qui y poussent, il faut placer au premier rang, les agréments de la vie offerts par les villes et qui font totalement défaut dans les communes rurales. Or, l'infériorité de celles-ci est due à l'exiguïté de leur territoire et au trop petit nombre de leurs habitants, d'où résulte l'insuffisance des ressources budgétaires.

Afin de réparer le dernier défaut, l'État intervient, soit par l'abandon d'une partie des contributions directes, soit par des subventions; mais, quels que soient ses sacrifices, il est incapable de faire face à tous les besoins locaux; il ne les connaît même jamais exactement et il cède, dans la répartition de ses secours, à des considérations qui devraient en être écartées. Il a été alloué par l'État, depuis vingt-cinq ans, des sommes énormes pour la construction des chemins vicinaux et des écoles. Tous ceux qui ont étudié d'un peu près la répartition et l'emploi de ces sommes savent que dans telle commune on a fait plus qu'il était utile, tandis que dans telle autre on est resté beaucoup au-dessous des besoins les plus manifestes. C'est que les influences parlementaires ont joué, dans la répartition des subventions de l'État, un rôle considérable. Les députés influents, ceux dont dépend le sort des cabinets, obtiennent pour les communes de leurs arrondissements tout ce qu'ils demandent; les moutons de Panurge, dont les bulletins se précipitent dans les urnes à la suite de ceux des fortes têtes, ne reçoivent que les miettes du budget; les ennemis n'ont rien du tout ou presque rien.

D'un autre côté, les Chambres interviennent

dans une foule de questions locales qu'elles ne connaissent pas, qu'elles ne peuvent et ne veulent même pas connaître. L'examen de ces questions est abandonné à des commissions dont aucun député ne veut faire partie; les rapports ne sont lus par personne et leur discussion a toujours lieu, au début des séances, devant des banquettes vides. Chaque jour, la Chambre autorise des emprunts ou des taxes locales sans savoir si les communes et les départements ont les moyens d'y faire face, ni si l'objet pour lequel l'emprunt ou la taxe sont sollicités méritent les sacrifices qu'elle autorise; mais, en revanche, elle en retarde la solution par maintes formalités, et elle couvre par son vote des responsabilités que souvent les autorités communales ou départementales n'oseraient pas prendre si elles devaient les supporter toutes seules devant les électeurs qui paieront la dépense.

Chaque jour, on voit des conseils municipaux ou des conseils généraux décider la construction d'une caserne, d'une école, d'un palais de justice, dans le seul but de plaire à l'administration et sans que le département ou la commune aient aucun besoin réel de ces bâtiments. Les Chambres approuvent les emprunts destinés à faire face à la dépense, et les pouvoirs locaux se couvrent de ce vote, vis-à-vis des électeurs, pour atténuer leur propre responsabilité. C'est ainsi que l'on a pu construire, dans beaucoup de communes, des écoles et

20.

des lycées sans élèves, des mairies hors de proportions avec les besoins, et que l'on exécute chaque
jour une foule de travaux dont la seule justification est de démontrer l'utilité d'un personnel d'ingénieurs et de conducteurs hors de proportion avec
les nécessités réelles.

Le seul moyen d'éviter ces dépenses inutiles,
d'où résultent pour les contribuables des charges
exagérées, consiste à débarrasser les conseils généraux et les conseils municipaux de la tutelle de
l'État, c'est-à-dire de procéder à une large décentralisation. Il est possible d'atteindre ce but sans
rien détruire ni révolutionner, sans supprimer
les départements, sans toucher aux communes
actuelles, sans reviser les lois constitutionnelles et
sans troubler le moins du monde la quiétude des
esprits les plus conservateurs.

Pour résoudre le problème de la décentralisation,
il faut d'abord le bien poser. Certaines personnes
le font consister dans la substitution de provinces
aux départements et aux arrondissements, et dans
celle de communes cantonales aux communes
actuelles. Cette conception est à la fois fausse et
inexécutable.

Il est remarquable que l'opinion publique, au lieu
d'être dirigée vers la suppression des unités administratives et politiques trop petites et leur remplacement par des unités plus importantes, est au
contraire très disposée à réclamer la création

d'unités nouvelles. Plus nous marcherons vers le progrès et plus les citoyens désirent avoir sous la main les services publics qui leur sont nécessaires. C'est ainsi que petit à petit on a été conduit à créer les écoles de hameau et les bureaux de poste auxiliaires, à multiplier les recettes buralistes, à rapprocher les stations de chemins de fer, à mettre, en un mot, toutes les ressources des administrations et des services publics à la portée des contribuables. Il semble que plus les moyens de communication se multiplient dans les diverses parties du pays, plus il répugne aux habitants de se déplacer, en sorte que ce ne sont pas eux qui vont aux services publics mais, au contraire, les services publics qui doivent venir à eux. N'est-ce pas eux qui paient? Ne paient-ils pas afin d'être mieux servis et de l'être plus commodément? Or, quoi de plus commode que de pouvoir, sans se déplacer, sans quitter son village ou son hameau, faire instruire ses enfants, expédier ou recevoir ses correspondances postales et télégraphiques, prendre le chemin de fer, le tramway ou la diligence, etc.? Aussi, croirais-je volontiers que ceux-là se trompent qui cherchent dans la décentralisation un moyen de diminuer les dépenses publiques ; je pense qu'il y faut chercher plutôt un moyen de les répartir d'une manière plus utile aux populations et plus profitable au développement général du pays.

En conséquence, je ne vois pas qu'on puisse espérer voir disparaître les communes actuelles avec leurs services municipaux, leurs conseils élus, etc. ; je crois plutôt que le mouvement qui pousse à la multiplication des communes se perpétuera, chaque hameau devenu suffisamment peuplé demandant à être érigé en commune. Je crois aussi que les habitants de ces communes, même les plus petites, désireront de plus en plus y voir réunir les divers services publics, afin de se soustraire aux déplacements.

Les mêmes considérations s'appliquent aux départements. Les contribuables ne consentiraient pas à ce que les services administratifs, judiciaires, etc., qui sont aujourd'hui réunis au chef-lieu de chaque département, fussent transportés ailleurs et placés à une distance plus grande des extrémités du territoire desservi, ce qui adviendrait si l'on supprimait nos quatre-vingt-neuf départements pour leur substituer une vingtaine ou une trentaine de provinces.

Ce n'est donc ni par la suppression des communes ni par celle des départements ou des arrondissements, qu'on peut espérer résoudre le problème de la décentralisation. Pour aboutir à une solution rationnelle et pratique de ce grave problème, il faut se rappeler que le défaut capital des communes et des départements, tels qu'ils furent constitués par l'Assemblée nationale, en 1789 et 1790, et tels qu'ils existent encore aujourd'hui, consiste dans l'insuffisance des ressources finan-

cières dont ils disposent et d'où résulte l'impossibilité pour les autorités locales de créer certaines
institutions nécessaires aux populations et d'exécuter certains travaux qui, étant d'un intérêt
purement local, sont forcément délaissés par l'État.
Or, il est facile de remédier à ce vice sans toucher
à ce qui existe, sans provoquer les protestations
de personne, en donnant, au contraire, satisfaction au pays tout entier.

L'exiguïté de la plupart des communes et
l'absence de ressources financières sont cause que
des institutions de la plus grande utilité, telles que
les hôpitaux, les hospices de vieillards, les mater-
nités, les écoles professionnelles, etc., sont aujour-
d'hui à peu près exclusivement réservés aux habitants des villes. Les communes rurales, même les
plus importantes, sont trop petites et trop pauvres
pour créer ces institutions, auxquelles cependant
les habitants des campagnes n'ont pas moins droit
que ceux des villes. On rendrait possible leur création si l'on obligeait les communes d'un ou plusieurs cantons voisins à se réunir dans ce but. Un
« conseil de district » pourrait être formé, dans
des conditions déterminées par la loi, avec des délégués des conseils municipaux de toutes les communes intéressées. Il serait chargé de déterminer
la nature et l'importance des institutions à créer,
des travaux à faire, les ressources financières
nécessaires et les taxes au moyen desquelles la

collectivité se les procurerait; il contrôlerait les travaux, les dépenses, les recettes, l'organisation et la marche des hôpitaux, hospices, écoles professionnelles, écoles secondaires, etc., chacune de ces institutions étant placée dans la commune où elle serait appelée à rendre le plus de services, en raison des conditions locales.

Le conseil de district aurait encore pour mission d'étudier les routes et chemins à construire dans l'intérêt des communes formant le district, de créer les ressources pour cette construction et d'en surveiller l'emploi, etc. Sans attenter d'aucune façon aux pouvoirs actuels des conseils municipaux, le conseil de district s'occuperait, en résumé, de toutes les questions intéressant toutes les communes du district.

Il faudrait, au début, n'assigner aucune limite territoriale précise à ces associations de communes et laisser les conseils municipaux libres de se réunir, en plus ou moins grand nombre, suivant les régions et d'après les besoins. Dans les parties riches de la France, les communes d'un seul canton suffiraient à la constitution d'une collectivité susceptible de faire face à tous les besoins indiqués plus haut ; dans les régions pauvres, il faudrait peut-être réunir les communes de deux ou trois cantons. L'expérience indiquerait les erreurs commises, les modifications à introduire dans la composition des districts pour les mettre à la hauteur de leurs charges et de leurs devoirs. Il faudrait aussi laisser à ces collectivités le soin de s'organiser, de choisir les sources de revenus de leurs budgets, de tirer, en un mot, des conditions propres à chaque région, le meilleur parti possible en vue du but à atteindre.

La législation ne tracerait d'abord que les traits principaux de cette organisation ; elle s'attacherait surtout à déterminer les institutions publiques et les travaux mis à la charge exclusive des districts ; on consacrerait plus tard, par de nouvelles lois, les résultats fournis par l'expérience.

Il n'est pas douteux qu'il se constituerait rapidement, sous l'influence d'une pareille législation, des centres administratifs plus rationnels que les communes et les cantons d'aujourd'hui, plus riches et plus aptes à jouir des libertés locales et à en tirer profit dans l'intérêt des populations rurales. Et l'on aurait fait une œuvre excellente de décentralisation, car, sans rien détruire de ce qui existe, sans priver les communes de leurs avantages actuels ou futurs, on aurait déterminé la formation de corps locaux plus puissants et auxquels l'État abandonnerait sans crainte une partie des attributions qu'il se réserve aujourd'hui.

Des mesures analogues permettraient de remédier aux inconvénients qui résultent du trop grand nombre des départements et de l'exiguïté de leurs ressources. Rien ne serait plus facile que de constituer des associations de départements analogues aux associations de communes dont je viens de parler et dotées d'assemblées régionales, formées par des délégations des conseils généraux. A ces régions, qu'on laisserait se former elles-mêmes en raison de leurs intérêts communs, la loi abandonnerait le soin de faire tous les travaux et de créer toutes les institutions nécessaires à chacune, en même temps qu'elle les autoriserait à se procurer des ressources et à prendre toutes autres mesures propres à faire aboutir des questions qui, avec la centralisation actuelle et dans l'état de nos mœurs parlementaires et gouvernementales, ne peuvent pas être résolues.

Comme chacune des grandes régions de notre territoire a des besoins et des intérêts particuliers, il se formerait peu à peu, expérimentalement, des groupes régionaux conformes aux conditions physiques et économiques des différentes parties de la France. C'est de la sorte qu'étaient nées les provinces anciennes, et c'est pour cela que les plus grandes, qui étaient en même temps les plus rationnelles, ont conservé jusqu'à nos jours une si puissante vitalité. C'est de la sorte aussi que se sont formés les centres militaires, judiciaires, académiques qui, pour la plupart, sont groupés dans les mêmes villes, c'est-à-dire dans les points du pays où se trouvaient réunies les conditions les plus favorables à leur rayonnement.

De tout temps on a compris, même sous les régimes les plus centralisateurs, qu'il était impossible de prendre les départements pour base de la division de tous les services publics. Afin ne pas émietter certains de ces services, on a établi pour eux des circonscriptions comprenant un certain nombre de départements. Pour l'armée, il n'existe, en dehors de Paris et de Lyon, que dix-huit circonscriptions, dont chacune embrasse trois ou quatre départements. Pour la justice, on a fait vingt-six circonscriptions, dix-sept seulement pour les cultes, seize pour les académies universitaires et pour les inspections générales des ponts et chaussées. Il a été créé récemment seize circonscriptions des postes et télégraphes.

Les auteurs de ces grandes subdivisions, intermédiaires entre l'État et le département, obéirent en les créant aux prescriptions du bon sens et à la nécessité de diminuer les dépenses; mais, soit en raison des intérêts locaux, soit par la crainte d'un retour aux anciennes provinces, ces différentes subdivisions ne coïncident pas toujours entre elles. Quelques villes seulement, telles que Bordeaux, Lyon, etc., sont à la fois des centres militaires, religieux, judiciaires, universitaires. D'autres n'offrent que l'un ou l'autre de ces centres administratifs. Il suffirait de réunir les divers services énumérés plus haut dans les mêmes villes, pour faire faire à la décentralisation administrative un très grand pas. On ne voit pas pourquoi l'on a créé 26 centres judiciaires, alors que 18 centres militaires et 16 centres universitaires paraissent suffisants.

Ces premiers centres seraient tout indiqués pour la réunion des assemblées régionales; ils en recevraient un nouvel éclat et une plus grande importance et finiraient, sans doute, avec le temps, par devenir les chefs-lieux d'autant de provinces qui, s'étant constituées sous l'influence de besoins réels et permanents, formeraient des divisions naturelles. Plus tard, la loi consacrerait les faits accomplis, réalisant ainsi le précepte de Montesquieu que la législation doit naître des mœurs et non tenter l'irréalisable entreprise de les créer.

Conduite comme je viens de le dire, l'œuvre de décentralisation, dont tout le monde se déclare partisan, mais qu'aucun gouvernement n'a encore osé aborder, serait réalisée avec d'autant plus de facilité qu'aucun intérêt n'aurait à en souffrir tandis que toutes les parties de la nation y trouveraient leur compte.

Quant aux résultats que produirait nécessairement la décentralisation dont je viens d'esquisser le programme, ils sont si évidents que personne ne les a jamais contestés.

En premier lieu, elle permettrait, sinon de réaliser des économies sur l'ensemble des services publics, du moins de répartir les dépenses d'une manière plus profitable à toutes les parties de la nation.

En second lieu, l'association des communes, d'une part, et des départements, de l'autre, en collectivités comptant un plus grand nombre d'habitants que les communes et les départements actuels, permettrait de confier aux représentants de ces collectivités des pouvoirs plus étendus, avec la certitude qu'ils en pourraient user, car ils auraient à leur disposition des ressources financières que les circonscriptions actuelles sont incapables de réunir.

Ces pouvoirs et ces ressources permettraient aux districts et aux régions d'entreprendre une foule de travaux que l'État néglige parce qu'ils sont d'un intérêt trop local, et que les Conseils départementaux et communaux laissent de côté parce qu'ils sont d'un intérêt plus général que celui des communes et des départements; elles permettraient aussi de créer des institutions d'enseignement, d'assistance publique, etc., qui, malgré leur utilité, font défaut presque partout en dehors des grandes villes.

En matière d'instruction publique, par exemple, la France est presque totalement dépourvue d'écoles professionnelles pour le commerce, l'industrie, l'agriculture, etc. Ce n'est un secret pour personne que, grâce à un enseignement technique très répandu, l'Allemagne prime aujourd'hui toutes les nations dans certaines branches industrielles. Il y a quelques mois, j'assistais à une réunion de chimistes et physiciens industriels français et j'entendais l'un d'entre eux, un professeur, se plaindre de notre infériorité flagrante dans toutes les industries où la chimie et la physique jouent un rôle. C'est que dans notre pays l'enseignement technique est à peu près nul. Nous possédons un grand nombre de fabriques de bacheliers ès lettres et ès sciences, de médecins et d'avocats, d'historiens et de métaphysiciens, mais nous n'avons pour ainsi dire pas d'écoles techniques et professionnelles. Et il n'est pas inutile de noter que la majeure partie de nos écoles professionnelles sont des fondations communales. La seule école importante de physique et de chimie industrielles que nous possédons est une fondation de la ville de Paris, à laquelle je suis heureux de pouvoir me féliciter d'avoir contribué alors que j'étais conseiller municipal. L'école de chimie de Lyon est également une création municipale. Il en est de même de la plupart des écoles de commerce, de tissage, d'architecture, etc., qui existent dans diverses villes. En Allemagne, il n'y a guère de centre industriel qui n'ait son école technique où de nombreux jeunes gens acquièrent les connaissances théoriques et pratiques d'où l'industrie allemande tire sa supériorité.

En France, l'État se désintéresse presque de cette sorte d'enseignement; notre université est encore imbue des vieilles doctrines scolastiques; à la fin

de ce xix° siècle, qui sera dans l'histoire le siècle
de la science et des grandes découvertes industrielles, elle se traîne encore dans la métaphysique
de Platon et de Leibniz, rejette au second rang les
sciences expérimentales et naturelles, et dédaigne
les sciences pratiques.

L'enseignement de ces dernières ne recevra, sans
aucun doute, la place qui lui doit revenir que le
jour où les pouvoirs locaux jouiront d'une autorité
et de ressources suffisantes pour le créer et le
doter. Les pouvoirs locaux sont plus rapprochés
de l'industrie, du commerce, de l'agriculture que
les Chambres et les ministres; ils en connaissent
davantage les besoins et ils sont plus directement
intéressés à les satisfaire. Il me paraît certain que
si les programmes des écoles primaires étaient
rédigés par des agriculteurs, des commerçants, des
industriels, en vue des écoles de chaque région de
la France, on y enseignerait moins d'histoire
ancienne, de littérature et autres connaissances
théoriques, que de zoologie, de botanique, de géo-
logie appliquées, de physique et de chimie agricoles ou industrielles. Les rédacteurs des programmes, agissant en vue de leurs propres enfants
et pour une région bien déterminée, se préoccupe-
raient avant tout de doter leurs fils d'une instruction apte à leur permettre de réussir le mieux
possible dans leurs entreprises. L'enseignement
primaire supérieur et l'enseignement secondaire

auraient également un caractère beaucoup moins théorique et seraient mieux adaptés aux nécessités de la vie quotidienne, si les programmes, au lieu d'être établis par les représentants de l'État, l'étaient par ceux de chaque région de la France.

L'Allemagne et l'Angleterre sont beaucoup en avance sur nous au point de vue des voies de communication. Ce qui nous manque surtout, ce sont les chemins de fer d'intérêt local, ceux qui permettraient aux produits agricoles de rejoindre économiquement les grands réseaux, et aux engrais, matières premières, etc., de se répandre dans les campagnes. Ces voies servent à abaisser le prix du transport dans les localités qu'elles desservent, et elles fournissent un aliment aux réseaux principaux, en améliorant leurs recettes. Dans un pays aussi riche que la France, où les capitaux abondent, il devrait y avoir des voies ferrées sur toutes les routes établissant une communication entre deux localités de quelque importance. Si ces voies font défaut c'est que, d'une part, les grandes compagnies n'ont aucun intérêt à les construire, car elles augmenteraient leurs dépenses sans accroître proportionnellement leurs dividendes, et que, d'autre part, les départements ne sont pas assez riches pour faire face à leur construction. Comme les pouvoirs publics s'en désintéressent, il est à craindre que ces travaux, malgré leur incontestable utilité, ne soient pas entrepris de longtemps. Seules les régions où des bénéfices paraissent très certains voient construire des tramways et chemins de fer à voie étroite, par des compagnies privées.

Les canaux d'intérêt local sont dans le même abandon que les voies ferrées de même nature et pour des motifs analogues. Certains canaux d'irrigation sont réclamés par les départements du sud-est depuis vingt ans; ils ont été promis à maintes reprises aux représentants de cette région par le gouvernement, mais on n'a jamais pu les doter des crédits nécessaires, parce que la majorité du parlement n'y attache qu'un intérêt secondaire.

Il en est de même pour un certain nombre de travaux d'aménagement des eaux des montagnes, en vue de prévenir les inondations. La Chambre et le gouvernement lui-même les relèguent dans les cartons, soit parce qu'aucun député suffisamment influent ne s'est mis en tête de faire aboutir la question, soit parce que les députés des diverses parties de la France font entendre, en même temps, d'autres revendications; comme il serait impossible de donner satisfaction à toutes les demandes, le gouvernement et les Chambres les renvoient toutes à une date ultérieure, indéterminée.

La loi de décentralisation devra déterminer les travaux qui incombent à l'État et qui doivent être exécutés aux frais du pays tout entier, et ceux qu'il appartient [aux communes et aux départements de créer avec leurs ressources propres, soit qu'ils agissent isolément, soit qu'ils s'associent comme il a été dit plus haut. En établissant ce partage, elle devra concéder aux collectivités communales ou départementales le droit de fixer, en toute liberté, les ressources à l'aide desquelles les travaux seront exécutés. Des règles analogues devront être établies pour les institutions d'assistance publique, d'enseignement, etc.

La décentralisation faciliterait considérablement la réforme des impôts si peu équitables, si mal répartis, si durs pour les pauvres gens, qui nous ont été légués par les régimes monarchiques.

Avec la centralisation à laquelle la France est soumise, rien n'est plus difficile que de faire aboutir une réforme quelconque de nos charges fiscales, parce qu'il n'y a pas de système qui ne soit susceptible de provoquer des protestations de la part d'une ou plusieurs régions de la France. Depuis vingt ans, le pays tout entier demande la réforme de l'impôt des boissons, et depuis vingt ans la réalisation de cette réforme est arrêtée par les intérêts particuliers qu'elle met en jeu. Les représentants du Nord, où l'on fabrique surtout des alcools industriels, sont en opposition avec ceux de l'Ouest, de l'Est et du Midi, où la plupart des propriétaires petits ou grands, fabriquent eux-mêmes des eaux-de-vie avec leurs vins, leurs marcs et toutes sortes de fruits. Les députés de ces bouilleurs de crus sont très disposés à voter

des augmentations de droits sur les alcools industriels, mais ils protestent dès qu'on veut en appliquer aux eaux-de-vie de leurs électeurs. Ils prétendent, non sans raison, d'ailleurs, que le propriétaire
a le droit de faire de sa récolte ce qu'il lui convient,
de la consommer en nature ou de la transformer
en un produit quelconque; à quoi les représentants
du Nord répondent, avec non moins de justesse,
qu'il n'y a pas de raison pour que l'eau-de-vie
fabriquée en petite quantité échappe davantage au
fisc que l'alcool distillé en grandes masses par un
industriel. Et pendant que dure cette querelle,
d'innombrables projets de réformes des boissons
dorment dans les cartons de la Chambre et du
Sénat, ou font la navette entre les deux Assemblées, sans jamais aboutir.

Les mêmes querelles s'élèvent entre les propriétaires ruraux et les propriétaires urbains, toutes
les fois qu'il s'agit de toucher aux impôts fonciers,
les premiers réclamant la diminution des taxes sur
la propriété non bâtie et y réussissant si bien que,
depuis cent ans, le produit total de ces taxes est
descendu de 250 millions à 90, tandis que la propriété augmentait de valeur dans d'énormes proportions; les seconds protestant contre les augmentations graduelles d'impôts dont la propriété
bâtie est frappée; les uns et les autres se mettant
d'accord tacitement pour retarder le plus possible
toutes réformes de l'impôt direct, dans la crainte

qu'il n'en résulte une aggravation de leurs charges.

Il est peu de réformes d'impôts directs ou indirects qui ne soient exposées à provoquer parmi les représentants du pays des luttes d'intérêts analogues à celles dont je viens de parler; même celles qui promettent des dégrèvements ne sont accueillies qu'avec une extrême défiance. Lorsque le projet d'impôt progressif et global sur le revenu fut soumis au Parlement, j'ai entendu de nombreux contribuables, non moins républicains et souvent aussi radicaux que les auteurs du projet, tenir le raisonnement que voici : « Il semble résulter de ce projet que six millions de contribuables environ, c'est-à-dire tous ceux qui ont moins de 2500 francs de revenu, seront dispensés de l'impôt; mais, dans la pratique, il en ira tout différemment; il faudrait être bien naïf pour croire, par exemple, que le propriétaire frappé d'un impôt sur le revenu de sa maison ne le fera pas retomber sur ses locataires, sans se préoccuper s'ils ont plus ou moins de 2500 fr. de revenu. Le gouvernement s'imagine que son projet sera populaire parce qu'il exonère, en apparence, six millions de petits contribuables, dont la charge serait supportée par un million et demi de gros contribuables ; il escompte la double joie qu'éprouveront les six millions des dégrevés d'abord de ne pas payer, puis de savoir que d'autres, dont ils envient plus ou moins la richesse, paieront pour eux; mais son calcul est illusoire : les prétendus dégrevés ne tarderont pas à voir qu'ils paient autant que par le passé, car la charge des gros retombera sur leurs épaules sans qu'ils puissent s'y soustraire; de sorte que l'impôt, après avoir eu contre lui ceux dont il augmente les charges, trouvera de l'opposition de la part de ceux qu'il prétend dégrever. »

Un fait analogue s'est produit lorsque, dans le but de soulager l'agriculture d'une partie des charges de l'impôt foncier sur les propriétés non bâties, on a proposé de frapper les rentes françaises : les adversaires de ce dernier impôt invoquèrent les intérêts des détenteurs de la rente, tandis que les représentants des campagnes, peu certains de trouver un bénéfice réel dans la réforme proposée, gardaient le silence.

Avec nos mœurs parlementaires et en raison de la prédominance des intérêts locaux sur les intérêts généraux, dans la préoccupation des représentants du pays, toute réforme fiscale, si habilement conçue qu'elle soit, fait surgir autant de convoitises électorales que de passions parlementaires, et donne le signal de toutes les surenchères de promesses. Le candidat des paysans ne s'occupe plus que des paysans; celui des ouvriers ne pense qu'aux ouvriers; celui des bourgeois ne se soucie que des bourgeois; chacun, en fait, ne songe qu'à soi-même et chacun promet tout ce que réclament ses électeurs particuliers en échange d'un bulletin de vote.

En couvrant tout cela de grandes formules patrio-
tiques ou socialistes, et de déclamations plus ou
moins bruyantes, on passe pour un réformateur à
tous crins et l'on s'assure quatre nouvelles années
de potinage parlementaire. Et il en sera ainsi tant
que l'on s'obstinera à traiter la réforme des impôts
dans des projets de lois applicables au pays tout
entier; toujours on verra se dresser, en travers de
ces projets, les intérêts contradictoires des diverses
régions et des différentes catégories de contribuables, et l'on troublera le pays, on soulèvera
contre le régime républicain tous ceux dont les
intérêts sont ou se croient menacés, sans pouvoir
même introduire, dans notre régime fiscal, l'équité
qui lui fait défaut.

Il faut évidemment, recourir à d'autres expé-
dients. Un homme dont la haute compétence financière n'a jamais été contestée par personne, et qui
joignait à une grande modération dans les idées
politiques, une hardiesse parfois très grande en
matière de finances — j'ai nommé Léon Say, —
préconisait une idée à laquelle il est regrettable
que le Parlement n'ait pas prêté davantage attention. Il divisait les impôts en deux catégories : les
impôts locaux, c'est-à-dire établis par les pouvoirs
locaux et dépensés sur place par ces mêmes pouvoirs; et les impôts nationaux, votés par les
Chambres, perçus par le Gouvernement et appliqués exclusivement à des dépenses d'ordre général

ou national. Dans la première catégorie il rangeait tous les impôts directs; dans la seconde, tous les impôts indirects.

Il attribuait les impôts indirects aux dépenses nationales et les faisait établir par l'État lui-même, parce que ces impôts doivent avoir un caractère très formel de généralité, sous peine de servir à l'établissement de barrières entre les différentes régions. On ne comprendrait pas qu'un impôt de consommation sur les vins ou les alcools ne fût pas le même dans tous les points du pays. Si, par exemple, l'impôt sur l'alcool était de 250 francs en Bretagne et de 150 francs en Normandie, il est manifeste que la première de ces régions serait en quelque sorte fermée aux alcools de la seconde. Il me paraît inutile d'insister. Les droits de consommation des octrois ne sont-ils pas aussi des barrières dressées autour des villes? Ne sait-on pas quelles fraudes dangereuses pour le consommateur provoque le droit d'octroi très élevé dont Paris frappe les vins? Les impôts indirects et surtout les impôts de consommation doivent donc être communs au pays tout entier.

La même nécessité n'existe pas pour les impôts directs. Léon Say pensait qu'il y aurait avantage à les réserver pour les dépenses locales, en laissant aux pouvoirs locaux le soin de les établir. Ces pouvoirs étant plus rapprochés des contribuables que le pouvoir central, l'établissement des impôts directs serait fait en quelque sorte par les intéressés eux-mêmes. Comme, d'autre part, les conditions économiques des différentes régions de la France sont loin d'être les mêmes, il pensait que la nature des impôts directs devrait varier avec les régions, ce qui constitue un nouveau motif pour en confier l'établissement et la perception aux autorités communales, départementales ou régionales.

Dans telle région de la France les contribuables jugeraient préférable de faire payer l'impôt direct par le capital; dans telle autre par le revenu; ici par les terres, là par les maisons, ou bien par les objets et les propriétés d'agrément, ou par toutes autres catégories de matières imposables, etc. Chaque région, en un mot, prélèverait ses impôts directs là où il lui paraîtrait qu'ils seraient le moins pénibles à supporter.

Il serait beaucoup plus facile de corriger les erreurs commises, car les réformes, au lieu de porter sur les finances de la France tout entière, ne s'appliqueraient qu'à une région limitée et à un chiffre de recettes relativement minime; chaque région profiterait des expériences faites par toutes les autres, et ce serait en quelque sorte à coup sûr, que les modifications et améliorations pourraient être opérées.

Un autre avantage considérable résulterait de cette décentralisation financière. Les sommes provenant des impôts directs étant dépensées sur place, les contribuables en pourraient aisément surveiller l'emploi et ne manqueraient pas de protester contre les abus commis par les pouvoirs locaux. On arriverait vite, de la sorte, à un équilibre assez exact entre les charges imposées à chaque région et ses besoins réels. Une foule d'emplois inutiles, dont les députés favorisent la création dans le but d'y loger quelques-uns de leurs électeurs influents, disparaîtraient le jour où les contribuables seraient en mesure d'apprécier les charges qui en résultent. En admettant qu'au début il y eût quelques fautes ou abus commis par les conseils communaux ou départementaux, de district ou de région, désireux de se rendre populaires en créant des emplois et en augmentant les salaires mal à propos, ils ne tarderaient pas à disparaître sous la pression de l'opinion publique rapidement éclairée par l'augmentation fatale des impôts directs qui en serait la conséquence. La loi pourrait, d'ailleurs, intervenir pour obliger les pouvoirs locaux à consulter directement les électeurs, par la voie du référendum, sur toutes les augmentations ou transformations de taxes.

La réforme financière préconisée par Léon Say serait beaucoup facilitée par la création des districts et des régions dont il a été question plus haut. Chacun de ces nouveaux groupes administratifs trouverait, dans les impôts directs, les ressources nécessaires à son fonctionnement normal et la garantie des emprunts à contracter pour les travaux d'utilité publique ou la création des institutions d'assistance, d'enseignement, etc.

L'un des avantages les plus considérables de la décentralisation consisterait dans la possibilité d'appliquer le référendum à un grand nombre de questions, et de faire ainsi l'éducation du peuple, en même temps que l'on remettrait entre ses mains une part considérable de souveraineté effective.

§ III. — LE RÉFÉRENDUM

Le référendum m'apparaît comme la réforme où la République trouvera le moyen le plus sûr de consolider son existence et de combattre l'esprit plébiscitaire dont la majorité des citoyens français est encore animée.

Le suffrage universel n'a été appliqué jusqu'à ce jour qu'aux questions personnelles. Que font les électeurs quand ils vont déposer dans les urnes leur bulletin pour un conseiller municipal, un conseiller général, un député ou un sénateur? Est-ce pour une idée, un programme, un ensemble de doctrines qu'ils se prononcent? Rarement; dans la plupart des cas, ils votent pour celui des candidats en présence qui a su gagner leurs sympathies, soit par son éloquence, soit par l'espoir qu'il a fait naître dans l'esprit de ceux qui attendent quelque faveur, soit par l'hostilité qu'il a montrée contre tel ou tel autre candidat devenu impopulaire, ou bien contre un préfet, contre un ministère, contre la majorité qui soutient le gouvernement. Les détails du programme ne viennent qu'au second rang ; souvent même il n'en est tenu aucun compte. Beaucoup de députés sont élus sur des déclarations tellement vagues qu'ils peuvent voter blanc ou bleu sur toutes les questions, suivant leur caprice, sans que personne puisse les accuser de violer leur programme, car, en réalité, ils n'en ont pas.

C'est ainsi qu'est né, dans notre pays, l'esprit plébiscitaire, qui consiste à mettre entre les mains d'un homme les destinées du pays, uniquement parce qu'on le croit digne d'une aveugle confiance. On sait où cet esprit conduisit la France, à diverses époques de son histoire, depuis que la Révolution a institué le suffrage universel.

La limitation de l'exercice du suffrage universel au choix des personnes a une autre conséquence presque aussi grave. Elle est cause qu'un très grand nombre d'électeurs ne prennent pas part aux scrutins, sous le prétexte qu'aucun des candidats en présence ne leur plaît suffisamment : l'un est trop radical, l'autre trop modéré, un troisième trop entaché de socialisme, un quatrième trop individualiste, celui-ci passe pour être entaché de religiosité, celui-là est franc-maçon, etc., et l'électeur reste au coin de son feu, en attendant l'oiseau

rare qui donnera une entière satisfaction à son
idéal politique.

L'indifférence des électeurs serait beaucoup
moins grande, à coup sûr, si, au lieu de les consulter uniquement sur des personnes qu'ils ne connaissent généralement pas, on prenait leur avis
sur des questions mettant en jeu leurs intérêts
pécuniaires ou leurs sentiments politiques, religieux, économiques, etc. Je suis persuadé, par
exemple, que si l'on consultait les habitants d'une
commune sur une augmentation ou une diminution
des taxes locales, sur un emprunt destiné à l'exécution de tel ou tel travail et devant occasionner la
création d'une taxe ou d'une surtaxe nouvelles,
sur l'interdiction ou l'autorisation des processions,
sur le traitement du curé ou de l'instituteur, sur la
création de fonctionnaires nouveaux, etc., et s'ils
savaient que de leur vote résulterait la solution de
ces questions, dans tel ou tel sens favorable ou défavorable à leurs intérêts ou à leurs idées, ils iraient
aux urnes avec beaucoup plus d'empressement que
quand on les y appelle pour se prononcer sur tel
ou tel citoyen qui, une fois élu, pourra faire tout
ce qu'il voudra, sans que les électeurs aient aucun
moyen de l'en empêcher.

Dans le premier cas, le vote est suivi d'un effet
immédiat, nettement défini et connu d'avance;
dans le second, il est impossible de savoir ce qui
en résultera. Dans le premier cas, l'électeur est

directement intéressé à exprimer sa manière de voir; dans le second, il ne s'agit que d'un intérêt lointain et peu manifeste; il est évident que tout le pousse, dans le premier cas, vers la salle du scrutin, tandis que, dans le second, il peut invoquer mille motifs ou prétextes pour ne se point déranger.

Le référendum offre encore l'indéniable avantage d'être le moyen le plus efficace pour permettre à la Souveraineté nationale d'intervenir directement dans la gestion des affaires publiques. Avec le référendum, c'est-à-dire avec la consultation directe des électeurs sur les questions les plus importantes, les abus du système représentatif seraient considérablement atténués; on ne verrait plus une poignée de représentants du peuple sacrifier impunément les intérêts généraux du pays à leurs intérêts particuliers. Je considère donc le référendum comme le complément nécessaire de la décentralisation. C'est, d'ailleurs, dans le domaine des questions locales qu'il trouve le mieux son application, et c'est dans ce domaine qu'il faut, pour débuter, en faire l'expérience.

En 1889, quelques communes de France y eurent recours afin de régler soit des questions religieuses, notamment celle des processions, soit des questions de travaux et d'emprunts. Dans le premier cas, les électeurs se prononcèrent presque toujours dans le sens le plus libéral; dans le second, ils se montrèrent très ménagers des ressources budgétaires.

En Suisse, où le référendum est fréquemment appliqué, le suffrage universel se prononce presque toujours en faveur des solutions modérées et contre les grosses dépenses, au point que beaucoup de Suisses radicaux et socialistes lui sont hostiles, surtout en matière de travaux publics. Ils accusent les électeurs de n'avoir pas des vues assez générales et de rester indifférents aux travaux qui ne les intéressent pas directement. Cette objection marque la limite dans laquelle le référendum pourrait, sans inconvénient, être appliqué dans un pays comme le nôtre.

Il est manifeste qu'il ne donnerait que de mauvais résultats, si l'on consultait tous les électeurs français sur les travaux à exécuter aux frais du budget de l'État, dans une région déterminée de la France. Si, par exemple, on demandait à tous les contribuables leur avis sur l'exécution des canaux d'irrigation que le Sud-Est réclame; il est à peu près certain que, dans toute la France, sauf dans les cinq ou six départements intéressés, la réponse serait négative : la Normandie, la Bretagne, l'Aquitaine, etc., refuseraient de supporter des charges dont le Sud-Est seul tirerait profit. Le résultat serait identique, si l'on appelait toute la France à se prononcer sur le rachat des canaux du Midi, le creusement des passes de la Gironde, etc., c'est-à-dire

sur des dépenses n'intéressant d'une manière
directe que le sud-ouest de la France.

Avec le système représentatif n'en est-il pas de
même? Si le Midi attend en vain, depuis vingt-cinq
ans, ses canaux d'irrigation, si la Gironde n'a pas
pu encore améliorer les passes de son fleuve, si le
rachat des canaux du Midi est encore un problème
de solution douteuse, si les Pyrénées, dépourvues
de réservoirs, menacent encore le bassin de la
Garonne des terribles inondations qui occasionnent
de temps à autre de si terribles dégâts, si Paris
n'est point le port de mer qu'il pourrait être et
dont la concurrence serait capable de porter un
coup mortel aux docks de Londres, n'est-ce point
parce que ces travaux n'intéressant, en apparence,
que telle ou telle région déterminée du pays, ou
menaçant d'autres points d'une concurrence, la
grande majorité des députés n'a pour eux qu'indifférence ou hostilité? Tous ceux qui ont suivi avec
attention les débats des Chambres, à l'époque de
l'établissement du grand plan de travaux publics
de M. de Freycinet, savent avec quelle âpreté les
députés des diverses régions se disputaient les
milliards demandés au Parlement. Chacun ne consentait à voter les projets du gouvernement, que si
l'on attribuait à sa circonscription une portion plus
ou moins grosse du gâteau budgétaire, et chacun
proportionnait à son influence parlementaire le
volume du morceau réclamé. C'est ainsi que le

gouvernement fut entraîné beaucoup plus loin qu'il n'aurait voulu aller, et qu'on décida maints travaux dont l'utilité n'était que très problématique.

Le régime représentatif n'est donc point à l'abri des critiques adressées au référendum pour ce qui concerne les travaux publics. J'ai déjà montré plus haut que certains travaux dont l'utilité ne saurait être contestée, et certaines institutions dont la nécessité est urgente, ne pourront voir le jour que quand une décentralisation administrative et financière convenablement faite mettra les diverses régions de la France en possession des pouvoirs et des moyens financiers leur permettant de trancher, en toute indépendance, les questions qui intéressent particulièrement chacune d'entre elles.

Ce jour-là, le référendum trouvera son application et même sera nécessaire, soit pour exciter le zèle des assemblées représentatives locales, soit pour empêcher qu'elles ne se laissent entraîner, par la recherche de la popularité ou par le souci des intérêts particuliers de leurs membres, à des dépenses superflues. Il est bon de noter qu'en France, comme en Suisse, lorsqu'il a été fait appel au référendum pour des dépenses communales, les électeurs se sont montrés plus économes que les assemblées locales. Quelques faits de ce genre peuvent être notés au cours des expériences de référendum qui furent faites par diverses communes en 1889.

En matière de travaux publics et de ressources financières à créer pour l'exécution de ces travaux, il faudrait avoir grand soin de n'user du référendum que dans les limites où la raison conseille de l'employer, c'est-à-dire en ne consultant que les électeurs directement intéressés.

Dans les mêmes limites, il rendrait de grands services pour la solution des conflits d'ordre religieux qui existent dans un grand nombre de communes, notamment en ce qui concerne les processions. En 1896, la ville de Beauvais a donné, en cette matière, un exemple très digne d'intérêt. Depuis l'époque où la ville fut délivrée du siège du duc de Bourgogne par un mouvement de la population où les femmes, sous la conduite de Jeanne Hachette, jouèrent, dit-on, le premier rôle, les Beauvaisiens avaient l'habitude de célébrer, tous les ans, cette victoire mémorable, par une procession où figuraient, avec le clergé, de nombreuses jeunes filles. On allait à la cathédrale chercher la bannière de Jeanne Hachette et l'on se rendait sur les remparts où une jeune fille tirait le canon. Il y a quelques années, cette procession fut supprimée, en même temps que celles de la Fête-Dieu, ou plutôt le clergé cessa d'y figurer. Ce fut la cause de grosses querelles entre les habitants : les uns réclamaient le retour aux habitudes anciennes, les autres s'y opposaient avec une énergie non moins grande. En mai 1896, la municipalité fut élue sur la promesse de consulter les habitants de Beauvais par la voie du référendum. Aussitôt après l'élection, les Beauvaisiens furent appelés au vote; ils se prononcèrent, à une énorme majorité, en faveur de la réapparition du clergé dans la manifestation de Jeanne Hachette. Il y eut, au moment du référendum, des querelles assez vives entre les deux partis, mais la paix revint après la cérémonie qui amena dans la ville un grand afflux d'étrangers et occasionna de gros bénéfices aux hôteliers, aubergistes et autres commerçants.

L'introduction du référendum dans nos mœurs politiques, en attendant qu'il soit inscrit dans les lois, contribuerait probablement beaucoup à augmenter le nombre des partisans de la décentralisation, en même temps qu'il attacherait davantage le peuple tout entier à la République, par le goût qu'il prendrait à la gestion de ses affaires. Aujourd'hui, il importe assez peu à la plupart des électeurs que telle question soit réglée par le Conseil municipal, le Conseil général ou les Chambres, car ils restent aussi étrangers à la solution dans un cas que dans l'autre. Il n'en serait plus de même, s'ils étaient appelés à se prononcer souverainement sur celles qui entrent dans le domaine communal. Ils seraient alors les premiers à réclamer l'extension des attributions de la commune, afin d'étendre l'horizon de leur propre souveraineté.

Les adversaires du référendum reprochent à ce

procédé de consultation du suffrage universel, de soumettre au peuple des questions qu'il serait incapable de résoudre. « Comment peut-on admettre, disent-ils, que le suffrage universel soit capable de se prononcer sur un emprunt, sur une réforme fiscale, sur un travail d'utilité publique ou sur toute autre question de ce genre, alors qu'il se montre si insuffisant dans le choix des hommes qui sollicitent ses suffrages? En admettant que le référendum soit une institution théoriquement utile, il faut attendre, pour l'introduire dans nos mœurs et dans nos lois, que le peuple ait fait son éducation politique. »

A ces objections, il est facile de répondre que le référendum est probablement le meilleur moyen dont nous puissions disposer pour faire l'éducation politique du peuple. Comment, avec le système représentatif, les électeurs pourraient-ils s'instruire? Une fois tous les quatre ans, ils sont appelés à se prononcer entre trois ou quatre candidats dont les discours, les proclamations, les affiches portent beaucoup plus sur les personnes que sur les graves problèmes de la vie nationale; c'est avec des passions mises en effervescence par les luttes électorales, qu'ils vont au scrutin et non avec les réflexions qu'inspirerait la discussion de questions sérieuses; c'est sur des personnalités ennemies qu'ils se prononcent, et non sur des idées. Avec de pareilles mœurs, il est absolument impos-

sible que l'éducation du peuple se fasse, et l'on ne
doit pas être trop étonné qu'après vingt-six ans
de République et quarante-trois ans d'application
du suffrage universel, la majeure partie des électeurs ne soit pas plus éduquée qu'elle ne l'était
en 1851, lorsque le peuple, en quelque sorte lassé
d'une souveraineté dont il ne savait pas se servir,
la remettait aux mains d'un dictateur, duquel pendant dix-huit ans il attendit l'indication officielle des
candidats qu'il envoyait à la Chambre des Députés.

Il me paraît certain que le jour où les électeurs,
au lieu d'être consultés simplement sur le choix de
leurs représentants dans les divers conseils électifs,
le seraient sur des questions les intéressant directement, la nation s'instruirait, se ferait des con-
victions raisonnées, et bientôt apporterait dans
l'exercice du suffrage universel, une hauteur de
vues qui lui fait aujourd'hui entièrement défaut.

Les vagues programmes des idéologues auraient
moins de prise sur les masses si celles-ci, au lieu
d'avoir à se prononcer sur de beaux discours et à
voter pour les orateurs les plus applaudis, étaient
obligés de prendre une décision ferme sur des
questions où leurs intérêts matériels et moraux
seraient engagés. Sans doute, il resterait encore des
aveugles et des imprudents pour voter en faveur
des solutions les plus violentes ou les plus utopi-
ques, mais il n'est point douteux que leur nombre
irait sans cesse en diminuant, à mesure que l'ins-

truction générale et l'éducation politique se répandraient, par la discussion d'objets précis et par l'obligation où se trouverait chaque citoyen de prendre des responsabilités effectives. Il est remarquable qu'en Suisse, où le référendum est passé dans les mœurs, ce sont presque toujours les solutions les plus modérées qui l'emportent dans les consultations populaires. C'est grâce au référendum que la Suisse échappe, depuis quelques années, au mouvement de centralisation collectiviste vers lequel certains représentants au Conseil fédéral voudraient la lancer.

Aucune raison sérieuse ne peut donc être invoquée contre le référendum, tandis que des motifs d'ordres très divers, et d'une haute valeur, doivent pousser les partisans du régime démocratique à réclamer son introduction dans nos mœurs et dans nos lois. C'est, d'ailleurs, une réforme qui se prête admirablement à l'application de la méthode expérimentale : rien n'est plus facile que d'y procéder graduellement, par étapes successives, et en modifiant, au fur et à mesure des expériences, les procédés mis en usage dans son emploi.

J'ai rappelé plus haut le référendum employé, en juin 1896, par la municipalité de Beauvais, afin de faire régler par les électeurs eux-mêmes la question très controversée, dans la ville, depuis une dizaine d'années, et relative à l'intervention ou à la non-intervention du clergé dans le cortège historique de Jeanne Hachette. Le gouvernement n'ayant mis aucun obstacle à l'emploi de ce moyen de consultation des électeurs, il est permis d'en conclure qu'il en admet la légalité. Un journal républicain conservateur et officieux souligna, sur le moment, l'opinion du gouvernement par les considérations suivantes : « On a dit que cette procédure n'était pas dans les lois, mais si rien ne la prescrit, rien non plus ne la défend, et dès lors il semble qu'il est permis d'en user, à moins que nous en soyons venus à ce point d'inertie personnelle que nous ne puissions rien faire que par ordre. Comment blâmer une municipalité, dans les choses où elle est souveraine absolue, de vouloir contenter l'opinion de la majorité des citoyens, d'essayer de la connaître et, pour la connaître, de la leur demander? » La théorie soutenue par *le Temps*, dans les lignes que je viens de citer, est conforme à ce principe que tout ce qui n'est pas défendu par la loi est permis. Or, aucune prescription légale n'interdit aux municipalités de consulter les électeurs communaux sur les questions dont la solution est réservée aux autorités municipales.

La municipalité socialiste de Dijon a fait tout récemment une expérience de référendum qui doit être notée ici, en raison de la tolérance dont elle a été l'objet de la part du gouvernement, et parce que cette tolérance confirme la doctrine que je viens d'exposer. Dans le but de supprimer les octrois de Dijon, le conseil municipal avait songé à la création de centimes additionnels aux contributions directes. Sur près de 17 000 électeurs 2076 seulement se prononcèrent en faveur des centimes additionnels, 160 votèrent contre, tous les autres s'abstinrent. Sans tenir compte des abstentions, le conseil municipal a décidé le remplacement de l'octroi par la taxe nouvelle; et le gouvernement n'a fait aucune objection. Les abstentionnistes ont-ils le droit de se plaindre, sous prétexte que le référendum n'est pas inscrit dans la loi? non, sans doute, et si la taxe nouvelle les blesse, ils auront soin de montrer plus de zèle, quand il s'agira de réélire les conseillers municipaux; et je suis convaincu que s'il est procédé, dans l'avenir, à une seconde expérience de référendum, ils y prendront part.

En 1889, le gouvernement interdit, par une circulaire, le référendum auquel certaines communes commençaient à se livrer parce qu'on voyait l'application d'un des articles du programme boulangiste. La tolérance montrée, en 1896 et en 1897, par le gouvernement, témoigne qu'on est revenu à la saine interprétation de nos lois ou que l'on ne voit plus aucun péril dans l'usage du référendum communal.

Les municipalités doivent profiter de cette tolérance; elles feront sagement d'en user pour toutes les questions d'un intérêt réel, sur lesquelles les habitants de la commune sont divisés. Les meilleures lois sont celles qui ont d'abord figuré dans les mœurs.

Appliquons cette doctrine au référendum communal; introduisons-le dans nos mœurs afin d'être certains qu'il passera un jour dans nos lois; habituons le peuple à exercer directement sa souveraineté dans les questions communales; cela lui donnera le goût de l'étude de ces questions, et lui inspirera le désir de faire pénétrer son intervention directe dans les domaines de la politique, de la sociologie, des finances publiques, et il s'attachera d'autant plus à la République qu'il y jouera un rôle plus considérable.

Lorsque, grâce à l'exercice prolongé du référendum communal, les électeurs se seront habitués à étudier les questions économiques, sociales, etc., dont la solution est abandonnée, par les lois actuelles, aux municipalités; lorsque l'éducation du peuple sera faite en ce qui concerne les problèmes auxquels sa vie de tous les jours est intéressée; lorsque, en un mot, la nation aura pris l'habitude d'exercer directement sa souveraineté dans le domaine communal, on trouvera tout naturel d'étendre le référendum aux questions intéressant les districts ou collectivités de communes, puis à celles intéressant les régions ou collectivités de départements, et enfin, aux problèmes intéressant la nation tout entière.

C'est, par exemple, au référendum qu'il faudrait

alors avoir recours pour solutionner, d'une manière définitive, les questions législatives sur lesquelles la Chambre des Députés et le Sénat ne pourraient pas parvenir à se mettre d'accord. C'est à lui aussi qu'il faudrait laisser le soin de se prononcer, en dernier ressort, sur les lois augmentant les charges publiques, sur les modifications à introduire dans les lois constitutionnelles, sur certaines réformes sociales, etc.

Aux États-Unis, le peuple doit, obligatoirement, être consulté, par voie de référendum, sur toutes les modifications à la Constitution fédérale votées par les assemblées constituantes. En Suisse, les citoyens ont le droit de provoquer, par voie de pétition, un référendum sur toutes les lois votées par le Conseil fédéral. Indépendamment de ce référendum facultatif, auquel les pouvoirs publics sont tenus de faire procéder dans un délai déterminé si le nombre des pétitionnaires atteint le chiffre fixé par la constitution, il en existe un autre obligatoire, auquel sont soumises toutes les lois portant sur certaines questions indiquées par la loi constitutionnelle. L'existence de la Chambre des Députés est elle-même soumise au référendum; elle peut être dissoute à la demande du peuple.

Par ces dispositions, la constitution fédérale Suisse et les constitutions des Cantons assurent au peuple les moyens d'exercer directement sa souveraineté, toutes les fois qu'il lui convient, et elles limitent, dans une très large mesure, les pouvoirs des autorités représentatives de la nation.

En admettant que l'étendue de notre territoire et les caractères particuliers de notre race ne permettent pas d'appliquer à la République française un système de référendum aussi large que celui dont la Suisse est dotée, rien ne peut nous empêcher d'imiter, de plus ou moins loin, un régime dont nos voisins sont tellement satisfaits qu'ils en usent chaque jour davantage.

En résumé, parmi les nombreux moyens qui permettent de faciliter l'exercice direct de la souveraineté populaire et d'atteindre, dans une certaine limite, cet idéal, intangible dans son intégralité, du régime démocratique « le gouvernement du peuple par le peuple », la décentralisation et le référendum nous apparaissent comme ceux qu'il est le plus nécessaire d'introduire dans nos mœurs et dans nos institutions. Ce résultat peut être atteint graduellement, par l'application de la méthode expérimentale et évolutionniste, et même sans qu'il soit nécessaire de bouleverser nos lois ni de toucher à la Constitution.

CHAPITRE VIII

De la Législation et des institutions sociales
dans la République démocratique.

science et la législation sociale. — Rechercher les conditions les plus favorables au progrès des sociétés humaines et les provoquer par les lois économiques et sociales : concilier les intérêts individuels et les intérêts sociaux; faire disparaître l'antagonisme des intérêts familiaux et sociaux; combattre la misère; élever et instruire les enfants; protéger les nourrices et les mères; faire vivre les vieillards; supprimer l'inégalité sociale des deux sexes et relever le rôle de la femme; supprimer la guerre, nuisible au progrès des nations et des races; empêcher l'épuisement de la race par l'excès du travail et régler les conflits du travail. — Nécessité de la décentralisation en matière d'assistance. — Nécessité de consulter les intéressés sur les lois relatives aux conditions du travail. — Application aux problèmes sociaux de la méthode des législations temporaires et séparées.

§ I. — DOCTRINES SOCIALES MÉTAPHYSIQUES

Différentes par la forme, la plupart des doctrines qui ont servi jusqu'à ce jour de base aux théories sociales se ressemblent en réalité par le fond, ne sont qu'en très petit nombre et ne reposent que sur des idées métaphysiques.

Les socialistes chrétiens prennent pour point de départ, après Jésus, le principe de la fraternité humaine. Tous les hommes, étant fils de Dieu, sont frères et ont la jouissance en commun des biens de leur Père céleste. Aucun homme ne peut jouir d'aucun bien ni éprouver aucun bonheur qu'il ne soit tenu de partager avec tous ses frères; chacun doit travailler pour tous et profiter du travail de tous; le sol est commun à tous, les instruments de travail sont la propriété de tous, le fruit du travail doit être divisé en parts égales entre tous les membres de la communauté. La propriété sous toutes ses formes ne saurait, à aucun titre, revêtir le caractère individuel, elle est toujours commune et collective; l'intérêt de l'argent est même condamné.

Il semblerait résulter de cette théorie que les sociétés communistes chrétiennes, telles que les congrégations, ne devraient reconnaître aucune autorité humaine. Mais ces sociétés ne peuvent pas plus que les autres se passer d'une organisation; l'anarchie (ou absence d'autorité) ne peut exister que théoriquement; les communautés théocratiques les plus fraternelles, les plus égalitaires, celles qui condamnent le plus formellement la propriété individuelle, admettent donc une autorité directrice, mais elles en placent la source en dehors des hommes, dans la Divinité. Tous les membres de la société sont égaux entre eux et les biens sociaux leur sont communs, mais tous obéissent à un chef qui est le délégué de Dieu sur la terre, règle les rapports des membres de la société entre eux et dicte leurs devoirs souverainement, au nom de la justice et de la vérité divines.

Cette conception fut mise en pratique dans les premières sociétés chrétiennes; elle servit de base à l'organisation des compagnies coloniales fondées par les jésuites au xvi⁰ et au xviie siècle dans l'Amérique du Sud; elle se retrouve encore, plus ou moins modifiée, dans certains établissements coloniaux fondés par les missionnaires catholiques en Asie.

C'est le même principe théocratique qui inspira toute la législation sociale de la monarchie française. Le monarque tenant du Ciel non seulement la puissance matérielle, mais encore le sentiment de la vérité et de la justice, réglait par ses édits et ordonnances, d'une façon souveraine, et « par la grâce de Dieu », les conditions de l'exercice de la propriété et celles du travail : il limitait ou étendait l'usage des droits individuels, interdisait à l'ouvrier de se faire patron sans en avoir reçu l'autorisation, limitait le nombre des commerçants et celui des industriels de chaque métier, fixait les heures d'entrée et de sortie des ateliers, établissait des minima et maxima de salaires, interdisait les ententes d'ouvriers, etc.

En face de cette doctrine théocratique et de cette sociologie chrétienne, des esprits non moins absolus formulent une autre doctrine et une autre sociologie, qui ont la prétention d'écarter toute base religieuse et de ne s'appuyer que sur des conceptions humaines, mais qui aboutissent à peu près aux mêmes résultats. La terre est considérée comme le bien commun de tous les hommes; nul n'a le droit de s'en approprier la moindre parcelle; celui qui enclot de barrières le champ cultivé par ses mains et dont il prétend s'arroger les produits, celui, en un mot, qui fonde la propriété individuelle, dérobe à ses congénères une portion de ce qui leur appartient, il viole le principe de « justice », qui est considéré comme devant servir de base à la réglementation de l'exercice des droits individuels des hommes, et il s'attire cette apostrophe de Proudhon : « La propriété c'est le vol. »

De même qu'il est injuste de s'emparer d'une parcelle quelconque du sol, bien commun et indivis de l'humanité, de même il sera injuste de limiter, en quelque manière que ce soit, l'exercice des droits individuels des hommes et de les soumettre à une autorité quelconque : l'anarchie, ou absence de gouvernement, et le communisme seront les principes sur lesquels toute société humaine, soucieuse de se conformer à la « justice », devra être édifiée. Mais pas plus avec cette doctrine qu'avec celle issue de la fraternité chrétienne, il ne sera possible de constituer une société susceptible de fonctionner et encore moins de se perpétuer.

Le sentiment de la pure justice, d'une justice fondée exclusivement sur le respect de chacun des membres de la société pour les droits de tous les autres, ne pourrait naître que dans des esprits très cultivés, exhaussés par la science et l'éducation au-dessus de l'humanité, ayant perdu les vices, les défauts et l'égoïsme que les hommes tiennent de leur atavisme. Alors même que tous les membres d'une telle société seraient intellectuellement et moralement capables de concevoir cette justice, il ne leur serait pas moins impossible de vivre en société sans organisation. Or, celle-ci entraîne nécessairement la reconnaissance de certains individus comme organisateurs d'abord et ensuite comme directeurs de la communauté sociale. Ou bien un contrat interviendra entre tous les membres de la société pour désigner ces hommes et fixer leurs pouvoirs, ce qui ne serait possible que dans une thélème infiniment réduite, ou bien certains membres de la société, plus intelligents, plus actifs, plus entreprenants que les autres, s'empareront des premiers rôles et détermineront eux-mêmes leurs pouvoirs; dans les deux cas, l'anarchie fera place à un gouvernement qui lui-même modifiera, conformément à ses intérêts, les notions du juste et de l'injuste, et le communisme fondé sur la conception humaine de la « justice absolue » s'écroulera non moins rapidement que le communisme fondé sur la fraternité théocratique, dans un autoritarisme d'autant plus brutal que les hommes ne possédant rien n'auront rien à protéger ni aucun moyen de résister.

En fait, l'application des doctrines anarchistes et communistes n'a jamais pu être réalisée par aucune société humaine de quelque importance, soit que ces doctrines s'appuyassent sur l'idée religieuse, soit qu'elles prissent pour base l'idée, en apparence plus humaine mais, en réalité, non moins mystique, de la justice absolue. Ces doctrines ont pu s'étaler dans les livres ; on les voit figurer, depuis l'antiquité la plus reculée, dans la littérature de presque tous les peuples, mais elles sont restées à l'état de conceptions théoriques.

§ II. — INDIVIDUALISME ATAVIQUE

Il n'en pouvait être autrement, car l'homme est issu d'ancêtres qui tous s'inspirent de pensées égoïstes et pour lesquels le « mien » est tout, le « tien » ne signifiant que ce qu'ils sont incapables de prendre. L'homme n'a point eu à créer la notion de la propriété individuelle, il l'a trouvée dans son héritage, avec l'égoïsme et la nécessité inéluctable de lutter sans cesse soit contre le milieu cosmique, soit contre ses semblables, soit contre les autres êtres de la nature, pour conserver son individu et son espèce. De même que le chien rencontrant un os s'en empare et le défend, propriété devenue individuelle, contre tous ceux, chiens, renards, loups ou hommes qui voudraient s'en emparer, de même l'homme primitif défendra contre ses semblables le chevreuil qu'il a tué, le poisson qu'il a pêché, le fruit qu'il a cueilli. Puis, ayant apprivoisé l'animal, planté l'arbre, semé les graines, il défendra, contre toute atteinte des animaux et des hommes, les êtres et les choses qu'il a fait siens : le sol qui a reçu ses semences et la fontaine qui lui sert à l'arroser, la caverne où il s'abrite, le foyer qu'il allume par le frottement de cailloux ou de morceaux de bois secs, la femme qui excita sa chair et séduisit son cœur, les enfants qui naquirent de ses plaisirs sexuels, tout ce dont, en son égoïsme héréditaire, il pourra dire : « Ceci est à moi. » Nulle théorie ne prévaudra contre un sentiment qu'il tient de la nature même.

Le jour où, par le progrès de son esprit, l'amélioration de ses mœurs, l'évolution ascendante de tout son être, il remplacera son isolement et sa vie purement familiale, par cette existence sociale dont il n'a point le monopole, mais qu'il a poussée beaucoup plus loin que tous les autres êtres, la première chose qu'il demandera à la société, ce sera de l'aider à protéger sa femme, ses enfants, son foyer, sa maison, son champ, sa fontaine, tout ce qui constitue sa propriété. Et si les théoriciens lui prêchent le communisme et l'anarchisme, il restera sourd à leurs doctrines, car le communisme le priverait de son avoir personnel, et l'anarchisme ferait disparaître la force sociale où il trouve la protection de sa personne et de son bien.

A mesure que son cerveau se développera, que son intelligence s'ouvrira aux révélations des faits que la nature étale sous ses yeux, son sentiment de la propriété s'élargira, deviendra moins individuel et moins égoïste. Ce ne sera plus pour lui seul qu'il voudra posséder, mais aussi pour sa femme, pour ses enfants, pour ses amis, pour ceux qui vivront après sa mort, pour lesquels il aura travaillé pendant sa vie en même temps que pour soi-même, et dont il veut assurer le bonheur dans l'avenir comme il le fait dans le présent. La propriété était d'abord purement individuelle, elle deviendra, par l'évolution du cerveau humain, familiale; elle était à un seul homme, elle sera à une famille; elle était fugitive comme la vie de l'individu, elle sera permanente comme l'existence de la famille; elle était purement égoïste, elle deviendra altruiste dans la limite de tous ceux que l'homme chérit, avec lesquels il partage ses biens pendant sa vie et auxquels il les laisse le jour de sa mort.

Tandis que la propriété individuelle subira cette évolution ascendante, les exigences de l'homme à l'égard de la société dont il fait partie subiront les mêmes transformations : ce n'est pas pour lui seul et pour son bien personnel qu'il demandera une protection, mais pour le bien de sa famille, pour tout ce qu'il laissera après sa mort à sa femme, à ses enfants, à ses amis, aux gens moins heureux qu'il avait pris l'habitude de secourir et qu'il veut savoir être secourus après sa disparition, à la société elle-même, si ses sentiments altruistes se sont suffisamment développés pour qu'il étende à la société dont il fait partie l'affection qu'il réserva d'abord à sa femme et à ses enfants. Après avoir demandé la protection de la société pour sa pro-

priété individuelle, puis pour sa propriété familiale, il la demandera pour ses volontés dernières
et pour son héritage.

Cependant, quelque extension que prennent les
sentiments altruistes, il ne viendra pas à l'esprit
de cet homme de travailler au profit exclusif de la
société. Au fond de son cœur subsiste l'égoïsme
qu'il hérita de ses ancêtres, et dans cet égoïsme il
puise non seulement l'idée de la propriété individuelle, mais encore celle que la société ne saurait y
toucher sans violer sa propre individualité. L'idée
du droit de posséder se joint à celle de la possession; et cette idée ne fera que s'enraciner dans son
cerveau à mesure qu'y surgiront celles des autres
droits : droit de dire ce qu'il pense et de l'écrire, de
se réunir à ses semblables où et quand il lui convient pour faire ce que bon lui semble, de s'associer à
eux pour des œuvres communes quelconques, matérielles, intellectuelles ou morales, de pratiquer la
religion qu'il tient de sa famille ou de son libre
choix, d'enseigner à ses enfants, à ses proches,
à ses voisins et à tous ceux qui voudront bien
l'écouter, ce que lui-même apprit au cours des
expériences de la vie, par la culture de son cerveau, par la lecture des écrits des autres hommes.
C'est dans la propriété individuelle qu'il trouvera
les moyens de faire valoir ces droits, de même qu'en
elle il trouva le germe des idées sur lesquelles ils
reposent. La propriété individuelle n'est-elle pas,

en effet, le plus puissant instrument de défense des droits individuels? N'a-t-on pas vu toutes les révolutions être préparées par les hommes qui possèdent et qui pensent, c'est-à-dire par ceux qui avaient quelque chose à défendre contre le despotisme et dont l'intelligence était suffisamment développée pour acquérir la connaissance des droits à revendiquer et celle des moyens à employer dans cette revendication?

Mais, d'autre part, ceux qui, par droit de premier occupant ou par héritage, ou par le produit accumulé de leur travail, sont parvenus à l'état de propriétaires du sol, ou du capital ou d'un outillage industriel, agricole, commercial quelconque, ceux aussi qui possèdent l'instruction et la science, cet autre capital non inférieur aux autres, tous ces privilégiés n'ont-ils pas intérêt à empêcher les autres hommes de devenir, à leur tour, possesseurs du sol, du capital, de l'outillage ou de l'instruction auxquels ils doivent leur puissance directrice? Puisque ce sont eux qui font les lois et les révolutions, ne feront-ils pas toujours les unes et les autres dans leur intérêt exclusif? L'égoïsme héréditaire de l'espèce humaine ne sera-t-il pas assez puissant pour contre-balancer dans leur cœur les sentiments altruistes que l'éducation y fait naître? Les détenteurs de la propriété et de l'instruction ne se ligueront-ils pas pour empêcher les autres hommes de parvenir à la propriété, à la

science et à la situation prépondérante que l'une
et l'autre donnent à ceux qui les détiennent?

L'histoire entière de l'humanité répond à ces
questions par l'affirmative; elle nous montre, à
toutes les époques, les hommes parvenus à la possession des biens matériels et intellectuels organi-
sant la société dans le but de défendre leurs privilèges. C'est ce fait brutal, c'est cette conduite traditionnelle des *beati possidentes* qu'Adolphe Thiers
traduisait en règle politique, pour l'organisation
du gouvernement parlementaire, lorsqu'il écrivait
cette phrase citée au début d'un précédent chapitre :
« Même dans la République, il y a de hautes classes
qui doivent s'opposer au mouvement trop rapide
des classes qui s'élèvent, en défendant les institutions anciennes contre les institutions nouvelles. »
Nous avons vu que ces préceptes n'ont été que trop
suivis et que, même aujourd'hui, dans notre pays
et sous le régime républicain, les institutions
politiques sont toutes, y compris le fonctionnement
du suffrage universel, agencées de manière à protéger autant que l'état des mœurs le comporte, les
privilèges des classes élevées.

§ III. — LES RÉVOLUTIONS ET L'INDIVIDUALISME

En même temps que l'histoire nous offre ce
spectacle, elle nous permet d'assister aux efforts

incessants faits, depuis l'origine de toutes les
sociétés humaines, par les individus que le hasard
de la naissance déshérite et qui veulent se hausser
jusqu'à ceux qu'elle favorise. Les révolutions politiques ne sont presque toujours, en réalité, que
des révolutions sociales. Lorsque le peuple de
Rome contraint le Sénat à lui accorder des tri-
buns, c'est parce que la conquête d'une fraction du
pouvoir lui assurera les moyens de prendre part à
la fabrication des lois qui règlent les conditions de
la propriété et du travail. Lorsque les Gracques
poussent à la reconstruction de Carthage et à la
création de la Provincia romana dans le sud de la
Gaule, c'est afin de pouvoir donner aux pauvres,
aux déshérités de la fortune, des terres qu'ils ne
sauraient prendre en Italie et en Sicile, où les
territoires les plus fertiles sont aux mains des
patriciens et exploités à leur profit par des milliers
d'esclaves. Plus tard, la popularité de Jules César
naît des terres qu'il distribue à ses soldats et à ses
partisans, et l'empire ne se fonde que sur les aspi-
rations d'un peuple de clients et d'esclaves qui,
depuis des siècles, rêvent de la possession du sol
et des richesses que le travail en fait jaillir.

L'histoire de la Gaule et de la monarchie française est-elle autre chose que la lutte de ceux
qui n'ont rien contre ceux qui possèdent? Ne
voit-on pas les esclaves et les serfs, d'abord attachés au sol et vendus avec lui, profiter de tous les

malheurs survenus aux propriétaires et seigneurs
féodaux, des guerres qui les détruisent et les
ruinent, des croisades où la monarchie et l'Église
les envoient mourir, pour s'emparer petit à petit
des lopins de terre dont ils n'avaient jadis que la
charge accablante et se transformer d'esclaves en
serfs, de serfs en tenanciers et de tenanciers en
propriétaires? La révolution de 1789 est-elle autre
chose, en fait, que la reconnaissance légale, par la
société française tout entière, des empiétements
successifs faits par ceux qui n'avaient rien sur
ceux qui possédaient? Que représentent la confiscation et la vente des biens des émigrés et du clergé,
sinon le dernier acte par lequel l'ancien esclave,
l'ancien serf, met la main sur les terres que ses
ancêtres convoitèrent pendant dix-huit siècles sans
pouvoir y atteindre?

Est-ce la monarchie que le peuple entend détruire
en 1789? Est-ce le régime républicain que les Français veulent alors fonder? Nullement; avant tout
et par-dessus tout, le peuple veut obtenir le droit
de posséder le sol, l'outil industriel, agricole et
commercial qui rendent l'homme plus fort dans la
lutte pour l'existence. Le premier acte de l'Assemblée nationale, en 1789, est la « Déclaration des
droits de l'homme et du citoyen ». Plus tard, quand
le peuple voudra aussi gouverner, quand il demandera la substitution de la République à la monarchie, ce sera surtout pour s'assurer les propriétés

qu'il vient de conquérir. On le verra, en effet,
. abandonner, à maintes reprises, dans le cours du
siècle suivant, sa souveraineté gouvernementale
et même ses libertés à des dictateurs, des empereurs et des rois, pourvu qu'il ne soit porté aucune
atteinte à son droit de posséder, d'acquérir, de
s'enrichir à son profit personnel et au profit de sa
famille.

Ces préoccupations dominent à tel point les
esprits, au moment où éclate la Révolution,
qu'avant même de proclamer les Droits de l'homme
et du citoyen et de procéder à la réorganisation
politique du pays, l'Assemblée nationale constituante supprime toutes les entraves mises, par la
doctrine sociale théocratique de la monarchie, à la
propriété, au travail, au commerce et à l'industrie.
Son premier acte officiel est celui du 4 août 1789
qui, abolissant le régime féodal, les justices sei-
gneuriales, les dîmes, « les droits et devoirs tant
féodaux que censuels, ceux qui tiennent à la mainmorte réelle ou personnelle et à la servitude personnelle et ceux qui les représentent », crée l'égalité de tous les citoyens dans la société et supprime
toutes les entraves à la propriété individuelle.
Puis, elle abolit les maîtrises, les jurandes, les corporations, c'est-à-dire tout l'organisme social du
passé; elle autorise « toute personne à faire tel
négoce ou exercer telle profession, art ou métier
qu'elle trouvera bon » et crée la liberté du travail.

Toute cette première phase de la Révolution est marquée par le souci constant d'émanciper les individus, surtout au point de vue économique et social, et de les protéger, dans l'exercice de leurs droits individuels, contre les atteintes des puissances sociales et des pouvoirs politiques dont les abus avaient été si grands sous l'ancienne monarchie. À cet égard, la Révolution française diffère essentiellement de celle de l'Angleterre, qui fut à peu près exclusivement politique.

En ce qui concerne la propriété individuelle, les résultats produits par la Révolution française ont été aussi considérables que nos pères avaient pu l'espérer. Il n'existe dans le monde aucun pays où le sol soit aussi divisé et où le nombre des propriétaires de la terre soit si considérable qu'en France. D'après les documents officiels, leur nombre n'est guère inférieur à six millions, sur lesquels il n'y en a que 239 000 possédant trente hectares ou davantage. La propriété du sol est donc arrivée, par suite des conditions législatives faites à notre pays depuis un siècle, à un état de division très considérable; on peut même dire que cette division est trop grande, car il y a plus de deux millions de propriétaires ne possédant qu'un hectare ou moins d'un hectare, et plus de dix-huit cent mille qui n'en ont que d'un à cinq, ce qui oblige un certain nombre d'entre eux à se débarrasser de leurs biens et à contribuer ainsi à la reconstitution des grands domaines.

Notre code s'est trop préoccupé d'assurer l'égalité des membres d'une même famille dans le partage des biens de leurs parents; il en résulte, à la mort de la plupart des propriétaires, une division des terres qu'ils avaient réunies pendant le cours de leur existence, et un morcellement qui, en fin de compte, fait la propriété trop petite pour subvenir à tous les besoins de celui qui la cultive. Comme moyen de faire disparaître ce résultat fâcheux de notre code, on a préconisé surtout le droit de tester, c'est-à-dire la faculté accordée au père de famille de répartir ses biens entre ses enfants de la manière qui lui paraît la plus avantageuse, au double point de vue de l'intérêt de chacun et de la conservation de la propriété. Cette législation existe, à des degrés divers, dans un grand nombre de pays et y contribue puissamment à sauvegarder la propriété familiale contre des divisions très nuisibles à la petite et à la moyenne propriété. En même temps, elle fortifie l'esprit d'initiative individuelle et favorise la natalité.

Tout le monde sait qu'en France la population est presque stationnaire et que depuis le commencement du siècle le chiffre proportionnel des naissances va sans cesse en diminuant, tandis que dans toutes les autres nations de l'Europe la population s'accroît et la proportion de la natalité augmente. Comme notre race n'est pas moins prolifique que les autres, ainsi qu'en témoigne le nombre considérable des enfants dans la plupart des familles pauvres, c'est à la richesse du pays et à la législation de l'héritage que l'on attribue unanimement la faible natalité de la France. Les pères de famille ayant quelque fortune limitent le nombre de leurs enfants, de manière à laisser le plus possible à chacun, en ne se privant eux-mêmes ni du confortable ni des agréments de la vie. Le souci du bien-être est également la cause principale de la diminution du nombre des mariages : les hommes restent célibataires afin d'échapper aux charges de la famille; ou bien, s'ils se marient, c'est le plus tard possible. Or, on sait que les mariages sont d'autant plus féconds que les époux sont plus jeunes, non seulement parce que les facultés reproductrices sont plus grandes dans la jeunesse, mais encore et surtout parce que les époux jeunes sont moins prudents et moins réservés que ceux de l'âge mûr.

Le droit de tester figure en tête des moyens recommandés par les démographes pour combattre la diminution de la natalité. Les statistiques démontrent, en effet, que le nombre des enfants est, dans notre pays, beaucoup plus considérable dans les familles pauvres que dans les familles jouissant d'une certaine fortune. Parmi ces dernières, les fils uniques se montrent particulièrement dans les campagnes et dans les régions où la propriété rurale est très divisée : le petit proprié-

taire prend garde de n'avoir qu'un fils, afin que sa
terre et sa maison ne soient pas partagées après sa
mort. Si la loi l'autorisait à léguer sa propriété à
l'un de ses enfants, il regarderait d'autant moins
à en avoir plusieurs, que les enfants sont, à
la campagne, des bras produisant à très bon
marché.

Avant la Révolution, les coutumes du Midi, celles
de Paris et d'Orléans qui régissaient la plupart des
provinces du Nord, etc., autorisaient le père à disposer librement de la moitié de ses biens en faveur
d'un de ses enfants. La même coutume existe encore
dans une partie des États germaniques. Partout cette
législation a pour conséquence la conservation des
propriétés rurales et la fécondité des mariages. En
Angleterre, où l'absence de testament entraîne l'attribution à l'aîné de tous les immeubles du père
défunt, les familles sont nombreuses, la population
augmente avec rapidité, les propriétés sont moins
divisées, on peut même dire qu'elles ne le sont pas
assez, et les cadets sont généralement remarqua-
bles par l'activité déployée dans la poursuite d'une
fortune qu'ils savent ne devoir attendre que de leur
travail personnel. C'est, en grande partie, dans la
législation anglaise sur l'héritage, qu'il faut chercher la source de l'admirable expansion des
citoyens de la Grande-Bretagne dans toutes les
parties du monde. La même aptitude à la colonisation s'est manifestée dans notre pays, au cours des

derniers siècles, parmi la noblesse et comme conséquence du droit d'aînesse.

Lorsque, par son décret du 7 mars 1793, la Convention proscrivit le partage forcé et égal de tous les biens des parents entre tous leurs enfants, elle avait uniquement pour but d'empêcher la reconstitution des fiefs territoriaux; c'est contre les seigneurs et les grandes propriétés qu'elle légiférait, c'est la moyenne et la petite propriété qui furent atteintes; le résultat de son décret a été une subdivision de la propriété rurale telle, qu'en ce moment beaucoup de petits propriétaires sont incapables de vivre de leurs terres et se voient contraints de les vendre à des voisins qui, peu à peu, reconstituent les grandes propriétés terriennes.

Toutes les lois qui auraient pour objet d'arrêter ce mouvement et de maintenir la propriété rurale entre les mains des petits et moyens agriculteurs, rendraient à notre pays un service considérable. De ce nombre sont celles qui accorderaient aux pères de famille le droit de diviser leurs biens de manière à laisser à chacun de leurs enfants le lot qui convient le mieux à leurs aptitudes; celles qui faciliteraient les partages pendant la vie des parents; celles qui mettraient la maison familiale et une partie des biens à l'abri des saisies et des ventes de justice (Homestead des États-Unis), etc. De ces lois, un double effet ne manquerait pas de sortir : un obstacle mis à la disparition des petits propriétaires et à la reconstitution des grandes propriétés, et un encouragement à la fécondité des mariages.

La natalité et le peuplement de la France doivent d'ailleurs être encouragés par d'autres mesures, telles que le dégrèvement des impôts pour les familles nombreuses, les secours aux familles pauvres ayant plusieurs enfants, l'entretien et l'instruction des enfants pauvres, etc., et, dans un autre ordre d'idées, des facilités plus grandes accordées à la naturalisation des étrangers.

Ces questions sont sans contredit d'un haut intérêt, mais il me serait impossible de les traiter ici sans entrer dans des détails qui m'entraîneraient hors des limites dans lesquelles ce livre doit s'enfermer.

Malgré toute leur bonne volonté, malgré les sentiments libéraux et généreux qui les animaient, nos pères de la grande Révolution n'ont pas été plus heureux dans le domaine de la propriété industrielle et commerciale que dans celui de la propriété rurale. Imbus des sentiments très individualistes qui avaient inspiré les écoles philosophiques et économiques du XVIIIᵉ siècle, ils se préoccupèrent par-dessus tout d'affirmer les droits et les libertés individuels et de créer l'égalité politique et sociale des citoyens; ils n'eurent pas suffisamment le souci de ce que deviendraient ces hommes, proclamés égaux par la loi, mais condamnés par les hasards de la naissance, non moins que par les différences intellectuelles et physiques, à une inégalité inévitable. Ils mettaient en présence des individus trop manifestement inégaux pour que l'écrasement des plus faibles par les plus forts pût être évité.

Cette conséquence nécessaire des institutions sociales de la Révolution fut encore hâtée par la transformation radicale qui ne tarda pas à se produire dans les conditions du travail. A la fin du siècle dernier, l'industrie était encore très divisée, les usines n'avaient que des machines mues par les bras de l'homme ou les forces de la nature (eau et vent); les ouvriers, dans chacune, étaient peu nombreux, connaissaient à peu près exactement les bénéfices réalisés par les patrons et pouvaient, en conséquence, débattre le prix de leur travail en connaissance de cause. Rien n'était d'ailleurs plus facile que de changer d'atelier; la plupart des ouvriers avaient même pris l'habitude du « tour de France » fait avant que de se fixer dans une ville. Après le décret du 2 mars 1789, les facilités de l'embauchage et du changement de lieux furent encore favorisées par la multiplication des ateliers, qui succéda à la proclamation de la liberté de l'industrie et du commerce. Aussi les conflits du travail sont-ils peu graves pendant la période révolutionnaire, et les grèves, quoique nombreuses, se terminent-elles sans trop d'accidents. Elles avaient d'ailleurs été interdites par le décret du 14 juin 1791, pris surtout en vue d'empêcher la reconstitution des corporations.

Plus tard, à mesure que les usines s'agrandissent par la substitution des machines aux bras, lorsque les petits patrons et la petite industrie font place à la grande industrie et aux gros patrons, lorsque les capitaux s'associent et donnent naissance à un patronat anonyme et à un salariat où l'ouvrier n'est plus qu'un numéro, lorsque les chemins de fer, les usines métallurgiques, les ateliers de constructions navales en fer et acier, les houillères, dont le charbon alimente des milliers de machines à vapeur, etc., attirent et concentrent sur des points limités du pays des milliers d'ouvriers, les conditions du travail et celles de la lutte du patronat et du salariat prennent un caractère tout nouveau.

Les conflits deviennent plus graves, d'abord parce que l'ouvrier et le patron ne se connaissent pas, ne discutent pas individuellement les conditions du travail et du salaire, comme ils le faisaient dans le petit atelier, ensuite parce que l'ouvrier ignore complètement les affaires du patron, ne peut apprécier ni ce qu'il gagne, ni ce qu'il perd et, par suite, vit dans une défiance continuelle; enfin, parce que la concurrence entre les usines et entre les nations aggrave la situation du patronat, rend ses gains plus faibles, surtout plus aléatoires, et l'oblige à montrer davantage de rigueur dans la fixation des salaires.

Je ne parle pas des passions politiques, dont l'inévitable intervention ne peut qu'aiguiser les conflits professionnels. Aussi, à mesure qu'avec le déroulement des années de notre siècle toutes ces conditions prennent plus d'importance, on voit les conflits du travail devenir plus nombreux et plus aigus, tandis que les coalitions et les grèves prennent le caractère de véritables événements sociaux.

D'un autre côté, sous l'influence de la multiplicité des moyens de communication, qui permettent aux citoyens de se déplacer avec une extrême facilité, la concurrence vitale prend, dans les villes et dans tous les centres industriels, une intensité que nos pères ne connaissaient pas : la moindre place, le plus minime emploi sont sollicités par des milliers d'individus ; ceux que les forces physiques, les facultés intellectuelles et la valeur morale ne trahissent jamais peuvent seuls trouver place dans une société où la lutte des intérêts et des passions écrase sans pitié tous les faibles.

§ IV. — NÉCESSITÉ D'UNE LÉGISLATION SOCIALE

Il était impossible que les philosophes, les économistes et les politiques restassent indifférents au triste spectacle que l'évolution de la société mettait sous leurs yeux. Il était manifeste que les progrès de l'industrie, du commerce, de la vie

sociale tout entière n'étaient accompagnés que de
trop loin par le progrès du bonheur individuel, auquel tous les hommes tendent en vertu de leur
nature ; il était évident aussi que l'évolution morale
de l'esprit humain n'avait pas marché aussi vite
que l'évolution matérielle de l'humanité, et que les
sentiments altruistes engendrés au cœur de l'homme
par la vie familiale et sociale, puis par l'instruction
et l'éducation, n'étaient pas encore assez forts
pour contre-balancer l'égoïsme individuel hérité
des ancêtres. Les pouvoirs gouvernementaux furent
sollicités d'intervenir, par tous ceux, philosophes
ou politiciens, que les préjugés d'écoles, les formules des doctrinaires et l'obsession des principes
individualistes de 1789 et de 1791 n'aveuglaient pas
au point de les empêcher de voir les faits sociaux
engendrés par la transformation économique dont
le monde a été l'objet depuis un siècle.

Alors se pose, dans toutes les nations civilisées,
dans toutes les assemblées populaires et parlementaires et dans les conseils de tous les gouvernements, cette question : dans quelle mesure et au
nom de quels principes les pouvoirs publics peuvent-ils et doivent-ils intervenir dans la vie des
différents membres du corps social, dans les rapports que ces membres ont entre eux, et dans les
conditions du travail qui les fait vivre ?

Les pouvoirs publics doivent-ils, restant fidèles
aux principes individualistes de l'économie poli-

tique et de la Révolution, laisser les citoyens jouir ou souffrir à leur guise, débattre leurs intérêts comme il leur convient, se ruiner ou s'enrichir réciproquement? Les pouvoirs publics n'ont-ils pas d'autre rôle social que maintenir la balance des droits individuels et la rigueur des lois, égales entre tous les membres de la société? Ou bien, au contraire, doivent-ils venir en aide aux faibles, aux misérables, à tous ceux que les forces physiques ou morales trahissent dans la bataille pour la vie? Doivent-ils assurer l'existence des enfants, des vieillards, des femmes qui ne peuvent pas subvenir eux-mêmes à leurs besoins? Doivent-ils assister les ouvriers que les accidents du travail, le chômage involontaire ou la maladie privent de leur salaire habituel? Doivent-ils soigner les malades, loger et nourrir les infirmes, donner du pain à ceux que l'âge condamne au repos et à la misère, élever et instruire les enfants que la famille est incapable de nourrir ou d'éduquer? Doivent-ils, enfin, intervenir entre les faibles et les forts, entre les riches et les pauvres, entre les patrons et les ouvriers, entre les consommateurs et les producteurs, pour égaliser les forces en présence, protéger ceux qui sont incapables de se défendre eux-mêmes, préserver la société tout entière des misères que produisent les luttes économiques et sociales, et prévenir les révolutions qui, à toutes les époques, sortirent des haines engendrées dans le cœur de ceux qui souffrent, par le spectacle des joies de ceux que la fortune favorise?

En fait, il n'y a pas un seul homme politique qui ne soit conduit à attribuer à l'État un rôle, plus ou moins considérable, dans les rapports sociaux des membres d'une même nation. A toutes les époques et dans tous les temps, la société s'est arrogé le droit d'intervenir dans les rapports des patrons avec les ouvriers, des employeurs avec les employés, de même qu'elle intervient dans les relations des producteurs avec les consommateurs, et dans l'exercice des droits individuels les plus imprescriptibles, tels que ceux de parler, d'écrire, de se réunir, de s'associer, etc., et même dans la jouissance de la propriété, afin d'empêcher les inconvénients qui pourraient découler, pour l'ensemble de la société, des abus que les individus commettraient dans l'exercice de ces droits.

A toutes les époques aussi, la société a considéré comme un devoir de secourir les malades, les infirmes, les enfants, les femmes et les vieillards, les pauvres, les ouvriers sans travail, c'est-à-dire tous les membres du corps social qui, étant privés accidentellement ou d'une manière permanente, des moyens de travailler, sont incapables de vivre par eux-mêmes.

A défaut de la raison, les sentiments d'humanité suffisent pour induire tous les peuples et tous les

gouvernements à considérer comme un inéluctable
devoir l'assistance de ceux qui souffrent ou qui
ne peuvent subvenir eux-mêmes à leurs besoins
et la protection de tous ceux qui travaillent pour
vivre. Les seules questions qui se posent sont relatives au principe sur lequel les pouvoirs publics
peuvent s'appuyer pour intervenir dans les relations des membres du corps social, et aux limites
dans lesquelles cette intervention doit être con-
tenue.

Les collectivistes d'État, s'appuyant sur la « justice sociale » et sur l'« égalité absolue », suppriment la propriété individuelle, socialisent le sol et
les instruments de production, et attribuent à la
société le soin de répartir entre tous ses membres
le travail à faire et les produits de ce travail. Cette
doctrine est tellement éloignée des idées et des
mœurs de nos sociétés, qu'il faut laisser aux théoriciens le soin de la discuter, et à l'avenir celui de la
juger.

D'autres, qui se déclarent, à la fois, en faveur du
maintien de la propriété individuelle et du droit
d'intervention de la société dans les rapports des
citoyens et dans les conditions du travail, légiti-
ment cette intervention au nom de la « solidarité
humaine » interprétée d'une façon particulière. Ils
admettent que chaque membre de la société est
solidaire de tous les autres et a contracté, par le
seul fait de sa naissance, une « dette » à l'égard de

la société tout entière, dette dont celle-ci apprécie l'importance et impose le paiement.

Une pareille doctrine est grosse de dangers qu'il est à peine besoin de mettre en lumière. Elle revêt la société de pouvoirs d'autant plus redoutables qu'ils sont nécessairement exercés, non par tous les membres de la société eux-mêmes, mais par des représentants plus ou moins autorisés. Dans l'état actuel de nos mœurs et avec notre organisation politique, ce sont les membres du Parlement qui seuls jouiraient du pouvoir de fixer la prétendue dette sociale de chaque citoyen et son mode de paiement. N'apporteraient-ils pas dans cet acte les passions et les intérêts qui inspirent tout le reste de leur conduite? Le chiffre de la « dette sociale » de tels et tels citoyens, ou groupes de citoyens, ne serait-il pas gonflé ou réduit, suivant que telles ou telles théories sociales et économiques et tels ou tels intérêts particuliers domineraient parmi les membres de l'assemblée? En un jour de dictature ou de révolution, ne pourrait-on pas s'appuyer sur la théorie de la « dette sociale » pour apporter les plus grandes perturbations dans la vie de la nation?

Envisagée du point de vue scientifique, cette théorie est fausse; considérée du point de vue politique, elle apparaît tellement grosse de dangers que, fût-elle vraie, il faudrait la condamner de la manière la plus absolue, au même titre et par

26

les mêmes raisons que les théories sur lesquelles
sont fondés le socialisme chrétien, l'anarchisme
métaphysique et le collectivisme d'État.

§ V. — L'ASSOCIATION ET L'AIDE POUR LA LUTTE PARMI LES ÊTRES VIVANTS, ORIGINE DE LA SOCIABILITÉ ET DES DEVOIRS SOCIAUX

L'observation attentive de la nature conduit à de
tout autres résultats que ceux exposés ci-dessus.
Elle nous montre, dans toutes les espèces vivantes,
l'individu indépendant, en droit, de tous ceux qui
l'entourent, mais ne pouvant, en fait, résister aux
multiples causes de destruction dont il est entouré,
qu'à la condition de former des sociétés, incon-
scientes ou volontaires, avec les individus de son
espèce et même parfois avec ceux d'espèces différentes. Pour traduire ce fait en un langage scientifique, je dirai que les êtres vivants ne peuvent
triompher dans la lutte pour l'existence à laquelle
la nature les condamne, qu'à la condition de s'aider
mutuellement et de s'associer pour la lutte ; aucun
ne doit rien ni à chacun de ses semblables ni à la
société entière, mais tous sont intéressés à s'entr'-
aider et à s'associer pour mieux résister aux
causes de destruction dont ils sont entourés. Je
crois avoir été le premier à établir la vérité scientifique de ces faits dans mes livres : *La Lutte pour*

l'existence et *L'Association pour la lutte*, et sur le *Transformisme*, 1882. Il me paraît nécessaire de les résumer afin de montrer où il faut chercher la base naturelle d'une doctrine sociale véritablement scientifique.

Parlerai-je des végétaux? Qu'on sème une seule poignée de grains de blé dans un jardin, à l'été suivant la récolte sera bien minime, si même elle n'est pas tout à fait nulle. Les quelques grains que l'on avait mis en terre sont mangés par les oiseaux ou emportés par les fourmis, avant même d'avoir pu germer; si les graines échappent à ce premier danger, les jeunes plantes pourront être dévorées par les chenilles; si quelques-unes plus favorisées parviennent à fleurir et que leurs fruits mûrissent, on fera sagement de hâter la récolte, car les oiseaux pourraient fort bien devancer le jardinier. Jetons maintenant des milliers de poignées de grains du même blé sur les flancs des larges sillons que le bœuf a tracés dans la plaine; si nombreux que soient les dangers, les épis jaunis par le soleil onduleront à l'été sous le souffle du vent et nous donneront une abondante récolte. Plus sera riche en individus la société du blé qui couvre la plaine, plus nombreuses seront ses chances de triomphe dans la lutte pour l'existence.

Dans ces cas, l'association est inconsciente, l'aide que se prêtent mutuellement les individus est inconsciente aussi; mais, association et aide n'en existent pas moins et nous apparaissent comme l'arme la plus importante dans la lutte pour l'existence.

Chez certaines plantes, l'association existe entre des individus appartenant à des espèces plus ou moins différentes les unes des autres. On sait par exemple, que les violettes sauvages viennent mieux à l'abri d'autres plantes qu'à ciel découvert; elles y trouvent l'humidité constante dont elles ont besoin et une protection contre les rayons du soleil; mais, de leur côté, elles forment au pied des arbustes qui les abritent, une sorte de tapis verdoyant qui ralentit l'évaporation de l'eau du sol et entretient une humidité favorable à leur croissance. Entre ces deux ordres de plantes, l'aide pour la lutte est réciproque; les plus faibles rendent aux plus fortes les services qu'elles en reçoivent.

Dans ce cas, comme dans les précédents, l'association des individus, envisagée comme arme défensive dans la lutte pour l'existence, est absolument inconsciente, mais elle n'en est pas moins réelle, et elle est indispensable aux forts comme aux faibles, aux grands comme aux petits.

Parmi les animaux, l'association est encore l'arme la plus précieuse dans la lutte incessante qu'ils ont à soutenir, soit contre le milieu extérieur, soit contre les plantes ou les autres animaux, soit contre les multiples causes si variées de destruction auxquelles ils sont exposés. Chez eux,

comme chez les plantes, l'association est une
nécessité à laquelle les différentes espèces peuvent
d'autant moins se soustraire, qu'elles comptent
davantage d'ennemis et que ces derniers sont plus
redoutables. Parmi les animaux terrestres, ce sont
les herbivores et les granivores, c'est-à-dire ceux
qui ont une alimentation végétale et servent eux-
mêmes à la nourriture des carnivores, qui forment
les sociétés les plus étendues. Il me suffira de rappeler les vastes troupeaux de bœufs, de chevaux,
de buffles, de cerfs qui peuplent les plaines herba-
cées des deux mondes, les sociétés de pigeons
sauvages et de perroquets qui animent les solitudes
des grandes forêts, les associations d'abeilles, de
fourmis, de pucerons, etc., que l'on trouve dans
tous les pays, etc. Les animaux aquatiques, quoique
généralement carnivores, forment aussi, presque
tous, des sociétés d'autant plus étendues qu'ils sont
exposés à plus de dangers. Ai-je besoin de citer
les immenses bancs de sardines et de harengs qui
fréquentent nos côtes? Seuls, quelques grands
animaux carnivores vivent dans un isolement
relatif, qui s'explique facilement par le fait de la
concurrence qu'ils se font dans la recherche de
la nourriture, tels les lions et les tigres.

Les causes qui déterminent la constitution des
sociétés animales sont de diverses sortes. Au premier rang figure, comme pour les sociétés végétales, un phénomène de sélection, consistant en

ce que les races dans lesquelles les individus issus les uns des autres restent associés pendant une partie ou la totalité de leur existence, ne sont pas détruites par leurs ennemis naturels, par conséquent se perpétuent, forment de véritables espèces, tandis que les races dont les individus s'isolent disparaissent avant d'avoir pu former une espèce.

Parmi les animaux dont l'intelligence est suffisamment développée, la vie sociale est le résultat de phénomènes conscients. Ces animaux vivent en société parce qu'ils y trouvent avantage et plaisir. Il en est ainsi parmi les fourmis, les abeilles, les bœufs, les chiens, etc. Il n'est pas douteux que le chien sauvage sait d'une manière très certaine qu'il lui est plus facile de s'emparer d'un cerf lorsqu'il est aidé par un certain nombre de ses semblables, que quand il est réduit à ses seules forces. La fourmi requiert l'assistance de ses congénères pour traîner un brin d'herbe que seule elle serait impuissante à déplacer; dix, quinze, vingt, cent fourmis s'attellent à un même objet, sur l'avis de quelques-unes d'entre elles, transmis à l'aide du frottement des antennes. Dès que quelque danger survient, on voit les moutons épars dans une prairie se rapprocher vivement les uns des autres, se réunir en une masse compacte, puis, tous à la fois, incliner leurs fronts en avant et menacer l'ennemi. Avant d'entreprendre le long et pénible voyage d'émigration qu'elles effectuent tous les ans, les hirondelles et les grues se réunissent par bandes ; celles-ci ne partent pas avant que tous les individus qui habitent une même localité soient présents.

Un autre sentiment s'ajoute, chez les animaux supérieurs, à celui de l'intérêt : je veux parler d'une sorte particulière d'affection que ne tardent pas à éprouver les uns pour les autres les divers membres d'une même société. Tout animal se trouve, au moment de sa naissance, en présence d'animaux semblables à lui et vers lesquels divers motifs l'attirent. L'allaitement est le point de départ de l'attachement que les petits des animaux et les enfants des hommes éprouvent pour leur mère et de celui que cette dernière leur rend. C'est de ces relations et de ces sentiments que naissent les affections familiales. D'autre part, les premiers êtres qui frappent la vue des jeunes animaux ont les mêmes caractères physiques, les mêmes habitudes et les mêmes besoins qu'eux ; ces premières formes aperçues se gravent profondément dans leur mémoire ; elles ne se confondront jamais avec celles des organismes différents qui, plus tard, se présenteront à leur observation. Toutes les formes qu'ils n'ont pas encore vues produisent même, sur eux, un effet désagréable, et leur inspirent un sentiment de crainte qui ne se dissipe que lentement et à la condition formelle qu'aucun danger ne vienne des inconnus. Les jeunes animaux qui n'ont encore vu que des êtres semblables à eux s'en

rapprochent rapidement, comme pour leur demander secours, dès que d'autres êtres apparaissent.
Il se produit ainsi un échange de relations qui
constitue le premier pas vers cette forme particulière de sentiment à laquelle on peut donner le nom
de « sociabilité ».

Ce sentiment trouve encore sa source dans les
besoins génésiques. Tandis que les jeunes animaux
grandissent dans la société de leurs semblables,
leurs organes génitaux se développent peu à peu et
ne tardent pas à déterminer des besoins d'abord
très vagues et qui trouvent leur satisfaction dans la
fréquentation, les jeux et les caresses de leurs
semblables du même âge; puis surviennent des
tentatives de rapports sexuels, dans lesquelles le
jeune animal ne paraît pas faire de distinction
entre les différents sexes. Enfin, lorsque les organes
de la reproduction ont acquis tout leur développement, l'attraction que chaque femelle exerce sur
tous les mâles de son entourage et celle que
chaque mâle exerce sur toutes les femelles, res-
serrent encore les liens de l'affection sociale, de
la *sociabilité*. Celle-ci, se transmettant par l'hérédité,
devient inhérente à la nature de certains animaux.

Les sociétés formées par les espèces animales
inférieures, celles dont la sélection est la seule
base, ne présentent aucune organisation. Les individus vivent ensemble d'une façon presque aussi
inconsciente que les chênes dans les forêts ou les

graminées dans les prairies. Les sociétés d'animaux supérieurs offrent, au contraire, presque toujours, une certaine discipline. Tout le monde connaît l'ordre admirable qui règne dans les fourmilières et les ruches, et l'importance dont jouit, dans ces dernières, la femelle pondeuse, à laquelle les naturalistes ont donné le nom de reine : quand la reine d'une ruche vient à mourir, il se produit un trouble indicible. Dans les troupeaux de bœufs, de rennes, de cerfs, de chevaux, il existe toujours une sorte de chef qui guide la société tout entière dans ses marches et donne le signal de la fuite quand surviennent les ennemis. Certains chiens sauvages ont aussi des chefs reconnus, qui semblent régler la stratégie de la chasse.

Cette organisation découle de deux sentiments qui se manifestent très nettement chez tous les animaux supérieurs : la crainte et l'esprit de domination. Tous les animaux qui servent à l'alimentation des carnivores, tous les carnivores qui sont mangés par d'autres carnivores, sont, dès l'enfance, instruits par leurs parents ou leurs semblables de la nature des ennemis qu'ils ont à redouter et sont rendus craintifs par l'observation directe des ravages que font ces ennemis. La crainte devient ainsi un sentiment d'autant plus développé chez une espèce animale déterminée que cette espèce a plus de dangers à courir.

Le sentiment de la crainte a pour conséquence

le groupement des membres d'un grand nombre de sociétés autour de quelques individus reconnus en quelque sorte comme supérieurs par les autres parce que, étant plus vigilants, ils signalent les premiers la présence de l'ennemi et donnent l'exemple de la fuite, ou, parfois, opposent une certaine résistance. Ces individus sont presque toujours des mâles particulièrement robustes et qui cherchent à conquérir le suffrage des femelles par l'étalage de leur intelligence, de leur force, de leur prudence ou de leur courage. La conséquence du respect craintif et de l'obéissance qui leur est manifestée est le développement chez eux d'un esprit très marqué de domination, qui se transmet par l'hérédité et fait que, d'habitude, les fils d'un chef de troupeau, parvenus à l'âge adulte, entament la lutte avec leur père, en vue de le supplanter, ou bien, s'ils ne peuvent y parvenir, s'éloignent en entraînant une partie de la société.

Il existe une autre forme de groupement des animaux, d'une grande utilité dans la lutte pour l'existence : je veux parler des « associations » formées par des animaux appartenant à des espèces différentes, parfois même à des groupes très éloignés les uns des autres. Parmi ces associations, je puis citer celle que certains oiseaux forment avec les bœufs, les chevaux, les éléphants sauvages, etc. Ces oiseaux se nourrissent soit des graines non digérées contenues dans les déjections des mammifères qu'ils fréquentent, soit des parasites qui couvrent leur peau; ils leur rendent service en jouant le rôle de sentinelles toujours en éveil et les prévenant des moindres dangers. Les moules contiennent fréquemment un petit crabe qui forme avec elles une association plus étroite encore : la moule fournit au crabe un logement assuré où il passe, dans le calme, les périodes les plus difficiles de son existence; elle reçoit, en échange de ce service, les débris d'aliments qui tombent des pinces de son hôte, mieux armé qu'elle pour l'attaque. Certains pucerons secrètent un liquide sucré très recherché des fourmis; ces dernières non seulement ne font aucun mal à leurs minuscules vaches à lait, mais encore, dans certains cas, elles prennent soin d'elles et vont jusqu'à les transporter sur les plantes les plus favorables à leur alimentation, et à les loger, pendant l'hiver, dans leurs fourmilières.

La cause déterminante de ces associations doit être cherchée en partie dans un phénomène de sélection inconsciente, analogue à ceux que nous connaissons déjà, en partie dans l'intérêt plus ou moins conscient qu'ont les animaux à se réunir et à se rendre des services réciproques, malgré les différences qui existent dans leur organisation. Le crabe qui habite la coquille de la moule pourrait parfaitement manger l'animal qui lui fournit un logement, mais il perdrait ainsi le bénéfice de ce logement; plus fort, il s'associe à un faible, en vue de son intérêt particulier, et le faible, de son côté, trouve un avantage marqué dans cette association.

Ces faits et ces considérations montrent combien se trompent ceux d'entre les partisans de la doctrine de Darwin qui, prenant cette doctrine à la lettre et ne l'envisageant, avec son fondateur, que par une seule de ses faces, y voient une justification de la formule, essentiellement erronée, que « la raison du plus fort est toujours la meilleure ». On constate au contraire qu'il n'y a pas de végétal ou d'animal, si fort qu'il soit, qui n'ait besoin, dans la lutte pour l'existence, de l'aide d'un autre végétal ou d'un autre animal, souvent plus faible que lui-même.

Des phénomènes analogues à ceux dont je viens de parler se sont nécessairement produits parmi les ancêtres de l'homme. Comme la plupart des singes actuels, ils avaient un régime à la fois végétal et animal, et n'étaient que très imparfaitement armés en vue de l'attaque ou de la défense. Pour compenser cette infériorité, deux choses étaient nécessaires : l'intelligence et l'association. N'ayant pas la force redoutable des grands carnassiers, nos ancêtres ne pouvaient se procurer les animaux nécessaires à leur alimentation et échapper eux-mêmes aux grands carnivores, qu'en employant la ruse, dans l'attaque comme dans la défense. De là une évolution ascendante, lente mais constante, des races humaines dans la direction des facultés intellectuelles et des affections familiales et sociales. Plus intelligent bientôt que tous les autres êtres vivants, les premiers hommes comprennent mieux les avantages de la vie en commun, ils sont davantage portés à se grouper, à s'entr'aider, et finalement à s'affectionner.

Nos ancêtres ressemblent d'ailleurs aux animaux en ce qu'ils ne se bornent pas à former des sociétés exclusivement composées d'individus semblables : ils constituent avec certains animaux des associations dont l'importance a été très considérable au point de vue de l'évolution de notre espèce. Le chien, le faucon, etc., nourris et mis par l'homme à l'abri de leurs ennemis naturels, deviennent en retour ses auxiliaires dans la chasse aux autres animaux; tandis que le bœuf, le cheval, le mouton, la chèvre, la poule, etc., convenablement soignés, lui fournissent, les uns le moyen de ménager ses forces en l'assistant dans son travail, les autres une alimentation plus régulière que celle dont la chasse est la source.

Comme les associations animales, mais à un plus haut degré, les sociétés humaines ont eu de tout temps pour base, d'abord la nécessité et la sélection inconsciente, communes à tous les êtres vivants, puis l'intérêt conscient de leurs membres, et enfin cette forme particulière d'affection que j'ai nommée

27

plus haut, la « sociabilité », et que l'homme hérita
de ses ancêtres, en même temps que l'égoïsme individuel.

C'est d'abord l'intérêt seul qui a rapproché, en une
tribu ou société peu étendue, les diverses familles
habitant une même région ; puis, de l'échange des
services réciproques que les familles et les individus se rendent, de leur fréquentation quotidienne, des liens sexuels qui s'établissent entre
eux, de la communauté des joies et des souf-
frances, de la coopération aux chasses, aux pêches,
aux travaux divers faits en commun, etc., naissent des sentiments affectueux qui s'ajoutent à
celui de l'intérêt, rapprochent tous les individus
d'une même tribu, comme ceux d'une même famille,
au point que dans le langage lui-même les divers
membres de la tribu reçoivent des appellations
analogues à celles qui désignent les membres de la
famille : les vieillards sont des « pères » pour tous
les jeunes hommes, et ceux-ci sont des « fils » pour
tous les vieillards. Respecter les vieillards et aider
les enfants deviennent des actes aussi naturels et
aussi généralisés, que l'assistance donnée au père
vieilli par ses fils et que l'entretien de l'enfant par
sa mère et son père. La tribu entière devient ainsi
une sorte de grande famille, dont tous les membres
sont liés les uns aux autres, non seulement par
des intérêts communs, mais encore par des sentiments affectifs qui iront sans cesse en se dévelop-

pant, à mesure que l'intelligence des individus
deviendra plus grande.

De la pratique de ces actes, perpétuée pendant de
nombreuses générations, naît le sentiment de la
sociabilité, sentiment plus large que celui auquel
les philosophes donnent le nom d'altruisme, et qui
sert de point de départ aux notions de devoir et de
justice, et de base à la morale scientifique.

De même que tout organisme supérieur reproduit, pendant le cours de son développement mor-
phologique, toutes les formes ancestrales qui l'ont
précédé et d'où il est issu, de même chaque individu
humain reproduit, au cours de sa vie, les étapes
successives de l'évolution sociale par lesquelles
ses aïeux ont passé, de sorte qu'il suffit d'étudier
l'évolution des sentiments affectifs chez un individu
humain, pour avoir la connaissance de toutes les
phases par lesquelles ce sentiment est passé, dans
les diverses races humaines et aux différentes
époques de leur histoire.

L'enfant est égoïste comme le sauvage; il n'a
d'abord, à l'égard de sa mère, que des exigences
et ne la connaît que dans les heures où il a faim.
Si, alors, le sein nourricier ne se présente pas tout
de suite, si le lait ne vient pas avec assez d'abon-
dance, l'enfant crie, pleure et se met en rage. C'est
à peine s'il daigne accepter les caresses qui lui sont
données. Dans les premiers jours, il n'a même
aucune connaissance de sa mère. Petit à petit, la

sensation de la faim, la notion du soin alimentaire et l'idée de la nourrice se lient et s'enchaînent dans son esprit : ce n'est plus seulement la mamelle qui est l'objet de ses caresses et de ses sourires, c'est aussi la mère dont la tendresse épie et provoque les premières manifestations de cette intelligence et de cette sentimentalité en voie d'évolution. Par égoïsme d'abord et par intérêt, pour avoir du lait, des caresses, des soins, l'enfant s'attache à sa mère. La répétition des mêmes besoins chez l'enfant, et le renouvellement des mêmes caresses de la part de la mère, réunissent bientôt ces deux êtres l'un à l'autre, par un sentiment affectueux qui, à la longue, deviendra l'amour maternel chez la première et l'amour filial chez le second. Cette dernière affection s'étendra graduellement au père de l'enfant s'il s'occupe de lui, le soigne et le caresse, à ses frères et sœurs et à tous les membres de la famille qu'il voit fréquemment, qui lui donnent des caresses, des bonbons et des jouets. A mesure que ses relations avec les autres êtres humains s'étendent, la sphère de ses sentiments s'élargit et son affection pour les autres hommes se développe, avec d'autant plus de rapidité et d'intensité, que sa vitalité est plus grande et son intelligence plus ouverte. A l'époque de la puberté, alors que naissent les appétits sexuels, la vie du jeune homme s'épanouit davantage en dehors de lui-même, ses sentiments affectueux et altruistes prennent une plus grande intensité, il recherche davantage ses semblables des deux sexes, son cœur débordant d'enthousiasme s'ouvre en même temps à l'amitié, à l'amour, au patriotisme, à toutes les formes de la sociabilité.

C'est de ces sentiments que naissent les idées de devoir et de justice, et ces idées sont elles-mêmes d'autant plus développées dans chaque homme, que celui-ci possède à un plus haut degré les sentiments sociaux, ce qui coïncide avec le développement de la civilisation et de l'intelligence. Dans les races humaines les plus inférieures, le sentiment familial, par exemple, existe à peine : la mère abandonne sa fille ou son fils, les vend ou les voit mourir sans en éprouver le moindre chagrin; le père ne les connaît pas davantage que le chien mâle ne connaît ses petits. Dans les races plus perfectionnées et plus civilisées, le sentiment familial est, au contraire, l'un des plus développés; les liens qui unissent les parents à leurs enfants et les enfants à leurs parents deviennent de plus en plus étroits, à mesure que la race s'élève et que les familles sont plus intelligentes. A un moment déterminé de l'évolution de ces familles et de ces races, la mère qui abandonne son enfant ou le maltraite est blâmée et maltraitée elle-même par les membres de la société dont elle fait partie, et dont elle a violé les habitudes et froissé les sentiments. Ces habitudes on les considère, dès lors, comme une sorte de règle ou de convention sociale, à laquelle nul membre de la société n'a le droit de se soustraire. L'affection familiale est, en conséquence, considérée dans ce milieu, comme un « devoir ». On dira que la mère « doit » aimer ses enfants, les nourrir, les soigner, les élever, les instruire. Par contre, on dira que les enfants ont le « devoir » d'aimer leurs parents, de leur rendre en respect et en dévouement les services qu'ils en ont reçus, de les nourrir et soigner pendant leur vieillesse, comme ils ont été eux-mêmes nourris et soignés pendant le premier âge.

Tous les sentiments sociaux étant soumis à la même évolution, il vient un moment où chacun est considéré comme obligatoire et assimilé à un « devoir ». C'est ainsi que sont nées toutes nos idées relatives aux devoirs sociaux : devoirs envers la famille, devoirs envers les amis, devoirs envers les vieillards, devoirs envers ceux qui souffrent ou qui sont dans la misère, devoirs envers tous les membres de la société où l'on vit et, par suite, devoirs envers la patrie ; puis l'horizon s'élargissant toujours, à mesure que l'intelligence s'étend, devoirs envers l'humanité tout entière. Ces idées de devoir s'inculquent si profondément dans le cerveau des hommes suffisamment civilisés et éduqués, qu'elles en deviennent, en quelque sorte, le patrimoine et que les actes altruistes sont provoqués par de véritables « besoins », analogues à ceux de manger, de boire, de se reproduire, etc.

L'ensemble des devoirs altruistes constitue la morale sociale, car de l'idée de devoir découle tout naturellement celles de « bien », de « mal » et de « justice ». D'un homme qui remplit ses devoirs, on dit qu'il fait bien, qu'il se conforme aux règles de la justice ; d'un homme qui ne les remplit pas du tout ou insuffisamment, on dit qu'il se conduit mal, qu'il fait mal, qu'il viole les règles de la justice. Forcément, ces appréciations varient suivant le degré de développement des sociétés qui les émettent et, dans une même société, suivant le degré d'évolution intellectuelle et morale de chaque famille et de chaque individu. L'individu né d'une famille de paresseux, de voleurs, de prostitués, n'aura pas la moindre idée de certains devoirs ; il pourra même attacher l'idée de devoir à des actes et à des sentiments que ses compatriotes, mieux nés et mieux éduqués, considèrent comme des mauvaises actions.

§ VI — LUTTES ENTRE L'ÉGOÏSME INDIVIDUEL ET FAMILIAL ET LA SOCIABILITÉ

Si loin que soit portée l'évolution des sentiments altruistes, il n'y a pas d'homme civilisé qui ne reste plus ou moins entaché, par atavisme, des sentiments égoïstes qui dominent chez tous nos ancêtres animaux et dans toutes les races et individus inférieurs de l'espèce humaine. Chez l'homme parvenu au plus haut degré de moralité, l'égoïsme primitif, l'égoïsme qui a précédé dans notre espèce l'évolution des sentiments altruistes, l'égoïsme qui rapporte le monde entier au moi, persiste vivace et toujours en éveil, et contre-balance plus ou moins le sentiment des devoirs sociaux. Une lutte de tous les instants se produit, dans le cœur humain, entre l'égoïsme et l'altruisme ou, comme disent les métaphysiciens, entre le bien et le mal, la justice et l'injustice, et l'un ou l'autre l'emporte suivant les conditions de milieu, de santé, de force physique, de vitalité, auxquelles l'homme est soumis et aussi, hâtons-nous de le dire, suivant l'éducation qui, dès le premier âge, a été donnée aux enfants, et dont les effets s'accumulent de générations en générations.

L'égoïsme individuel n'est pas le seul sentiment qui contre-balance, dans le cœur des hommes, même les plus perfectionnés, celui de la sociabilité; il y faut ajouter, en beaucoup de cas, les sentiments familiaux. La famille précède la société dans l'histoire évolutive des êtres vivants et de l'espèce humaine, mais il n'y a pas entre elle et la société toute la relation de cause à effet admise par la plupart des philosophes et des sociologistes. Si la famille était la base unique de la société, le développement de l'une devrait être directement en rapport avec celui de l'autre; or il n'en est

rien; la plupart du temps, au contraire, parmi les
animaux et dans l'espèce humaine, il est aisé de
constater que le développement de la famille et le
progrès de la société se font en sens inverse. Chez
les chiens sauvages, les liens conjugaux ne sont
que passagers : le mâle prodigue ses caresses au
plus grand nombre possible de femelles et ne
prend aucun soin de sa progéniture, la famille
n'existe pour ainsi dire pas; la société est, au contraire, parmi ces animaux, très développée : dans
certains pays, ils forment des villages à habitations
souterraines, ils ont des chefs de divers ordres,
vont en troupes à la chasse des animaux dont ils
vivent, leur livrent de véritables batailles et font
preuve d'une indiscutable science stratégique. Un
autre exemple curieux d'antagonisme entre la
famille et la société nous est offert par les fourmis
et les abeilles : chaque société ne possède qu'un
seul mâle et une seule femelle vivant presque en
dehors de la société; les femelles ou les mâles qui
en naissent sont tués ou s'éloignent aussitôt qu'ils
ont atteint leur entier développement; tous les
membres de la société, tous les travailleurs, tous
ceux qui contribuent au bien-être de la communauté ne possèdent que des organes génitaux rudi-
mentaires et inaptes à l'accomplissement d'aucun
acte génésique; le besoin même de cet acte n'existe
plus dans ces êtres laborieux et éminemment
sociaux.

Dans l'espèce humaine, l'histoire entière des races et des nations témoigne de l'antagonisme qui existe presque toujours entre les intérêts familiaux et les intérêts sociaux. Les sentiments de crainte et de domination que l'espèce humaine a hérité de ses ancêtres sont le point de départ d'une évolution dont on ne trouve que des traces parmi les animaux. Les individus les plus forts, les plus robustes, les plus hardis se distinguent de bonne heure de tous les autres par leurs mœurs et leur genre de vie. Paresseux et batailleurs à la fois, ils vivent du produit de la chasse, de la pêche, du travail agricole ou forestier de leurs semblables; mais, en revanche, ils les défendent contre l'agression des bêtes féroces ou des tribus ennemies. Leurs familles s'allient entre elles, vivent de la même vie de guerre et de paresse, et finissent par former cette classe sociale, que l'on trouve dans tous les pays n'ayant pas dépassé un certain niveau de civilisation et d'évolution, et que l'histoire étudie sous le nom d'aristocratie.

Les intérêts de ces familles sont, à beaucoup d'égards, opposés à ceux de la masse, au point que l'histoire de la plupart des peuples n'est que celle des luttes incessantes de la plèbe contre les familles dominatrices. Les membres de ces familles se distinguent par certains traits d'esprit et de caractère en partie héréditaires, en partie déve-loppés par l'éducation : la force physique, le courage, l'habileté guerrière et politique, l'esprit de domination et de commandement; tandis que la masse sociale soumise à leur autorité est caractérisée par la crainte instinctive des coups et par un servilisme non moins héréditaire que l'esprit de domination des familles aristocratiques. Celles-ci ne s'unissent qu'entre elles, limitent volontiers le nombre de leurs membres, réservent aux aînés la transmission de leurs propriétés et de leurs privilèges politiques ou sociaux, prennent, en un mot, toutes les précautions imaginables pour que leur nombre ne s'accroisse que le moins possible, ce qui est absolument le contraire des conditions exigées pour le développement de la société dont elles font partie.

Les familles aristocratiques ne sont pas les seules que des préoccupations de ce genre dominent. A mesure que les sociétés humaines se développent, se civilisent, se perfectionnent dans les arts et les sciences, dans l'agriculture, le commerce, l'industrie, et dans toutes les branches de l'activité humaine, physique ou intellectuelle, certains individus progressent plus rapidement que les autres, s'instruisent, envahissent les professions les plus lucratives, s'enrichissent par le travail des individus moins intelligents et moins instruits, finissent par former une deuxième aristocratie, non moins puissante que la première, mais puissante par la science ou l'argent. Les familles qui détiennent ces avantages ne prennent, d'ailleurs, pas moins de précautions que celles de l'aristocratie, pour les conserver : elles aussi limitent le nombre de leurs enfants, prennent des mesures pour que la fortune et la science ne sortent pas de leurs rangs, en un mot s'isolent autant que possible de la masse de la société, dans le but de protéger leurs privilèges.

A côté ou, pour mieux dire, en dessous de ces classes dominantes, la masse sociale, la plèbe, n'ayant aucun intérêt à restreindre sa multiplication, puisqu'elle ne possède rien, s'accroît avec une telle rapidité que presque toujours le nombre de ses membres devient supérieur à celui qui serait nécessaire pour accomplir le travail destiné à l'entretien des autres classes, de sorte que chaque individu n'obtient que la quantité de nourriture indispensable à son développement, à moins d'accomplir une somme de travail supérieure à ses forces. C'est, tour à tour, l'esclavage, le servage, le prolétariat, accompagnés par la misère, l'ignorance et l'esprit de servilisme qui constituent le seul héritage familial de la grande masse de la société.

La conséquence de cet antagonisme des intérêts familiaux et des intérêts sociaux, est que les sociétés humaines se trouvent limitées dans leur extension et retardées dans leur évolution intellectuelle et physique, car toute la masse des individus soumis à la domination des classes dirigeantes reste faible et ignorante même dans les sociétés parvenues à un degré de civilisation tel que la masse y jouit de pouvoirs politiques égaux à ceux des classes élevées.

Les outranciers du « laisser faire » qui ne voient dans la libre lutte sociale qu'un élément de progrès pour l'humanité, commettent une grave erreur, car il en est de ce genre de luttes comme de toutes celles pour la vie auxquelles les êtres vivants sont condamnés : elles n'ont pas exclusivement et toujours pour conséquence l'évolution ascendante de ces êtres. Certaines races et espèces animales et végétales ont subi, par le fait de la lutte pour l'existence contre le milieu extérieur et contre les autres espèces, une véritable évolution régressive ou rétrograde, tandis que d'autres y trouvaient la source d'une évolution ascendante. Dans l'espèce humaine, les luttes sociales ou luttes de classes sont constamment accompagnées d'un arrêt de l'évolution ascendante dans la portion, plus ou moins considérable de la société, qui est condamnée, par les hasards de la naissance ou les accidents de la vie, soit à l'esclavage, soit au servage, soit au prolétariat.

L'insuffisance du bien-être ou même de l'alimentation et l'insuffisance de la culture intellectuelle déterminent, parmi les familles soumises à ces conditions sociales, un arrêt du développement physique et moral qui, s'exerçant sur une série plus ou moins longue de générations, leur inflige des caractères spéciaux faciles à reconnaître par l'observateur attentif. Pour traduire cette idée par un mot scientifique, je dirai qu'il y a, dans ces classes des sociétés humaines, une *évolution retardée*, dans tous les cas et, parfois, une *évolution régressive*.

Envisagée d'une manière plus générale encore, l'histoire de l'espèce humaine nous fait assister à un singulier spectacle. Par suite d'une application trop exclusive de son intelligence à la satisfaction non réfléchie de ses appétits individuels, l'homme a diminué, dans une mesure considérable, ou détourné l'action d'une partie des causes qui, parmi les animaux, déterminent le progrès des individus et des espèces.

Chez la plupart des animaux, la lutte pour l'existence *entre les individus d'une même espèce* entraîne la persistance des plus robustes et des plus intelligents; chez l'homme, il n'est pas rare de voir, au contraire, les individus les plus faibles, les moins développés physiquement et cérébralement se perpétuer et faire souche, grâce à la fortune et au bien-être, tandis que d'autres, très supérieurs en force physique ou en intelligence disparaissent par la misère ou les accidents d'une vie nécessairement tourmentée, avant d'avoir pu laisser une descendance.

Parmi les animaux, les combats provoqués par

la recherche de la nourriture et par la conquête
des femelles amènent à peu près constamment le
triomphe des plus beaux, des plus robustes et des
plus intelligents; dans l'espèce humaine, les guerres
pour la conquête du sol ou pour la suprématie politique suppriment les individus les plus vigoureux
et les plus sains; les luttes sexuelles, de leur côté,
n'aboutissent trop souvent qu'à la possession des
femmes les plus belles par les hommes les plus
faibles et les plus sots, s'ils sont en même temps
les plus riches. La femme, en effet, n'est considérée par un grand nombre de peuples, même civilisés, que comme un objet de luxe et de plaisir
que l'homme paie très cher, mais qu'il ne désire
point élever à son niveau. Maintenue dans l'ignorance et l'oisiveté par les classes riches, soumise,
dans les classes pauvres, à un labeur qui dépasse
ses forces, la femme offre, chez les peuples les
plus civilisés, ce fait effrayant dans ses conséquences, qu'il existe entre son cerveau et celui des
hommes de même race plus de différence qu'il
n'y en a entre le cerveau d'une Australienne et
celui de son sauvage compagnon. Comme la femme
exerce sur l'hérédité des caractères une influence
au moins égale, sinon supérieure à celle de
l'homme, l'arrêt de développement intellectuel qui
lui est imposé doit nécessairement agir sur le cerveau des enfants dans le sens de la régression ou
du retard, avec d'autant plus d'énergie que la diffé-

rence est plus grande entre le développement intellectuel de la mère et celui du père. La lutte sexuelle a ainsi pour conséquence, dans l'espèce humaine, une action tout à fait contraire à celle que l'on constate parmi les espèces animales : elle est plus nuisible qu'utile au progrès de l'espèce.

§ VII. — OBJET DE LA LÉGISLATION SOCIALE

Tandis que l'œil du naturaliste observe les faits dont je viens de tracer le croquis, le cerveau du philosophe les analyse, les compare, en étudie les conséquences au point de vue du développement de l'homme envisagé dans son individualité et dans son espèce, pèse les avantages et les inconvénients de chaque fait de la vie sociale et individuelle de l'humanité et les consigne pour l'usage du législateur. Celui-ci, comme un expérimentateur qui se propose d'améliorer une espèce animale, d'en accroître la beauté, la force physique, la faculté de reproduction, l'intelligence, l'affectibilité et la sociabilité, ne devra tenir compte que des faits et de leurs conséquences, et n'avoir pour objectif que l'évolution ascendante, dans toutes les directions, des individus et des sociétés qu'il assume la charge d'organiser.

Peu nombreux d'abord seront les hommes assez intelligents pour entreprendre une tâche aussi hardie; ils ne verront pas toujours les faits comme ils sont et ils n'en découvriront que rarement la véritable interprétation; les lois qu'ils en tireront pour l'organisation des sociétés humaines ne seront pas moins imparfaites que les essais tentés par les premiers horticulteurs ou éleveurs dans l'amélioration des races végétales et animales; mais à mesure que les sciences d'observation se perfectionneront, que les faits seront mieux vus et mieux compris, le nombre des esprits assez éclairés pour en déduire les règles législatives s'accroîtra, les lois et les institutions sociales deviendront l'œuvre d'un plus grand nombre d'esprits, et d'esprits plus éclairés, plus instruits, ce qui fait qu'elles seront plus conformes aux besoins réels des individus et des sociétés. L'idée pure tenant moins de place dans les études des observateurs, des philosophes et des législateurs, les fondements de la loi deviendront plus scientifiques, et la loi elle-même perdra son caractère théocratique ou métaphysique, pour devenir, si je puis ainsi parler, plus humaine. On ne légiférera plus, ni au nom de la fraternité révélée par la foi religieuse, ni au nom de la justice absolue conçue par la métaphysique, mais au nom de la science, dont le but ne saurait être que de donner à chaque homme la plus grande somme possible de moyens d'atteindre à toute la perfection dont sa nature est capable.

Placé sur ce terrain purement scientifique, le

28.

législateur tiendra compte de toutes les conditions auxquelles la société est soumise dans le moment même où il agit; il accroîtra l'action de celles qui sont favorables au développement physique et moral et au bonheur de tous les individus sans exception; il diminuera l'influence de celles qui sont de nature à nuire à tels ou tels membres de la société; il s'efforcera, en un mot, d'établir dans les conditions de la vie individuelle et sociale un équilibre tel que toutes finissent par contribuer au progrès de chaque individu en particulier et de la société dans son ensemble. Il légiférera, non point pour un avenir plus ou moins lointain, mais pour le temps présent, laissant toujours ouverte la porte par où de nouvelles améliorations, inspirées par de nouvelles expériences, devront incessamment passer.

Ayant constaté que la lutte pour l'existence a produit, dans les sociétés humaines, la constitution de classes privilégiées, dont l'évolution ascendante n'est que trop souvent ralentie, soit dans la direction des caractères physiques, soit dans celle des facultés intellectuelles, par les privilèges dont elles sont revêtues, et qui sont elles-mêmes intéressées à entraver le progrès de la masse soumise à leur domination, le législateur supprimera, dans la mesure du possible, les conditions qui ont favorisé la formation de ces classes, et il modifiera celles qui entravent l'évolution des autres. C'est ce que commença de faire la Révolution française lorsqu'elle effaça les dernières traces du régime féodal, raya de nos lois les privilèges de l'aristocratie, des corporations et du clergé, permit à tous les citoyens d'accéder à la propriété individuelle, de se livrer à toutes sortes de travaux, de commerces, d'industries, et de s'abreuver à la source de la science, où l'homme puise le sentiment de son individualité et l'idée de l'égalité sociale qui le met au même niveau, devant les lois, que tous ses semblables.

Constatant que la monarchie et la dictature ne peuvent se maintenir qu'en opprimant la masse des citoyens, le législateur brisera les monarques et les dictatures, et il remettra les pouvoirs publics aux mains du peuple, mains débiles d'abord et guidées par des cerveaux insuffisamment développés, mais qui s'affermissent par la diffusion de l'instruction publique, par les libertés de parole, de presse, de réunion, d'association, etc., et auxquelles il faudra remettra des pouvoirs d'autant plus étendus que l'instruction scientifique, morale et politique, sera plus répandue.

Constatant que la misère est la plus active conseillère des mauvaises mœurs, des délits et des crimes, et la cause la plus importante de l'arrêt du développement individuel et social des peuples, il prendra des mesures pour faire disparaître la misère. Il confiera aux soins de la société les enfants des familles trop pauvres pour donner à leur descendance, en quantité suffisante, la nourriture du corps et celle de l'esprit. Il assistera les femmes enceintes et les nourrices pauvres afin que, mieux alimentées et soumises à un travail moins dur, elles donnent à la société des enfants plus robustes et plus sains. Il établira une assistance efficace pour les ouvriers sans travail, les victimes des accidents et les malades, car ces individus représentent autant de forces momentanément annihilées au préjudice de la société. Au nom de la sociabilité, cette forme particulière des sentiments affectifs qui constitue une des bases naturelles des associations humaines, il fera vivre les vieillards et les infirmes, en s'efforçant de les utiliser dans la mesure du possible, et il secourra ceux même qui ne peuvent plus rendre aucun service à la société.

Ayant constaté que l'asservissement de la femme par l'homme, et l'ignorance où elle est généralement maintenue entravent le progrès physique et intellectuel de la race, en créant entre les deux sexes une inégalité que la civilisation semble augmenter, il relèvera le rôle de la femme dans la famille et dans la société, il augmentera ses droits et la fera, autant que possible, l'égale de l'homme dans le ménage et auprès des enfants. '

Constatant que l'antagonisme entre certains intérêts familiaux et les intérêts généraux de la

société sont contraires au développement de
cette dernière, il s'efforcera de faire disparaître
de la loi les clauses qui favorisent cet antagonisme.

Ayant constaté que la guerre entraîne la disparition des individus les plus robustes et les plus
sains, tandis qu'elle laisse vivre, pour la multiplication de la race, les moins forts et les plus
défectueux, il se donnera la sainte mission de
rapprocher les peuples, de développer en eux le
sentiment de l'humanité qui n'est que la généra-
lisation de celui de sociabilité, et de leur inspirer
le mépris de la vaine gloire des armes. Il devra
lutter, dans cette tâche, contre l'atavisme de toutes
les générations humaines, mais il puisera dans la
conscience de travailler au profit de la nation dont
il fait partie, et pour le progrès de l'humanité tout
entière, la force morale qu'exige une tâche si
pénible et si ingrate.

Constatant que la lutte des intérêts matériels,
loin de contribuer toujours, comme les économistes l'affirment, au progrès général des sociétés
humaines, figure, au contraire, parmi les causes
qui agissent le plus énergiquement pour engendrer
la misère physique et morale, il ne reculera devant
aucune mesure ayant pour objet l'amélioration des
rapports de ceux qui font travailler avec ceux qui
travaillent, et la suppression des conflits du travail. Il assurera aux travailleurs les meilleures

conditions d'hygiène, afin de les préserver contre l'affaiblissement physique et la démoralisation que les mauvaises conditions de notre prolétariat occasionnent presque fatalement.

Enfin, ayant constaté que l'instruction scientifique et l'éducation morale sont aussi indispensables au progrès des individus et des sociétés humaines que l'alimentation et l'hygiène, il multipliera les établissements où les enfants, les jeunes gens et les adultes des deux sexes vont puiser les principes de la morale individuelle, familiale et sociale qui fait les hommes bons et honnêtes, et la science théorique ou professionnelle qui, en ouvrant l'esprit à la vérité, fournit à l'homme l'arme la plus efficace pour la lutte vitale et le viatique le plus sûr à travers les hasards de la vie.

Dans cette œuvre si complexe, l'homme d'État et le législateur ne se laisseront détourner de leur but ni par les sophismes de la rhétorique ni par les illusionnantes promesses de la métaphysique ou de la théocratie. Ils ne perdront pas de vue que le progrès naturel, dans le monde entier, s'effectue par évolution et non par révolution; ne s'appuyant sur aucun principe absolu, ils procéderont conformément à la méthode expérimentale, sans hâte ni sans arrêt, sans faiblesse ni témérité, toujours prêts à réparer leurs erreurs et à consolider les résultats favorables; ils n'useront ni de grands mots ni de procédés violents, et devront s'estimer heureux pour le moindre pas qu'ils auront fait faire au progrès individuel et social.

C'est surtout en ces matières, où chacun des membres de la société est si puissamment intéressé, qu'il est nécessaire d'accorder à la Souveraineté nationale une action directe très considérable.

Toutes les questions relatives à l'assistance des vieillards, des enfants, des ouvriers sans travail, des nourrices et femmes enceintes, etc , doivent être traitées non par l'État et par les Chambres, mais par les pouvoirs régionaux, départementaux et communaux. Ceux-ci sont, en effet, beaucoup mieux en mesure que les autorités centrales, de connaître les besoins des individus à secourir, d'apprécier la mesure exacte des sacrifices à faire et de contrôler l'emploi des dépenses.

Quant aux lois intéressant les conditions du travail et les relations des employeurs avec les employés, des patrons avec les ouvriers, elles ne devraient être soumises au Parlement qu'après avoir fait l'objet de l'examen des chambres de commerce, des syndicats professionnels d'ouvriers et de patrons, d'employés et d'employeurs, des conseils de prud'hommes, des chambres de travail de chaque industrie, etc. Aucune question, en effet, n'est plus délicate ni plus difficile à résoudre que celle des limites où la législation peut intervenir dans les conditions du travail et dans les relations des ouvriers avec ceux qui les emploient. Les législateurs les mieux intentionnés et les plus habiles sont, en ces matières, exposés à commettre les erreurs les plus grossières et les plus préjudiciables aux intérêts de l'industrie, du commerce et des citoyens qu'ils ont le désir de protéger.

C'est surtout aussi dans le domaine des questions sociales qu'il convient de recommander la méthode des législations séparées et temporaires. Au lieu de faire, comme le prétendent nos représentants, des lois générales s'appliquant à tout le pays et à toutes les formes du travail, il faudrait légiférer successivement pour chacune de ces formes, car chaque industrie présente un certain nombre de caractères spéciaux qui ne se trouvent pas dans les autres. Les mines n'ont rien de commun avec les filatures et les tissages ; les usines de produits chimiques, les fabriques d'allumettes, les hauts fourneaux et les forges ne sauraient être soumises, à beaucoup d'égards, au même régime législatif que les carrières de marbre ou les ateliers de charpenterie et de menuiserie, etc. Certains travaux ne fatiguent ni le corps ni l'esprit ; d'autres usent rapidement les membres et l'intelligence, etc. Vouloir appliquer à toutes les industries et à toutes les sortes de travaux, aux petits ateliers et aux grandes usines, les mêmes conditions de durée de travail, les mêmes interdictions pour les femmes et les enfants, la même discipline, etc., c'est méconnaître les règles les plus nécessaires de la méthode scientifique. C'est cependant à cette besogne que nos législateurs se livrent depuis vingt-six ans; faut-il s'étonner que leur travail soit encore presque à ses débuts, et que les lois les plus utiles ne puissent sortir des discussions, vingt fois recommencées, de l'une et de l'autre Chambre?

Pendant ce temps, les citoyens qui supportent tout le poids des conditions sociales créées par la transformation de l'industrie, par les machines, par la substitution des grandes usines aux petits ateliers, par l'effondrement de l'individualité des ouvriers dans la masse anonyme du prolétariat, par la disparition du patron derrière le capital collectif, par la concurrence effrénée qui pousse les patrons à s'entre-dévorer et qui met la ruine, comme une menace, à la porte de chaque maison, tous ceux qui attendent de la République une amélioration de leur sort, ont le droit de se plaindre que les pouvoirs publics les oublient ou les dédaignent. Ils ne comprennent pas que si les Chambres et le gouvernement ne font rien ni pour soulager les misères ni pour apaiser les luttes des intérêts, c'est parce qu'ils veulent trop faire à la fois. Ils prennent pour de l'indifférence ce qui, de la part de beaucoup de députés et de certains ministres, n'est qu'une impuissance résultant de ce que l'œuvre tentée est trop vaste pour ceux qui l'entreprennent et conduite dans de mauvaises conditions.

Le même vice affecte l'œuvre législative entière de la France. Notre éducation romaine et catholique et l'esprit métaphysique dont elle imprègne nos cerveaux, nous rendent presque incapables de comprendre que la méthode expérimentale, si productive dans les sciences, ne serait pas moins fructueuse dans le domaine de la politique et de la sociologie.

Dans le domaine social, en particulier, le défaut intellectuel qui porte nos législateurs à généraliser toutes les questions, et à résoudre d'un seul coup les problèmes les plus difficiles fait que les « questions sociales » s'entassent et se condensent en une énorme « question sociale », rendue pratiquement insoluble par l'extension qu'elle a prise, et d'où résulte un danger permanent pour la paix publique.

Nous n'avons qu'un moyen pratique d'atténuer ce danger : il consiste à séparer les uns des autres les éléments divers qui composent ce que l'on appelle la question sociale, et à les résoudre isolément par des lois distinctes. Celles-ci, s'appliquant à des problèmes plus simples et plus locaux, seront infiniment plus faciles à édifier que les grandes lois générales où nos représentants s'épuisent sans succès ; elles seront aussi plus aisément perfectibles. Chacune faisant disparaître un malaise, une souffrance, une misère ou une haine, toutes contribueront à rétablir l'harmonie et la paix, là où règnent aujourd'hui le trouble et la division. Les progrès réalisés quotidiennement rendront vaines et impuissantes les excitations de ceux qui poussent à la lutte des classes, pour aboutir aux violences des révolutions sociales.

CHAPITRE IX

Conclusion. — Esquisse d'un programme de réformes démocratiques immédiatement réalisables.

SOMMAIRE : Évolution politique de la France depuis un siècle : régimes autocratique, oligarchique, démocratique. — Le suffrage universel et le plébiscite. — Avènement de la période démocratique de la république. — Moyens à mettre en œuvre pour permettre au peuple de prendre une part directe plus grande à la gestion de ses affaires. — Réformes budgétaires et fiscales. — Réformes politiques conformes aux principes démocratiques. — Réformes sociales. — Réformes de l'enseignement public : primaire, secondaire, supérieur, professionnel. — Réformes du service militaire; libération de tous les soldats dès qu'ils font preuve d'une instruction militaire suffisante. — Politique coloniale démocratique et commerciale.

Depuis 1789, la France évolue du régime autocratique au régime oligarchique et du régime oligarchique au régime démocratique. Chaque étape de cette évolution, troublée par des coups d'État et des révolutions et enrayée par les résistances des intérêts particuliers, aristocratiques d'abord, oligarchistes ensuite, a été marquée par un progrès continu vers l'établissement de l'idéal de la

République, qui est le gouvernement du peuple par le peuple. Il semble, au premier abord, que cet idéal s'éloigne à mesure que la masse de la nation multiplie ses efforts pour l'atteindre, mais ce mot de Schérer n'en reste pas moins vrai et doit être médité par les politiciens qui rêvent d'arrêter l'évolution démocratique de la France : « La Démocratie est le résultat d'un développement naturel des sociétés; elle est un fait, un fait inéluctable, et il est par conséquent indigne d'un homme sérieux, quelque sentiment que la démocratie lui inspire, de se flatter qu'on en puisse venir à bout. »

L'Assemblée nationale de 1789 condamne la tyrannie monarchique, proclame les Droits de l'homme et du citoyen et la Souveraineté nationale, donne le suffrage universel pour base aux institutions politiques du pays, confie tous les pouvoirs publics à des « délégués » de la nation; mais elle conserve un roi héréditaire comme « délégué au pouvoir exécutif » et remet aux délégués élus du peuple une autorité presque absolue. Le peuple est proclamé souverain, mais il n'exerce sa souveraineté que par l'intermédiaire de « délégués » tout-puissants contre lui-même et contre ses droits.

Le suffrage universel, appelé à ne se prononcer que sur des hommes et habitué à leur remettre toute la Souveraineté nationale, glisse d'autant plus vite sur la pente plébiscitaire qu'il y est

29.

poussé par les abus de pouvoir et les fautes d'assemblées irresponsables. Deux fois, en ce siècle, il plébiscite la dictature et l'empire, avec l'illusion de reconquérir sa souveraineté en la remettant à un pouvoir qui, étant personnel, serait responsable.

L'illusion n'est que de courte durée. La nation qui en est revenue reprend ses libertés et ses droits; mais encore ignorante et sans nulle éducation politique, elle n'échappe à l'autorité d'un seul que pour retomber sous la puissance des oligarchies constitutionnelles instituées par la monarchie de juillet et conservées, dans une très large mesure, par la constitution de 1875.

Cependant, peu à peu, depuis vingt-six ans, grâce à la dispersion de l'instruction et à l'éducation politique résultant de l'expérience, le peuple a pris une connaissance plus exacte de ses droits et de ses intérêts, en même temps qu'une conscience plus nette de sa souveraineté. Il paraît être résolu à ne plus confier la direction de ses destinées ni à un seul homme ni à une seule catégorie ou classe de citoyens. Il veut se gouverner lui-même, mais il n'en connaît qu'imparfaitement les moyens. Ce sont ces moyens que je me suis efforcé de dégager dans les pages qui précèdent.

Établies sur les bases de la constitution oligarchique de la monarchie de juillet, les lois constitutionnelles de 1875 offrent à peu près les mêmes avantages et les mêmes inconvénients que la charte de 1830. Le pouvoir exécutif y est composé d'un Président de la République sans autorité ni responsabilité propres et de ministres responsables seulement devant le pouvoir législatif. Cette partie de la Constitution de 1875 peut être conservée sans modifications, pourvu que nos mœurs parlementaires soient améliorées de manière à assurer au gouvernement une stabilité plus grande. Le meilleur moyen d'atteindre ce but nous a paru consister dans la formation de partis gouvernementaux nettement définis et dans l'établissement d'une étroite solidarité d'existence entre les ministères et la Chambre des députés, la chute des premiers entraînant la dissolution de la seconde, de manière à ce que les crises gouvernementales ne puissent plus être occasionnées par la fantaisie ou les ambitions personnelles, et ne soient amenées, comme en Angleterre où ce système est appliqué, que par le déplacement de la majorité, sous l'influence des élections partielles.

Nous croyons avoir établi la nécessité de deux Chambres : l'une issue du suffrage universel, renouvelable intégralement, nommée au scrutin de liste départemental et avec un système permettant la représentation des minorités; l'autre élue par un suffrage moins direct que celui de la première, mais plus étendu que le suffrage si nettement oligarchique et si contraire aux principes de la Souveraineté nationale instituée par la Constitution de 1875.

A la première de ces Chambres doit appartenir le dernier mot en matière de lois de finance, la direction générale de la politique et le contrôle des actes ministériels. A la seconde reviennent avant tout la garde de la Constitution et de la République et la protection des libertés individuelles et collectives des citoyens. Elle doit abandonner aux représentants directs du suffrage universel le dernier mot dans la confection des lois, mais il faut qu'elle puisse attirer l'attention du pays et même soumettre à son jugement les dispositions législatives sur lesquelles son avis différerait de celui de la Chambre des Députés.

En tant que gardien de la Constitution et des libertés publiques, le Sénat assurerait l'indépendance de la magistrature et préviendrait certains abus de pouvoir du corps exécutif, en prenant part à la nomination des hauts magistrats et des ambassadeurs et à la préparation des traités internationaux. Comme représentant élu de la Souveraineté nationale, il doit être substitué aux oligarchies anti-démocratiques léguées à la République par l'empire et la monarchie, telles que le Conseil d'Etat, la Cour des Comptes, le Conseil de la Légion d'honneur, etc.

En un mot, les deux Chambres qui constituent le pouvoir législatif doivent être organisées dans des conditions telles que l'une et l'autre concourent, chacune à sa manière, à la direction de la politique gouvernementale, à la protection de la République et à l'amélioration des lois, sans qu'elles soient exposées à des conflits d'où naîtrait nécessairement, tôt ou tard, un état révolutionnaire ou une dictature.

Ayant obtenu, par ces réformes de nos mœurs parlementaires et de nos lois constitutionnelles, une stabilité plus grande du gouvernement, une harmonie plus parfaite des pouvoirs publics, une plus grande indépendance des pouvoirs exécutif, législatif et judiciaire, les uns par rapport aux autres, et une certitude plus grande de faire aboutir, sans secousses ni lenteurs inutiles, les réformes législatives réclamées par le pays, nous nous sommes efforcés de déterminer les moyens les plus propres à rendre aussi effectif que possible l'exercice de la Souveraineté nationale. Parmi ces moyens, nous avons signalé particulièrement : la décentralisation administrative, financière et politique ; le référendum obligatoire ou facultatif, appliqué d'abord aux questions locales, puis à certaines questions d'intérêt général, particulièrement à celles qui concernent l'assistance sociale, les relations des travailleurs avec ceux qui les emploient, etc. ; l'inscription, dans les lois constitutionnelles, des libertés et des droits sur lesquels il doit être interdit aux représentants du peuple de légiférer, tels que les droits d'association et de réunion, le droit de parler, d'écrire et d'enseigner, la liberté de conscience et le droit pour chaque citoyen de pratiquer comme il l'entend la religion qui lui paraît la meilleure.

En résumé, dans le domaine politique, nous croyons qu'il est du devoir et de l'intérêt de la République, d'attribuer à chaque citoyen une part aussi grande que possible d'autorité réelle et d'intervention effective dans la gestion des affaires publiques, et le maximum de liberté compatible avec le respect dû par chaque homme aux droits de tous, de manière que tous les membres de la société française, sans distinction d'opinions et de croyances, s'attachent à la République par la conviction qu'aucun autre gouvernement ne pourrait leur accorder ni plus de liberté ni plus d'autorité sur la chose publique.

Dans le domaine social, la République a de grands devoirs à remplir :

En premier lieu, dans l'intérêt du développement de la nation et de la bonne harmonie entre ses membres, elle doit venir en aide à tous ceux qu'une cause quelconque, indépendante de leur volonté, place en état d'infériorité dans la lutte pour la vie.

Dans ce but nous demandons : la création de caisses municipales, départementales et nationales pour l'entretien des enfants pauvres, l'assistance aux femmes que la maternité et l'allaitement condamnent au repos ou à une diminution de travail ; l'institution de retraites pour tous les vieillards pauvres ; une organisation plus complète des services médicaux et pharmaceutiques gratuits pour les indigents qui peuvent être soignés à domicile ; l'extension des services hospitaliers dont tant de localités populeuses sont encore dépourvues ; l'institution de caisses d'assistance pour les ouvriers que la maladie, les accidents ou le chômage involontaire mettent dans l'impossibilité accidentelle ou permanente de travailler.

En second lieu, la société doit intervenir dans les relations des travailleurs avec ceux qui les emploient et dans l'établissement des conditions du travail, sans léser aucun des droits individuels et collectifs des ouvriers ou des patrons, mais en tenant compte de la transformation qui s'est produite, depuis un siècle, dans l'état économique et social du pays, et de manière à équilibrer autant que possible les forces individuelles en présence.

Il faut, pour atteindre ce but : 1° prévenir les conflits entre ouvriers et patrons, entre employeurs et employés, par l'institution de chambres du travail où les délégués des deux parties intéressées seront appelés à traiter toutes les questions relatives à leurs rapports et à s'entendre sur les solutions qu'elles comportent ; 2° régler les conflits dont les chambres du travail n'auront pas pu empêcher la naissance, et, pour cela, instituer des

conseils arbitraux, devant lesquels patrons et
ouvriers seront tenus de formuler leurs griefs et
dont les décisions seraient assimilées aux contrats
de louage.

En troisième lieu, les pouvoirs publics doivent
favoriser les associations ayant pour objet d'assurer aux ouvriers et employés, soit la participa-
tion aux bénéfices de l'industrie ou du commerce,
soit tous autres avantages propres à améliorer leur
situation et à faire disparaître, par la conciliation
des intérêts et le rapprochement des hommes, les
antagonismes que l'on excite et que l'on exploite
pour créer les haines de classes.

Il faut à cet effet que l'État, les départements et
les communes encouragent, par tous les moyens en
leur pouvoir, les institutions privées ayant pour but
l'épargne, les habitations ouvrières, les secours
mutuels, les retraites, etc.

En quatrième lieu, la société a le devoir de prévenir, par des mesures législatives, la dépopula-
tion de la France, dont la cause principale réside
dans la limitation du nombre des enfants.

Il faut, à cet effet, que les lois sur l'héritage soient
modifiées dans le sens d'une liberté plus grande
attribuée aux parents dans leur droit de tester; que
des avantages matériels, tels que réduction des
impôts et secours de diverses natures, soient
accordés aux familles nombreuses et besogneuses;
que les formalités entourant le mariage soient

rendues moins rigoureuses ; que la société prenne
à sa charge l'instruction et l'éducation des enfants
des familles nombreuses et pauvres ; que la naturalisation française soit provoquée par des mesures
législatives favorisant la fixation dans notre pays
des étrangers qui veulent partager les charges et
les avantages attachés à la nationalité française.

Dans le domaine budgétaire et fiscal, la République a des devoirs impérieux :

En premier lieu, elle doit supprimer toutes les
dépenses qui ne sont pas profitables à la masse de
la nation afin de développer les services utiles au
commerce, à l'industrie, à l'agriculture, au progrès
général de la fortune publique et au développement des forces individuelles dont l'ensemble fait
la grandeur et la puissance de la nation.

Il faut, pour atteindre ce but : supprimer les
fonctionnaires inutiles et les dépenses d'ordre
militaire, maritime et colonial qui ne correspon-
dent pas à des nécessités réelles et qui, léguées à
la République par la monarchie et l'empire, n'ont
pour objet que la satisfaction d'ambitions ou d'intérêts individuels.

En second lieu, elle doit introduire dans la
répartition des charges publiques le maximum
possible de justice, de manière que chaque citoyen
ne paie les impôts que dans la mesure exacte de
ses facultés.

Dans ce but, il faut que les revenus du travail

soient frappés le moins possible et exemptés de toute taxe au-dessous d'un certain chiffre; que les impôts directs frappent principalement les capitaux ou les revenus de la richesse acquise; qu'ils soient établis conformément aux facultés réelles des contribuables, sans porter atteinte à la propriété individuelle, à la conscience ou à la liberté des citoyens; que les impôts indirects soient transformés de manière à en faire porter le poids sur les produits qui, comme le tabac, l'alcool, etc., sont plutôt nuisibles qu'utiles à ceux qui les consomment; que les impôts constituant une entrave au commerce, comme les patentes, soient réduits au strict minimum et mieux proportionnés; que les droits de douane protègent la production sans empêcher les échanges internationaux ni mettre obstacle au commerce et à la navigation qui doivent être encouragés au même titre que l'agriculture et l'industrie; que les communes puissent supprimer les octrois et leur substituer des taxes plus facilement supportables par les habitants.

En matière d'instruction publique, tout en rendant hommage aux progrès immenses réalisés par la République, nous estimons qu'elle a le devoir de multiplier ses efforts et ses sacrifices pécuniaires, afin de répandre davantage l'instruction et de la mieux adapter aux conditions de la vie moderne et aux nécessités qu'entraîne l'application du suffrage universel.

Dans ce but, les écoles primaires doivent être multipliées et l'instruction primaire doit être complétée par un enseignement donné aux jeunes gens et aux adultes dans toutes les communes; les programmes de l'instruction primaire doivent être mieux adaptés aux besoins particuliers des villes et des campagnes, et à ceux des diverses régions de la France, en tenant compte surtout des professions auxquelles les enfants sont plus particulièrement destinés; l'enseignement secondaire doit être mis à la portée de tous les enfants qui font preuve d'une intelligence et d'une aptitude au travail assez grandes pour leur permettre de l'aborder avec fruit; les programmes de l'enseignement secondaire doivent être simplifiés et revisés de manière à mieux répondre aux exigences du commerce, de l'industrie, de l'agriculture; les écoles professionnelles pour les enfants, les jeunes gens et les adultes des deux sexes doivent être multipliées et leurs programmes mieux adaptés aux besoins des diverses parties du pays.

En ce qui concerne le service militaire, nous répudions les doctrines qui tendent à émousser le sentiment du patriotisme et nous voulons la France forte par les armes autant que grande par la civilisation et la liberté, mais il est nécessaire d'introduire plus d'équité dans la répartition des charges militaires, de ne tenir compte, dans la fixation de la durée du service obligatoire, que de l'instruction

technique, et de réduire le service au temps stricte-
ment nécessaire pour acquérir cette instruction.

Dans ce but, il faut que tous les soldats ayant fait
preuve, après la première année de service, de
connaissances techniques militaires suffisantes
soient renvoyés dans leur foyers ; que l'on institue
dans toutes les communes, à l'aide des anciens
sous-officiers et officiers et des instituteurs, un
enseignement permettant aux jeunes gens d'acquérir les notions techniques destinées à faciliter
l'abréviation de la durée du service.

En matière coloniale, l'expansion de la France
ne doit pas avoir d'autre objet que de répandre
dans le monde la civilisation de notre pays, et de
créer des débouchés pour son commerce, sa marine,
son industrie, les produits de son agriculture.

Il faut, par conséquent : En finir avec le milita-
risme et le fonctionnarisme qui obèrent les finances
de la métropole et celles des colonies, provoquent
l'hostilité des indigènes à notre égard et ne profitent qu'à des intérêts particuliers ; mettre les
colonies en mesure de faire face à toutes leurs
dépenses administratives et de travaux publics,
et de déterminer elles-mêmes les effectifs militaires dont elles ont besoin ; leur accorder une
grande indépendance dans la gestion de leurs
finances et pour les emprunts nécessaires aux travaux publics, sans assistance financière ni garantie
de la métropole ; instituer une armée coloniale ne

comprenant que des volontaires et des troupes indigènes et ne dépendant que du ministre des colonies pendant le séjour des hommes dans nos établissements d'outre-mer.

C'est ce programme politique, administratif, financier, économique et social que je résumais, à la fin de la préface de ce livre, par cette formule qui en contient également la conclusion : « Il faut démocratiser la République ». A quoi j'ajouterai : Il lui faut donner au peuple plus de liberté dans les lois et plus d'action directe sur les affaires publiques et il faut assurer au gouvernement plus de stabilité avec plus d'autorité.

TABLE DES MATIÈRES

CHAPITRE I

La souveraineté nationale et les constitutions de la France de 1789 à 1875.

La Révolution et la Souveraineté nationale. — Exercice de la souveraineté par délégation; système représentatif. — Le pouvoir est finalement concentré entre les mains d'un petit nombre d'hommes tout-puissants. — L'objet des constitutions et des « Déclarations des droits » est de préserver le peuple contre les abus de pouvoir de ses représentants; leur insuffisance. — La constitution de 1791 et le « délégué » au pouvoir royal. — Lutte entre les représentants directs de la nation et le roi. — Disparition du roi. — Le législatif se substitue à l'exécutif. — Dictature de la Convention, du comité de Salut Public, de Marat, de Danton et de Robespierre. — Le 9 Thermidor. — La constitution de 1795; l'anarchie directoriale. — Coup d'État de Brumaire. — Dictature. — Empire. — Le plébiscite et la Souveraineté nationale. — Restauration; l'oligarchie de la fortune substituée à la souveraineté nationale : chartes de 1814 et de 1830. — La révolution de 1848 se fait au nom de la Souveraineté nationale. — Attentat des constitutionnels

CHAPITRE IV

Le mouvement des partis politiques depuis 1870.

CHAPITRE V

**De l'organisation du pouvoir exécutif dans la
République démocratique.**

CHAPITRE VI

Organisation du pouvoir législatif dans la République démocratique.

Le pouvoir législatif et sa composition : les membres des deux Assemblées représentent particulièrement les parties les plus élevées de la nation. — Absorption de la Souveraineté nationale par le Corps législatif. — De la composition du Corps législatif. — Nécessité de deux Chambres. — Républicanisation et démocratisation du Sénat. — Extension du corps électoral du Sénat. — Les pouvoirs du Sénat en matière de lois de finance. — Les pouvoirs du Sénat relativement au contrôle des actes ministériels et à la direction de la politique générale. — Les pouvoirs du Sénat dans la confection des lois. — Le Sénat doit être le conseiller du suffrage universel. — Le Sénat doit être fortifié dans son rôle de gardien de la Constitution. — Utilité de le faire intervenir dans la nomination des hauts magistrats, afin de garantir l'indépendance de la magistrature. — Il peut remplacer la Cour des comptes, le Conseil d'État, le Conseil de la Légion d'honneur, etc. — Pouvoirs de la Chambre des députés. — Durée du mandat des députés. — Renouvellement partiel de la Chambre. — Représentation des minorités. — Équilibre des pouvoirs des deux Chambres par une répartition meilleure de leurs attributions........ 145

CHAPITRE VII

Des moyens de rendre l'exercice de la Souveraineté nationale plus direct et plus effectif.

Limitation des pouvoirs du Corps législatif sur le terrain des droits et libertés individuels ou collectifs des citoyens. — La liberté de la presse et le droit de réunion ne doivent être régis que par le droit commun. — Responsabilité des députés et des sénateurs en matière de discours et d'écrits diffamatoires ou calomnieux pour les particuliers. — Droit d'association ; nécessité de l'introduire dans nos lois sous la forme la plus simple. — Les biens de mainmorte doivent être régis par des lois communes à tous les citoyens. — Liberté d'enseignement ; elle doit être absolue ; l'ensei-

CHAPITRE VIII

De la Législation et des institutions sociales dans la République démocratique.

Principes servant de base aux théories sociales : fraternité humaine; socialisme et communisme chrétien; législation

CHAPITRE IX

Conclusion. — Esquisse d'un programme de réformes démocratiques immédiatement réalisables.

www.ingramcontent.com/pod-product-compliance
Lightning Source LLC
Chambersburg PA
CBHW071628270326
41928CB00010B/1820